KB109351

내 아이는
생각이
너무 많아

지은이 **크리스텔 프티콜랭** Christel Petitcollin

프랑스의 심리 치료 전문가이다. 신경 언어 프로그래밍, 에릭슨 최면 등 다양한 치료 요법에 대해 전문적인 훈련을 받아 왔다. 주요 관심 분야인 '정신적 과잉 행동'과 '심리 조종'에 대한 탁월한 식견을 바탕으로 활발한 강연 및 집필 활동을 펼치고 있다. 프랑스 국내뿐 아니라 해외에서도 정기적인 콘퍼런스와 인턴십을 열어 의사소통, 인간관계, 자기 계발 등을 주제로 사람들과 소통하고 있다. 20여 년 동안 심리 치료 전문가로 활동하며 축적한 경험과 지식을 통해 심리적 균형 감각이 필요한 많은 사람들에게 매번 새로운 관점과 지침을 제시한다. 지은 책으로는 《나는 생각이 너무 많아》《당신은 사람 보는 눈이 필요하군요》《나는 왜 네가 힘들까》《나는 왜 그에게 휘둘리는가》《나는 왜 사랑받지 못할까》 등이 있다.

옮긴이 **이세진**

전문 번역가. 대학에서 철학을, 대학원에서 프랑스 문학을 공부했다. 옮긴 책으로 《사소하지만 쓸모 있는 뇌 사용법》《뇌를 해방하라》《나는 생각이 너무 많아》《나는 왜 사랑받지 못할까》《브뤼노 라투르의 과학인문학 편지》《살아 있는 정리》《내 몸 치유력》《무한: 우주의 신비와 한계》《천재들의 뇌》《수학자의 낙원》 등이 있다.

내 아이는 생각이 너무 많아

2020년 3월 24일 초판 1쇄 인쇄 | 2020년 3월 31일 초판 1쇄 발행

지은이 크리스텔 프티콜랭
옮긴이 이세진
펴낸곳 부키(주)
펴낸이 박윤우
등록일 2012년 9월 27일 | 등록번호 제312-2012-000045호
주소 03785 서울 서대문구 신촌로3길 15 산성빌딩 6층
전화 02) 325-0846 | 팩스 02) 3141-4066
홈페이지 www.bookie.co.kr | 이메일 webmaster@bookie.co.kr
제작대행 올인피앤비 bobys1@nate.com
ISBN 978-89-6051-779-0 03180

책값은 뒤표지에 있습니다.
잘못된 책은 구입하신 서점에서 바꿔 드립니다.

이 도서의 국립중앙도서관 출판예정도서목록(CIP)은 서지정보유통지원시스템 홈페이지(http://seoji.nl.go.kr)와 국가자료공동목록시스템(http://www.nl.go.kr/kolisnet)에서 이용하실 수 있습니다.(CIP제어번호: CIP2020009305)

남다른 아이와 세심한 엄마를 위한 심리 처방

Mon enfant pense trop

내 아이는
생각이
너무 많아

크리스텔 프티콜랭 지음
이세진 옮김

부·키

여는 글

이 책을 과연 써야 할지에 대해 오랫동안 망설였다.《나는 생각이 너무 많아》와《나는 생각이 너무 많아 - 생존편》만으로도 독자들이 정신적 과잉 활동이 어떻게 작용하는지 충분히 이해하리라 생각했기 때문이다. 나는《나는 생각이 너무 많아》가 연령대가 낮은 독자도 충분히 읽을 수 있을 만큼 쉽고 구체적이라고 보았다. 열세 살짜리 독자들이 제법 있었던 것을 보면, 내 생각은 틀리지 않았다. 그들은 내 책을 별 어려움 없이 읽고 실제로 자기 자신을 이해하는 데 필요한 정보를 잘 찾아냈다. 그보다 더 어린아이들에 대해서는, 부모가 그 아이들이 남들과 어떤 면에서 다른지 책의 내용을 바탕으로 설명해 주는 편이 좋다고 보았다. 그렇게 했던 부모들은 실제로도 좋은 결과를 얻었다.

그렇지만 메일을 보내는 독자, 강연에서 만나는 청중, 상담을 받으러 오는 사람들은 더 많은 것을 요구해 왔다. 나는 이런 글을 많이 받아 보았다. "선생님 책이 꼭 제 얘기 같아서 참 좋았어요.

하지만 우리 아이들 얘기이기도 해서 걱정입니다. 저도 어릴 때 남들과는 다른 면 때문에 무척 힘들었거든요. 우리 애들은 나 같은 괴로움을 겪지 않았으면 해요. 우리를 도와주세요!" 《나는 생각이 너무 많아》만으로는 부모가 정신적 과잉 활동의 조짐이 보이는 아이를 관리하기에 부족하다는 얘기다. 그사이에 내 쪽에서도 이러한 아이들과 그 부모들을 만나면서 매우 소중한 현장 경험을 쌓아나갔다. 그 경험을 독자들과 공유하면 좋겠다는 생각이 들었다. 사실, 이이들의 삶에서 몇몇 측면은 상세하게 다루어야 한다. 학교, 사회화, 감각 과민증, 지시에 대한 이해 불능…….

그러던 중에, 로이크라는 이름의 독자로부터 메일을 받았다. 내 마음에 무척 와닿는 내용이었다.

[……] 전부 내 얘기였어요. 하지만 진심으로 걱정되는 것은 나 자신이 아니라 열네 살 난 우리 아들이었습니다. 그 애도 나와 똑같은 일을 겪고 있거든요. 그 괴로움을 누구보다 내가 잘 알지만 정작 그 애를 어떻게 도울 수 있을지는 모르겠더군요. 그 이유는 나도 어렸을 때 그런 문제로 누구에게 도움을 받아 본 경험이 없기 때문입니다. 어쩌면 잘못 행동한 것인지도 모르겠습니다만, 아들에게 선생님 책의 한 대목을 보여 줬습니다.
"물론 부모는 자식을 진심으로 사랑하지만 차츰 보통 아이

들과는 다른 아이의 모습에 지치기 때문이다. 부모의 부정적인 잔소리는 점점 늘어 갈 것이다. '얘는 좀 심해.' 부모는 감수성이 너무나 예민하고 감정적인 이 아이를 필연적으로 싸고돌며 과잉보호하게 된다. 그게 아니면, 아이가 신경이 너무 약하다! 감정이 풍부한 아이는 사람에게 자꾸 들러붙는다. 아이가 엄마 치마폭에서 떨어질 줄을 모른다! 게다가 질문은 또 왜 그렇게 많은지. 머지않아 버릇이 없다, 적당히 좀 해라, 어른들을 피곤하게 하지 마라 등등의 꾸지람이 떨어진다. 이미 유치원에서부터 이 아이를 바라보는 사회의 견해는 가족의 꾸지람과 보조를 같이한다. '아이가 진득하게 앉아 있질 못해요.' '집중력이 부족하고 선생님들이 시키는 말을 잘 알아듣지 못해요.' 또래 친구들마저 아이가 괴상한 생각만 한다고 놀리거나 멀리한다. 이처럼 이미 원천이 오염되어 있는데 자존감을 어떻게 개선할 수 있겠는가? 이런 사람에게 '넌 자존감이 너무 약해'라는 지적은 확인 사살이나 다름없다!"

아이는 이 대목을 읽고서 갑자기 울음을 터뜨리더니 한참을 통곡하다시피 했습니다. 그러면서 자기네 반 아이들에 대해서 속내를 털어놓았어요. "바보 같은 애들도 잘만 친구를 사귀는데 나는 왜 그게 안 돼?" 그 말로 다 확인된 것 같아서 가슴이 미어졌습니다. 나도 어렸을 때 그랬던 기억이 있고 완전히 똑같은 말을 했던 적도 있거든요. 아들은 엄마, 그러니까 선생님 표현을 빌리자면 '표준적으로 사고하는 사람'인 내 전처하고도 사이가 좋지 않아요. 애 엄마는 늘 학교 성적 문제로 아이를 들볶습니다. 그렇지만 더 나쁜 건요, 비록 이유는 다르지만 내가 아들을 대하는 태도도 애 엄마 태도와 그리 다르지 않았다는 겁니다! 어제 선생님 책을 덮으면서 내가 옛날에 들어야만 했던 비난과 꾸지람을 고대로 아들에게 퍼부었다는 것을 깨달았습니다.

몇 년 전부터, 정확히는 아들이 중학교에 들어간 다음부터, 나는 그 애와 정서적으로 많이 소원해졌습니다. 아들은 아직도 자기를 마냥 물고 빨고 귀여워해 주기만을 바라는데 나는 그렇게 못 하겠더군요. 그래서 나 자신에게 정나미가 떨어지기도 했습니다. 이제 와 생각해 보니 나는 겁이 났던 것 같습니다. 아들을 통해서 내게 이미 익숙한 고통을 또 겪을까 봐 두려웠나 봐요. 예전 일은 생각만 해도 토할 것 같습니다. 아들은 늘 아빠가 좋다, 아빠가 최고다라고 말해 주는데 나는 아비 구실도 못하는 쓸모없는 인간 같은 기분이 들어요. 내가 애한테 사랑받을 자격이 있나 싶네요. 내 아이에게 뭘 어떻게 해 줘야 할지 모르겠습니다. 나는 습관적으로 매사에 해결책을 찾아내야만 하는 사람인지라, 이 무력감이 정말로 깊은 상처가 됩니다. 나는 아들이 어떤 심정일지 누구보다 잘 알면서 왜 그 애에게 절실한 위안을 줄 수가 없을까요? 선생님 책을 읽고서 내 존재의 가장 깊은 구렁에서부터 우러난 이 느낌을 전하고 싶지만 그럴 수가 없네요. 애를 쓰면 쓸수록 적합한 표현을 찾기가 어렵습니다. 선생님이 세상 모두에게 답을 주거나 (이미 책으로 큰 도움을 주셨습니다만) 도움을 제공할 수 없다는 것은 압니다. 제가 여느 독자와 다를 바 없다는 것도 알고요. 그렇지만 제가 아이와의 문제를 잘 풀어 나가는 데 도움이 될 만한 다른 전문가분들을 알고 계신지, 적어도 그것만이라도 답해 주시면 좋겠습니다.

나는 로이크에게 답장을 보냈다.
로이크의 두 번째 메일은 내가 다시 펜을 들 필요가 있겠다는 확신을 주었다.

친애하는 선생님께,
답신을 받고 정말로 기뻤습니다. 처음에 휴대 전화로 새로 들어온 메일을 확인했는데 발신자에서 선생님 이름을 보자마자 너무 좋아서 가슴이 벅찼습니다. 선생님이 저를 각별하게 여겨 주신 것 같아 뿌듯했습니다. 실은 답장을 굉장히 기다렸거든요. 하지만 이런 생각도 들었습니다. '답장이라고 해 봐야 편지를 보내 줘서 고맙다는 말밖에 없으면 어떡하지? 내 편지를 끝까지 읽기는 했을까?' 하지만 웬걸요. 선생님이

다음 책에 제 편지를 인용해도 괜찮은지 물어보실 줄이야. 그런 영광은 상상도 못 했답니다! 정말 감사드립니다. 나 좋자고 하는 일인데 선생님이 여러 사람에게 좋은 일 하시는 데에도 도움이 될 수 있다니, 제가 쓸모 있는 사람이 된 기분이 들어요. 네, 괜찮고 말고요. 제 편지를 쓰셔도 좋습니다. 선생님의 다음 책이 궁금해졌습니다. '일반적 사고를 하는 부모가 정신적 과잉 활동인 자녀를 키우는 법에 대한 책일까? 부모도 정신적 과잉 활동인인 경우는? 두 유형의 부모가 섞여있는 경우?' 우리 아들의 경우는 부모 중 한 명은 정신적 과잉 활동인이고 다른 한 명은 그렇지 않은데 이혼 문제까지 겹쳐 있지요. 정신적 과잉 활동인 부모가 양육권을 갖지 못한 상태에서 전(前) 배우자와 함께 이 문제를 고민한다는 게 가능할까요? 내가 전처와 그렇게 하려다가는 진짜 골치 아파질 겁니다. 전처는 교육 문제에 있어서 매우 완강하고 천성적으로 의심이 많아서 우리 애가 정신적 과잉 활동인이라는 사실을 이해시키는 것 자체도 힘들 거예요. 그런데 관습적이지 않은 교육 방법까지 접근해 보라니, 차라리 기적을 바라는 게 나아요.

로이크가 제대로 보았다. 나는 부모와 교사가 ─ 그들이 표준적 사고를 하는 어른이든, 정신적 과잉 활동을 하는 어른이든 간에

－ 두뇌 활동이 지나치게 활발한 아이들을 이해하고 그들의 자아 실현을 이끌어 줄 수 있도록 하기 위해 이 책을 썼다.

이 책은 아주 오랫동안 내 사고의 인큐베이터 속에만 있었다. 로이크의 아들이 잘 자라기까지 오랜 시간이 필요했던 것처럼!

이 책을 쓸 생각을 하면 몹시 겁이 났다. 아, 그렇다, 정말로 겁이 났다. 할 말이 많아도 너무 많을 것 같았기 때문이다. 그리고 아이들은 정말 중요하다! 나는 정신적 과잉 활동인들을 잘 알기 때문에 이 책이 정보의 측면에서 그들의 갈증을 채워 주기도 하겠지만 금세 또 다른 의문들을 산더미처럼 불러일으킬 것이라고 미리부터 짐작을 한다.

겁이 났던 또 다른 이유는 이 책이 고통을 주로 다루게 될 줄 알고 있었기 때문이다.

- 정신적 과잉 활동 아동이 자신에게 잘 맞지 않는 환경 속에서 겪는 고통. 아이는 대개 외톨이이고, 좀체 이해받지 못하며, 자주 괴롭힘을 당한다.
- 정신적 과잉 활동 부모가 자신도 힘들어했던 시스템 속에서 아이를 지켜 주지 못하는 무력감에서 비롯되는 고통. 부모가 자신의 자녀에 대해서 설명하려고 하면 관계자들의 부정이나 적대감에 부딪히게 된다.
- 자신을 당혹스럽게 하는 아이 앞에서 속수무책인 표준적 사고형 부모의 고통.

- 위계 서열, 천편일률적인 교과 과정, 학부모, 교사라는 직업을 인정해 주지 않는 태도 사이에서 이러지도 저러지도 못하는 교사의 고통.
- 이해하기도 어렵거니와 잘못 볼 만한 소지를 너무 많이 제공하는 정신적 과잉 활동인 학생을 상대하는 표준적 사고형 교사의 고통.
- 학생의 고통에 공감하면서도 완고하고 케케묵은 제도에 속해 있기 때문에 도움을 줄 수 없는 정신적 과잉 활동인 교사의 고통.

요컨대, 이 과업은 막중하다. 그때 내 강연에 참석했던 어느 선생님의 메일을 받고서 어찌 됐든 시작을 해 봐야겠다는 의욕이 생겼다. 일부러 시간을 내어 강연을 들으러 와 주었을 뿐 아니라, 내가 기운을 내어 이 책을 쓰기 위해서는 꼭 읽어야만 했던 메일을 보내 준 그 선생님이 진심으로 고맙다.

크리스텔 프티콜랭 선생님께,

제 눈을 뜨게 해 주셔서 고맙습니다. 우리 반에도 정신적으로 조숙한 아이가 한 명 있는데 어제저녁 강연을 통해 그 애가 어떤 아이인지 비로소 제대로 알게 됐습니다. 선생님 덕분에 제 시각이 완전히 바뀌었어요. 지금까지는 그 애를 '힘 드는 학생' '방해가 되는 아이'로만 생각했거든요. '젠장, 내년에도 재 담임을 해야 하잖아!'라고 생각했습니다. (지방의 작은 분교라서 두 학년이 한 반에서 공부하거든요.) 그런데 오늘은 벌써 한

해의 다섯 달이 가 버렸구나, 올해는 저 아이를 지도할 시간이 이제 다섯 달밖에 남지 않았구나'라는 생각이 들면서 '그래도 다행이다. 내년에도 내가 쟤 담임을 할 수 있어'라고 안 도했답니다!

진심으로 이 모든 변화에 감사를 드려요.

어제 강연을 듣고서 제가 학부모들을 바라보는 시선도 조금 달라졌습니다. 안됐지만 교사들이 대개 그렇듯 저 역시 학부모들을 이러쿵저러쿵 판단하는 경향이 있었지요. 그런데 강연에서는 아이들이 집에서처럼 학교에서도 잘 지내기를 간절히 바라면서도 그게 쉽지 않을 때가 많아서 어쩔 줄 몰라 하는 부모님들의 모습이 보였습니다. 부모님들은 자기 아이가 어떻다는 것을 이해했기 때문에 교사들도 자기처럼 아이를 이해해 줬으면 하는데 그분들이 늘 요령 있게 교사에게 다가와 설명하지는 못한다는 것을 알았습니다. (그리고 우리 교사들도 늘 요령 있게 학부모를 맞아들이고 경청하는 것은 아니지요.)

파이프와 깔때기의 비유가 특히 좋았습니다. 파이프(표준적 사고 유형인)와 깔때기(정신적 과잉 활동인)는 그들의 뇌가 서로 다른 방식으로 작동한다는 사실을 가르쳐 주지 않는 한 서로 이해할 수 없습니다. 바로 이러한 점이 제가 그 학생이 느끼는 바를 구체적으로 이해하는 데, 나아가 우리 반과 학교 전체의 다른 학생들을 이해하는 데에도 도움이 될 것 같습니다.

이제 배운 것을 실천하는 일만 남았네요.

다시 한번 감사를 드리며, 선생님의 앞날에 행운이 가득하길

바랍니다.

고맙습니다, 선생님! 이 메일을 받고서 나는 낙관적인 자세를

회복하고 나의 모토로 돌아왔다. "문제는 없다, 해결책이 있을 뿐!"

자, 이제 그 해결책을 함께 살펴보기로 하자.

1장

난무하는 딱지 붙이기

정상이라는 진단만큼 심각한 것은 없다.
정상은 희망이 없기 때문이다.
－ 자크 라캉

별난 아이를 둔 부모는 여러 가지 어려움에 부딪힌다. 아이는 지나치게 민감하고 감정적이다. 잠이 별로 없고 잠시도 가만있지 못하거나, 반대로 뭔가에 푹 빠져서 방 안에 몇 시간이고 처박혀 있기 일쑤다. 거부 반응을 자주 보이고, 급작스럽거나 이해가 가지 않는 방식으로 성질을 낸다. 기본적으로는 착한 아이이지만 그렇다고 어른들 말을 잘 듣는다고 보기는 어렵다. 어떤 때는 조숙한 질문을 불쑥 던지지만 상황에 따라서는 완전히 아기처럼 굴기도 한다. 불안도가 높고, 변화를 싫어하며, 관심과 설명을 많이 요구한다. 부모는 주위 사람들로부터 아이가 버릇이 없다는 말을 자주 듣는다. 학교에 들어가면 더 골치가 아파진다. 아이가 교사의 지시를 따르지 않거나 자기 자리에 가만히 앉아 있지 않거나 해서 문제가 생긴다. 쉬는 시간에도 다른 아이들과 어울리지 못하거나 자주 괴롭힘을 당한다. 그리고 이때부터는 학교 측에서 부모를 지나치게 방임적인 사람으로 보기 시작한다.

이 시점에서 부모는 으레 학교나 의사, 혹은 아동 전문가에게 도움을 구한다. 그리고 바로 이때부터 상황이 급격히 악화되기 시작한다. 표준적 사고가 삶의 이상처럼 통하는 사회에서 별난 사고 방식이라는 특성은 치료와 재교육을 요하는 일종의 질병이나 장애 취급을 당한다. 생명력이 넘치는 이 아이에게 어떤 딱지를 붙일 것인지 선택하는 일만 남는다.

벨기에 출신 교육 심리 및 가족 학습 연구자 브뤼노 옴베크[1]는 이러한 경향에 일침을 가한다. 그는 이렇게 말한다. "내 아들은 잠 재력은 높으나 협응 장애와 연결되어 있는 강박 충동 장애와 계산 '장애', 실행 '장애', 읽기 '장애'를 유발하는 주의력 결핍 장애를 가진 아이로 완전히 낙인찍혀 버렸다." 그는 의료계가 학습 메커니즘에 섣불리 간섭을 한다고 분통을 터뜨린다. "의학 용어는 학습에서 발생하는 어려움을 제대로 이해하지 못하고 있는 경우가 많다. 의학의 능력 밖에 있는 학습의 일시적 장해물을 아예 질병으로 못 박아 버리기 때문이다. 교육학자들이 독감, 홍역, 암을 진단하지는 않는다. 그런데 의사들, 특히 소아과 의사들은 학교 공부라는 영역에서 뭔 짓을 하고 있는가? 그들은 '학습 부진' '학습 불능' '학습 장애' 등의 감당하기 버거운 딱지를 남발하고 학습의 어려움을 빼도 박도 못하게 그 딱지 속에 가둬 버린다."

실제로 도움을 받으려는 부모들은 아이에 대해서 진단부터 받고 딱지 붙이기를 받아들이는 수밖에 없다. 그다음에는 이런저런 관계자들에게 비록 아이가 그런 딱지를 달고 있기는 하지만 다른 아이들과 조금 다를 뿐 지능이 떨어지지는 않는다, 도움은 필요하나 시설 입소나 약 처방은 필요 없다는 등을 설명하느라 진을 뺀다.

다행히도 이러한 아이들과 그들의 특수성에 대한 논의가 점점 늘어나고 대중에게도 알려지는 추세다. 정신적 과잉 활동인들도 남들과 다르게 존재할 자신들의 권리를 요구하고 옹호하는 방향으로 나아가고 있다. 사회가 비(非)신경 전형인* 아동은 바보도 아니고 버릇없이 키운 아이도 아니라는 사실을 서서히 이해하기 시작했다. 그러나 아직 갈 길이 멀다.

여러분이 복잡하게 가지를 뻗으면서 사유하는 뇌를 지닌 아이의 부모라면 보통 사람들의 세상이 다음과 같은 딱지들을 제안할 것이다. 이 딱지들은 심히 부정적인 측면들을 나타내기 때문에 나는 여러분이 그러한 진단에 거리를 두었으면 한다.

---

* 신경 전형인NeuroTypical은 가장 흔하고 보편적인 뇌신경을 가진 이를 가리키는 표현이다. 신경 다양성에 속하지 않고 정신 질환으로도 분류되지 않는 보통 사람들을 가리킨다고 보면 된다. (옮긴이)

자폐

'자폐를 치료한다'는 명목으로 우리를 상상병 환자로 만들기
에 여념이 없는 사기꾼과 위선자, 그들이 속한 조직, 단체, 학
회 따위를 기술하기에는 몰리에르의 언어로도 모자라다.

‑ 위고 오리오

10년 전에는 100명에 한 명꼴로 자폐증 진단을 받았다. 5년 전
에는 50명 중 한 명꼴로 자폐증 진단을 받았다. 그 정도면 매년
8000명이 자폐아로 태어난다는 얘기다. 자폐증에 대한 무지는 공
포를 조장했고 심각한 고정 관념을 퍼뜨렸다. 자폐는 오진이 많지
만 차라리 그게 다행이다. 자폐를 의료적으로 관리해야 하는 정신
질환처럼 소개하는 경우가 너무 많기 때문이다. 자폐는 결함이 아
니라 다름일 뿐이다. 미국과 캐나다에서 탄생한 사상의 한 유파는
'신경 다양성'을 위하여 싸우지만 프랑스는 아직 이 개념을 낯설어
한다. 다행히 자폐인들이 스스로 이 생물 다양성을 앞세워 다름에
대한 존중을 요구하고 자신들을 대하는 부적절한 방식에 분개하기
시작했다. 자폐인들의 특별한 능력도 노다지를 캐고 싶어 하는 산업
의 관심을 끌기 시작했다. 하지만 프랑스는 자폐에 대한 이해, 보조,
진단이 심각하게 뒤쳐져 있다. 의식이 개선되기 전까지, 자폐는 조금

별난 아이에게 갖다 붙일 수 있는 최악의 딱지다.

높은 잠재력

이 개념 자체는 여러 명칭으로 굴절된다.

조숙. 어떻게 아이가 지나치게 민감하고 감정적이면서도 성숙할 수 있는지 이해를 못 하는 전문가들이 '조숙'이라는 용어를 만들어 냈다. 이 용어는 아이들이 감정적으로나 정서적으로나 뒤처져 있으면서 지적으로만 앞서 간다는 의미를 담고 있기에 특히 더 기만적이다. 그런데 이 아이들은 단순히 앞서가거나 뒤처지는 게 아니라 뇌가 작동하는 방식이 근본적으로 다르다. 더욱이 어째서 감각 과민과 풍부한 감정을 정서적 미성숙으로 간주해야 한단 말인가?

영재. 이 목록에서 가장 덜 부정적인 용어이긴 하다. 이 진단은 주로 IQ 검사를 통해서 내려진다. 사실상, 현실적으로, 여러분의 아이가 정신 질환이나 장애를 가진 게 아니라고 납득시킬 수 있는 유일한 수단이기도 하다. 불행히도 이 '영재성'을 주저 없이 받아들이지 못하는 교사들이 아직도 너무 많다. 대개의 경우, IQ 검사 결과로 인해 학교의 돌봄이 달라지지는 않는다. 심지어 영재 판정을 받아서 상황이 더 나빠질 수도 있다. 어떤 교사들은 여전히 이렇게 생각한다. '애가 영재라면 공부 머리가 있을 테고 성적도 잘 받을 거야. 영재라는 애가 성적이 나쁘다면 공부를 열심히 하지 않는 거지.' 증명 끝, 탕탕탕!

IQ 검사는 내가 방금 설명한 면에서 유용하기도 하지만 여러 가지 불편을 안고 있다. 일단, 검사가 비싸고 신뢰도가 불분명할 뿐 아니라 경계할 필요까지 있다. 이 검사가 의도적으로 영재를 전체 인구의 2퍼센트만으로 정해 놓았기 때문에 사유의 구조가 전형적이지 않은 아이들이 모두 영재 판정을 받지는 못한다. 《나는 생각이 너무 많아》는 한 장 전체를 할애해 IQ 검사를 다루었다. 이 주제에 대해서 좀 더 깊이 알고 싶은 독자는 한번 읽어 보기 바란다.

높은 잠재력. 높은 잠재력HP: Haut Potentiel이라는 표현이 '조숙'이나 '영재성'을 점점 대체하는 추세다. 그래서 HP, HPI(높은 지적 잠재력), HPE(높은 감정적 잠재력), HQI(높은 지능 지수) 등으로 변용되고 파생되어 쓰인다. HP 전문가이자 리옹의 프시렌센터centre Psyrene 소장인 신경 심리학자 파니 누스바움은 이 개념을 '복잡 HP'와 '층위 HP'로 한 번 더 구분해 제시한다. 복잡 HP와 층위 HP는 둘 다 HP, 즉 높은 수준의 지적 능력을 나타낸다. 한편 복잡 HP가 나타내는 능력들은 자못 이질적이다. 복잡 HP는 창의성이나 통찰력은 더 뛰어나지만 학습이나 사회적 관계라는 면에서는 부진을 겪기가 쉽고 읽기 장애나 실행 장애를 나타내기도 한다. 반면에 층위 HP는 비교적 균일한 능력들을 나타낸다. 층위 HP가 더 안정적이고 적응을 잘하지만 성과에 대한 불안이나 과로에 빠지기 쉽고 사춘기를 벗어날 무렵부터 몇 가지 중독에 노출되기도 쉽다.

파니 누스바움이 이렇게 HP를 구분한 것은 옳다. 근본적으로 뇌신경이 서로 다르게 기능하는 두 인구 집단을 HP라는 하나의 용어로 통칭해 왔기 때문이다. 서로 다른 것을 하나로 뭉뚱그리기 때문에 영재 관련 인터넷 커뮤니티에서 흔히 볼 수 있는 괴리가 발생한다. 층위 HP는 높은 IQ 지수와 영재 타이틀을 자랑스러워하고 자신과 다른 형태의 비전형성을 멸시하고 배척한다. 그런 사람들에게는 IQ 지수가 장땡이 아니라고 말해 줘야 할 것이다. 반대로, 복잡 HP들은 영재 타이틀이 자기와 맞지 않는다고 생각하고 이 '허세 가득한' 호칭을 극구 거부한다. 심리 조종자들은 이걸 이용해야겠다 싶어 달려든다. IQ 검사를 받은 적도 없는 사람이 자기는 IQ가 아주 높다면서 머리 좋은 사람 행세를 한다. HP라든가 '영재'라든가 하는 말은 별 의미가 없다.

희한하고도 재미있는 우연의 일치라고 할까. 이 글을 쓰던 중에, 때마침 이런 메시지를 받았다.

안녕, 크리스텔. 잘 지내지? 너랑 얘기해 보고 싶은 주제가 있어서 말이야. 내가 보기에는 WAIS 지능 검사와 HP 검사가 편승 효과*를 보는 것 같은데 네 생각은 어때? 내가 교육

---

* 어떤 선택이 대중적으로 유행한다는 정보가 그 선택에 더욱 힘을 실어 주는 효과. 즉 관습과 유행에 편승한 선호. (옮긴이)

을 다 받고 나서 검사를 통해 HP 판정을 받은 사람들을 많이 만나 봤는데, 음, 그 사람들도 결국은 IQ를 중심에 두는 것 같더라고. 그 사람들 얘기도 흥미로운 데가 있어. 하지만 어느 순간, 들어 주기가 힘들어지더라. "네, 제가 HP라는 사실을 알게 된 후로 인생이 바뀌었습니다. 그 기준을 넘어서는 IQ는 인구의 2퍼센트밖에 안 돼요." 그들은 얼룩말과 비슷한 데가 있어. 그러면서도 자기네를 어떤 범주로 묶고야 마는 지긋지긋한 면도 있고. 내가 하고 싶은 말을 명확하게 전했는지 모르겠다. 요컨대, 얼룩말에도 두 종류가 있는 거야?

안녕, 키스를 보내며.

비록 '영재'가 병리학적인 인상을 주지 않는 딱지일지라도 이 아이들의 다름을 정의하는 가장 믿을 만한 방식은 될 수 없다. 그렇다고 다른 명칭들이 더 만족스러운 것도 아니다.

AD/HD

이 단어는 과잉 행동을 수반하거나 수반하지 않는 주의력 결핍, 즉 일반적인 ADHD와 HD 없는 AD를 포괄하는 개념이다. 전 세계적으로, 사실상 이런 장애는 존재하지 않는다는 고발의 목소리가 일고 있는 상황에서, 프랑스 소아과 전문의 파트릭 랑드망은《과잉 행동 아닌 사람이 없다?》를 통해 "과잉 행동이라는 유행병"이라고까지 말한다.[2] 그는 과잉 행동 장애가 연구소의 돈줄에 불과한 인위적 산물이라고 주장한다. 실제로 통계 수치 자체가 많은 것을 말해 준다. 미국에서 AD/HD에 처방되는 약품 시장은 20년 전에는 4000만 달러 규모에 불과 했으나 지금은 100억 달러 규모에 달한다. 랑드망은 "상품을 팔 듯 정신 질환을 판매하는 마케팅"을 지적한다. 이러한 현상은 미국에서 탄생해 전 세계로 확산되었다.

의사 도미니크 뒤파뉴도 AD/HD를 정의하는 의학적 기준에 대하여 거리를 둔다. 뒤파뉴는 그 대신 재퍼zapper*라는 표현을 쓴다.[3] 그는 "재퍼의 특성은 까마득한 선사 시대부터 있었다. 이 충동적이고 직관적인 행동은 사냥꾼이나 전사에게 적합한 것이다. 재퍼들은 농장에서 지루해하며 시름시름 말라 간다. 재퍼들의 후손은 1만 년 전부터 세상을 지배해 왔다. 차분하고 주의력과 인내심이 뛰어난 학생을 위하여 설계된 우리네 교육 체계는 일찌감치 재퍼들의 싹을 짓밟는다"라고 말한다.

리탈린에 대한 도미니크 뒤파뉴의 말도 들어 보자.

---

* 짧은 시간에 빠르게 지나가는 '잽zap' 또는 '재핑zapping'에서 유래한 단어로 원래는 텔레비전 리모컨을 지칭했으나 지금은 텔레비전 채널을 쉴 새 없이 바꾸듯 어느 한곳에 집중하지 못하는 사람을 뜻한다. (옮긴이)

1954년에 스위스 제약 회사 시바Ciba는 '메틸페니데이트'라는 성분을 특허 출원하고 처음에는 항우울제로 사용했다. 이 성분을 발견한 화학자 레안드로 파니존은 자신의 아내 이름 '리타'를 따서 상품명을 지었다. 그렇게 리탈린이 탄생했다. 몇 년 후 이 약이 행동이 과격하고 산만하며 주의력이 떨어지는 아이들을 차분하게 만드는 효과가 있다는 사실이 알려졌다. 그 효과는 때때로 깜짝 놀랄 정도다. 리탈린은 학교에 다니는 연령대 아동 AD/HD의 표준 치료제가 되어 버렸다.

그다음은 뻔하다. 약물 치료를 한다는 것 자체가 그런 아이들을 환자 취급하는 것이다. 학교에 잘 적응하지 못한 재퍼들은 전부 AD/HD, 즉 과잉 행동을 수반하거나 수반하지 않는 주의력 결핍 장애로 낙인이 찍힌다. 100만 년 동안 호모 사피엔스에게서 흔히 보였던 재퍼의 특성이 불과 한 세기도 지나기 전에 질병이 되어 버렸다.

리탈린이나 각성 효과가 있는 암페타민 같은 약물은 재퍼 아동의 뇌를 인위적으로 자극함으로써 아동의 주의력을 강화한다. 역설적이게도, 어떤 아이를 차분하게 만든다는 이 정신 자극제가 또 다른 아이를 '에너자이저'로 탈바꿈시키기도 한다. 인위적 차분함은 머리 쓰는 일을 좀 더 잘하게끔, 무엇보다 학교의 속박을 고분고분 따르게끔 한다. 뇌에서 자극을 계속 추구하는 부분이 리탈린으로 충족되어 잠잠해지니까 나머지 부분이 방해받지 않고 선생님 말씀에 귀 기울이거나 공부에 집중할 수 있는 것이다.

이러한 약물 치료는 때때로 기적적인 효과를 일으키지만 모든 재퍼들에게 메틸페니데이트가 잘 맞는 것은 아니다. 그리고 이러한 양상은 다분히 부조리하다. 그 아이들이 학교에 적응을 못한 게 아니라 학교가 그 아이들에게 맞춰 주지 못해서 문제 아닌가.

재퍼들의 학교생활에 리탈린이 효과가 있다고 알려진 마당에 — 실상은 늘 효과가 있지도 않다만 — 이 약을 어떻게 생각해야 하는가는 쉽지 않은 문제다. 기본적으로, 아이를 그 아이에게 적합하지 않은 환경 속에 가만히 잡아 두기 위해서 아이의 뇌신경을 조작한다는 것 자체가 말이 안 된다.

소아과 의사 파트릭 랑드망도 비슷한 견해를 피력했다. "암페타민 복용은 술을 마시는 것과 똑같다. 일시적 해소만 일어날 수 있다. 리탈린은 신경 전달 물질을 활성화할 수는 있지만 치료는 못 한다. 내 입장은 약물 치료를 완전히 그만두자는 게 아니다. 나도 너무 힘들어하는 아이들, 그러니까 내가 보는 아이들 중 3분의 1 정도에게는 메틸페니데이트를 처방한다. 일정 기간만 약을 쓰고 심리 치료로 빨리 넘어가게 하려고 한다. 내가 크게 우려하는 부분은, 무조건 리탈린을 찾고 공부 잘하게 하는 마법의 물약 보듯 하는 태도다. 그러나 암페타민을 수시로 복용하면 아동의 성장에 문제가 생기고 저체중이 될 위험이 있다."

리탈린이라는 해결책은 부모와 교사의 죄의식을 없애 준다는 장점이 있다. 다루기 힘든 아이를 상대해야 하는 어른은 외부에서 문제점을 찾기보다 그 아이에게 병이 있다고, 아이의 뇌에 문제가 있는 거라고 생각할 때 마음이 편하다. 그런 면에서도, 이건 시대의 문제다. 학교 관계자와 부모 들의 어깨를 짓누르는 스트레스가 점점 가중되는데, 말 안 듣는 아이들을 이해하고 파악할 시간과 분위기가 어디서 나오겠는가? 의사들이 유년기에 AD/HD를 발견하고 치료하지 않으면 청소년기에 약물 중독이 될 위험이 크다고 떠드는 건, 정말 말 같지도 않다. 바꾸어 말해, 열일곱 살에 약물에 빠질까 봐 걱정되니까 일곱 살 때부터 암페타민을 먹이라는 건가! 리탈린에는 또 다른 문제도 있다. 이 약을 언제 끊을 것인가? 리탈린은 치료가 아니라 일시적 완화만 하는 약인데, 이걸 언제쯤 끊어야 하나? 이건 완전히 함정 질문 아닌가?[4]

나는 자녀의 '과잉 행동' 문제로 상담을 받으러 오는 부모들에게 아이가 차분해지거나 뭔가에 집중하는 때는 없는지 꼭 물어본다. 부모들은 한결같이 이렇게 대답한다. "아, 그럼요. 그림 그릴 때나 레고로 만들기를 할 때는 한 시간 넘게도 붙잡고 있는걸요." 아니, 무슨 말인가? 소위 집중을 못한다는 아이가 그럴 수 있나? 나의 임상 경험에 따르면, AD/HD 딱지가 붙어 있는 이 아이들은 주로 지루하고 심심할 때, 자기들에게 잘 맞지 않는 환경 속에서, 산만하게 굴거나 불안해한다.

마지막으로, 어른들이란 이만저만 모순적인 게 아니다. 생명력과 에너지가 넘치는 아이가 조금 요란하게 군다고 '과잉 행동' 딱지를 붙여 놓더니 이제 와서 세계보건기구는 아동의 운동 부족과 갈수록 늘어나는 아동 비만 비율이 걱정이란다. 실제로 아이들의 운동 감각 및 근력 발달이 예전만 못하다는 연구 결과들도 있다. 신체적 힘만 떨어지는 게 아니라 공간 지각 능력, 균형 감각, 협응력도 떨어지고 있다. 아이가 소파에 드러누워 온종일 텔레비전만 보고 있으면 아무도 경각심을 느끼지 않는데 아이가 움직이고, 달리고, 기어오르고, 뛰고 싶어 안달을 내면 병원에 데리고 가 봐야겠다고 생각을 한다! 병으로 인식되고 있는 AD/HD가 그저 생명력이 넘쳐흐르는 상태에 불과하다면?

교사와 학교 당국의 불만을 사지 않기 위해서 아이에게 이런 약을 먹이는 데 동의하는 부모들도 있다. 아이들은 우리 어른들로 하여금 스스로에게 질문을 던지길 요구하지만 우리는 진정제를 답이랍시고 내민다. 어른들이 부끄러운 줄 알아야 한다!

이것도 장애 저것도 장애

특정한 인지 장애들, 그리고 여기에서 비롯되는 학습 장애들은 'dys-'라는 접사가 붙어 있는 용어로 한데 묶인다(읽기 장애dyslexia, 실행 상애dyspraxia 등). 이 인지 장애들은 선천적이다. 그러한 장애는 아동의 발달 과정에서, 최초의 학습에 들어가면서, 혹은 그 전부터 발견되고 성인기까지 이어진다. 세계 인구의 10퍼센트가 난독증, 즉 읽기 장애를 가지고 있다고 하니 그 수만 해도 7억 명은 되겠다. 그중 '심각한' 난독증은 3퍼센트 수준이라는데, 그 정도만 되어도 한 반에 한 명꼴이다. 평생을 가는 선천적 장애가 세계 인구의 10퍼센트를 차지한다면 그건 장애가 아니라 하나의 특수성으로 봐야 하지 않을까. 게다가 이미 검증된바, 난독증이 있어도 머리가 매우 좋을 수 있다. 나는 'dys-' 개념에 또 다른 혼동의 여지가 있다고 본다. 인지 장애와 그 결과들로서 나타나는 '학습 장애'를 한 단어로 뭉뚱그리고 있는 것은 아니냐는 것이다. 만약 학습이 다른 방식으로 이루어져도 학습의 어려움은 여전할까? 학습에 아무 문제가 없어도 'dys-'류의 인지적 특수성을 장애라고 부를 수 있을까?

　인지적 특수성을 질병으로 매도함으로써 온갖 부정적 여파가 '난독증' 딱지가 붙은 아이에게 미친다. 현재, 난독증이 심리적 원인에서 비롯된다고 보지는 않지만 난독증이라는 진단이 당사자에게 심리적으로 파괴적인 효과를 미치는 것은 확실하다. 의사 파트릭 케르시아는 난독증이 청소년 자살의 주요 원인들 중 하나라고 지적한다.[5] 나는 난독증 그 자체가 우울증을 낳는다고는 생각지 않는다. 그보다는 난독증으로 찍히고 자존감이 실추되기 때문에 우울증이 생기는 것이다. 케르시아는 '장애' '비정상' '심각한 병' 같은 부정적 표현들부터 바꾸어야 한다고 이미 지적했다.

이 대목을 쓰기 전에 난독증에 대해서 자료 조사를 많이 했다. 자녀의 'dys-' 때문에 힘들어하는 부모들을 생각하면 진심으로 안타깝다. 이 정보의 홍수 속에서 방향을 잡기가 얼마나 고역스러울까! 베이커라는 사람이 지난 30년 동안 나왔던 난독증 관련 출판물을 집계해 보았다. 난독증에 대한 글은 3871종에 달하는데 그중 치료의 실마리라도 제시한 글은 32종뿐이다. 나는 이 주제에 대해서 할 수 있는 말은 다 나왔고 그 안에 모순이 적지 않다는 인상을 받았다. 전문가들의 유일한 의견 일치는, 우리가 난독증을 아직 잘 모른다는 것밖에 없다. 서로 다른 이론들이 충돌하는 중에 있는데, 내가 보기에는 서로 대립하고 싸우기보다 상호 보완적인 방향으로 나아가야 할 것 같다. 거대 세포 이론, 소뇌 기능 이론, 고유 수용 감각 이론, 음운론에서 원인을 찾는 이론, 최근에는 우리 눈의 맥스웰 반점*이 지나치게 대칭적이면 난독증이 생긴다는 이론도 나왔다. 현재 프랑스에서는 음운론에서 이유를 찾는 경향이 가

---

* 안구의 중심와 주변에 흩어져 있는 반점들. (옮긴이)

장 지배적이다.

엘리자베트 뉘츠는 교육학 연구자이자 학습 장애 및 인지 재활 특수 교사다.[6] 그녀는 난독증에 대한 새로운 발견과 자신이 개발한 교수법으로 2002년도 교육과 자유상(賞)을 받았다.

뉘츠는 일반적으로 통용되는 새로운 읽기, 즉 소리를 내지 않는 속독은 시간을 통합하고 의미에 접근하는 데 적합하지 않다고 주장한다. 그녀의 설명을 들어 보자. "입말에서는 문장의 끝에 도달하면 문장의 앞부분은 이미 과거가 되어 있습니다. 우리가 글을 쓸 때는 왼쪽에서 오른쪽으로 씁니다. 문자 기호는 공간 속에 위치합니다. 읽기를 처음 접하면서 자신의 자연스러운 지표들을 사용하지 못하는 아이는 난독증이 됩니다." 뉘츠가 보기에 인간은 근본적으로 '말하는 존재'다. 인간에게서 말을 빼앗으면 반드시 피해가 발생한다. 그럼 어떻게 해야 할까? 해답은, 입말을 학습의 모든 영역에 재도입하는 것이다. 본 것을 말하고, 들은 것을 말하고, 쓴 것을 말하는 식으로.

유치원 교사 셀린 알바레즈는 기념비적인 실험을 수행했다.[7] 2년 만에 그녀가 지도한 만 5세 아동 전원과 만 4세 아동 90퍼센트는 읽기를 다 뗐다.* 알바레즈는 엘리자베트 뉘츠의 주장을 확증해 주었다. 읽기에 접근하는 가장 좋은 방법은 음소 인식, 다시 말해 청각을 강조하는 것이다. 문장이나 단어를 통으로 읽기, 음절 읽기가 아니라 단어 속의 음소를 듣고 알아보는 것이 중요하다. 예를 들어, 'cheval(馬)'이라는 단어는 두 음절로 되어 있지만(che-val) 음소는 다섯 개다(che-e-ve-a-le). 그러므로 통합적이고 시각적인 방식으로만 읽기를 가르치려고 해서는 절대 안 된다. 그렇지만 아이들 한 사람 한 사람에게 좀 더 잘 맞추기 위해 학습 기법을 개별화할 수도 있어야 할 것이다.

나의 러시아어 난독증

나는 나이 오십에 러시아어를 배우기로 결심했다. 이 경험 덕분에 읽기를 처음 배우는 유치원생의 입장이 잠시 되어 볼 수 있었다(정작 유치원생 시절에는 읽기를 떼는 데 전혀 문제가 없었다). 예쁜 문자들로 이루어진 알파벳을 익혔고(Ж, ф, ю······), 암호 같아 보였던 단어들을 얼마 지나지 않아 해독할 수 있게 될 때의 그 순수한 흥분을 다시 한번 발견했다(жираф(기린), елефон(전화)). "치-즈, 케-첩, 겨-자." 제품 포장이나 간판의 글자를 눈에 띄는 족족 읽어 대면서

---

* 셀린 알바레즈는 프랑스의 아동 교육학자이자 유치원 교사로서, 학력과 소득 수준이 평균보다 낮고 북아프리카계 이민자들이 많이 거주하는 지역의 공립 유치원에서 만 3~5세 아동을 한 학급으로 묶고 자기 주도적인 놀이와 책 읽기에 중점을 둠으로써 아이들의 기초 학력을 프랑스 부촌의 최상위층 아이들 못지않은 수준으로 끌어올렸다. 이러한 경험을 기술한 책 《아동의 자연법칙》은 프랑스에서 베스트셀러가 되었다. (옮긴이)

즐거워하는 아이들의 모습을 떠올려 보라. 다음 단계에서는 문맹이 이런 것일 수도 있겠구나라고 생각했다. 러시아어는 기본적으로 문자의 소리를 그대로 발음하면 된다. 그래서 나는 의미를 전혀 모르는 상태에서도 텍스트 전체를 소리 내어 읽을 수 있었다.

희한하세도 러시아어 실력이 늘면 늘수록 읽기는 더 어렵게 느껴졌다. 러시아어에 대해서는 무의식적인 자동성이 내 의욕만큼 빨리 자리를 잡지 못했다. 결국은 그 이유를 알아냈다. 그것은 난독증의 한 형태였다. 나는 어떤 단어들, 특히 좀 길다 싶은 단어들 속에서 아직 완벽하게 숙지하지 못한 문자들과 거기에 달라붙어 있는 다른 문자들을 잘 구분하지 못했다. 그래서 같은 단어라도 자간을 좀 넓혀 주기만 하면 훨씬 잘 읽을 수 있었다. 예를 들어, 'ЛИШНИЙ(과잉의, 여분의)'라는 단어를 구성하는 문자들의 간격을 Л И Ш Н И Й 식으로 띄어 주면 읽기가 수월해졌다. 그런데 프랑스어를 처음 배우는 아이들도 마찬가지다. 'merveilleusement(경이롭게)'은 아이들에게 그저 단어가 참 길다는 느낌밖에 주지 않을 수도 있다. 'm e r v e i l l e u s e m e n t' 이라고 쓰면 문자 하나하나가 제 형태로 보인다. 게다가 난독증이 있는 사람을 돕기 위해서 이처럼 글자를 읽기 쉽게 만드는 작업을 하는 기구들도 엄연히 존재한다. 그러한 기구들이 충분히 활용되고 있는가? 요컨대, 나의 러시아어 난독증은 일부분 시각적인 이유에서 비롯된 것이었으나 동시에 또 다른 문제도 얽혀 있었다. 읽기가 유창해지지 못하고 더듬거리는 수준에 오랫동안 머물러 있던 나는 내가 일종의 공감각에 빠져 있었음을(이런 식으로 말할 수 있나?) 비로소 깨달았다. 내 눈에 모음은 컬러로, 자음은 검은색으로 보인다. a는 노란색이고, o는 파란색이며, u는 초록색이다. i가 내 눈에는 빨간색으로 보인다. 그런데 내가 배운 러시아어의 i(и, й, ы)는 자음처럼 검은색으로 보였다. 그래서 자음들 속에 끼어 있는 모음을 바로바로 알아보지 못했던 것이다. 그런 단어는 완전히 검은색으로, 자음들만의 나열처럼 보였다. 그러다 보니 읽기가 늘지 않았다. 'y'가 그중에서도 제일 골치 아팠다. 나에게 y라는 문자의 이미지와 소리는 적포도주의 빛깔이었다. 그런데 러시아어에서는 y가 '우(나에게는 초록색으로 인식되는 소리)'로 발음된다. 그래서 나는 'Я шучу(나는 농담을 한다)'라는 문장을 '야 슈추'라고 읽어야 하는데 '야 쉬치'라고 읽곤 했다. 이게 어마어마한 차이를 만든다.

나는 이러한 난관을 극복하기 위해 러시아어 텍스트에서 모음을 전부 찾아 일일이 내가 발음해야 하는 소리의 색깔로 칠했다. 이만저만 귀찮은 일이 아니었다. 하지만 그만한 수고를 들일 가치는 있었다. 갑자기 글이 한눈에 들어왔다. 색깔이 칠해진 모음과 검정색 자음이 착착 맞물려 들어가면서 읽기가 수월해졌다. 이제 그 망할 y의 함정에 빠지지도 않았다. 나의 읽기는 점점 유창해졌고 단어를 알아보고 그 뜻을 이해하는 속도도 점점 빨라졌다. 나의 러시아어는 러시아 본토에서 강연을 할 수 있는 수준까지 발전했다. 내가 겪은 어려움을 극복하는 팁을 찾아낸 후로 러시아어가 일사천리로 늘었다. 그러고 나서 시간이 좀 흘렀다. 한동안 러시아어에 손을 놓고 있었다. 그러다 최근에 다시 러시아어를 읽을 일이 생겼다. 놀랍게도, 그리고 기쁘게도, 모든 모음이 내가 발음해야 하는 색깔로 보였다. 러시아어에 익숙해지면서 텍스트 처리가 자동화된 것이다. 나의 학습은 다행히도 나의 괴상한 읽기 방식에 적응할 수 있었다. 만약 내가 러시아어 공부를 하다가 막혔을 때 해결책을 찾지 못했다면 어떻게 됐을까? 읽기가 서툰 유치원생 아이가 글자에 색칠이나 하고 있도록 어른들이 내버려 두기나 할까? 아이가 학습의 정체 상태를 극복할 방법을 자기 혼자서 찾아낼 수 있을까? 공감각은 정신적 과잉 활동인들에게서 꽤 자주 보이지만 우리의 교수법들은 공감각을 철저히 무시한다. 별난 아이들 눈에는 a가 털이 덥수룩해 보이고, i는 빡빡해 보이고, o는 빛이 나는 것 같을 수도 있다. 당연히 텍스트를 파악하기가 쉽지 않을 것이다. 어쩌면 이 아이들에게 그 유별난 감각을 스스로 의식하게 하는 것만으로도 그들을 도울 수 있지 않을까?

나는 어른들, 특히 교사들이 외국어를 알파벳부터 새롭게 배워 봐야 한다고 생각한다. 그래야만 학습 상황에서의 경험을 다시금 되새기고 교육에 적용할 수 있기 때문이다. 가령, 수많은 언어학자들이 한국어의 알파벳을 – 이 알파벳의 명칭은 '한글'이다 – 세상에서 가장 우아하면서도 배우기 쉬운 문자 체계 중 하나로 꼽는다. 한글은 자음 14개, 모음 10개로만 이루어져 있으며 이것들이 모여서 24자를 이룬다. 자, 언제 도전해 볼까?

아이들에게 흔히 따라붙는 질병과 장애 딱지들의 목록이 더 늘어나거나 상세해지지는 않았으면 좋겠다. 그 이유는, 희한하게도, HP에서부터 자폐, 영재성, AD/HD에 이르기까지 모든 명칭은 스스로 특화되기를 바라지만 대개는 서로 겹치기 때문이다. 이제 다른 방향에서 문제를 다뤄 봐야 할 것이다. 이러한 차이들 속에서 보이는 유사성에는 도대체 언제 관심을 기울일 건가?

그런데 우리는 누구에 대해, 무엇에 대해 말하고 있는가? 전형적이지 않고, 감각이 지나치게 예민하며, 안타깝게도 이러저러한 딱지를 달고 사는 아이 얘기를 하는 거다. 이제 나는 다른 명칭을 제안해 보련다. 이전에 나왔던 명칭들의 원류에 있으면서 좀 더 포괄적이고 아이에게 핸디캡을 주지 않는 명칭을. 《나는 생각이 너무 많아》에서 나는 이 비전형적이고 복잡한 사유 방식을 '정신적 과잉 활동'으로 지칭했다. 그 이유는 실제로 이 아이들이 신경학적으로, 정서적으로, 심리적으로 여느 아이들과 다르게 작용하기 때문이다. 이 아이들은 구조적으로 지나치게 민감하고, 감정적이고, 정이 많고, 쉽게 감정 이입한다. 이 아이들의 성숙은 우리가 앞에서 다루었던 '조숙'을 훨씬 뛰어넘는다. 아무렴, 이 아이들에게 재교육 따위는 필요 없다! 하지만 그들이 어떤 사람이고 어떤 식으로 생각하는지 제대로 이해하는 어른들의 도움은 필요하다. 이제부터 그 아이들을 이해하고 도와주려면, 그들에게 더는 딱지를 붙이지 않으려면 어떻게 해야 하는지 실마리를 제공해 보겠다.

2장

범상치 않은 감각

여러분의 아이가 감각이 지나치게 예민하다는 말을 내가 굳이 할 필요는 없을 것이다. 여러분도 이미 알고 있지 않은가? 그렇지만 이 감각 과민이 어떻게 작용하는지, 감각 과민을 어떻게 관리하고 부정적 효과를 완화하는지, 그런 얘기는 내가 좀 자세히 말해 볼 수 있겠다.

감각 과민증

이 지나친 민감성의 첫째 원인은 감각 과민증이다. 감각이 과민한 사람들은 감각 체계 자체가 과도하게 발달해 있고 과도하게 섬세하다. 그들은 유난히 예리하게 보고, 듣고, 느낀다. 예를 들어, 이런 사람은 아무도 눈여겨보지 않는 세부 사항을 기억하거나 남들은 못 듣는 소리를 듣는다. 감각적 지각이 워낙 풍부하다 보니 선견지명을 가진 것처럼 보이기도 한다. 주위 사람들은 그들의 예리한 감각에 한두 번 놀라는 게 아니어서 으레 '매의 눈' '소머즈 귀' '개코'

같은 별명을 붙여 주지만 실제로 그들의 감각이 얼마나 정확한지 실감 못 할 때가 많다. 이 때문에 어른들은 정신적 과잉 활동 아동이 감각이 유별난 줄 뻔히 알면서도 자주 짜증을 내고 변덕쟁이, 트집쟁이, 깐깐이 취급을 하는 것이다. 그렇지만 이 아이들은 절대로 '괜히 그러지' 않는다. 단지 자기들이 겪는 불편을 표현할 뿐이다.

미셸은 이런 얘기를 했다. 열한 살 난 아들내미가 지난주 수요일에 해양 구조 수업을 듣다가 불만이 폭발했다는 것이다. 아이는 잠수복이 차갑고, 젖어 있고, 안에 모래까지 들어 있어서 도저히 못 입겠다고 끝까지 뻗댔다. 미셸은 화가 나서 아들을 혼냈다. "다른 애들은 다 입잖아! 똑같은 잠수복을 쟤들은 군소리 없이 잘만 입는데 왜 너만 말썽을 부리니!" 나는 미셸에게 그렇지 않다고, 아이가 '말썽을 부린' 게 아니라고 설명했다. 똑같은 상황도 그 아이에게는 남다르게 다가온다. 그런 아이는 추우면 실제로 남들보다 더 춥고, 축축함은 견딜 수 없을 만큼 불쾌하고, 모래 알갱이는 살갗에 대고 문지르는 사포처럼 따갑다. 하지만 미셸에게 내 설명이 먹히지 않는 것도 이해가 갔다. 미셸은 본인의 감각 과민증 때문에 뭐든지 참아 내고 일부러 무디게 구는 훈련이 되어 있는 사람이니까. 그는 남들은 자신과 다르다는 것을, 남들은 자기처럼 힘들게 참지 않는다는 것을 이해하지 못했다. 일반적으로 늘 그렇다. 감각 과민증은 신경 전형인들에게는 물론이요, 정신적 과잉 활동인들에게조차 제대로 이해받지 못한다.

일반적 사고를 하는 사람들은 감각이 그렇게까지 날카롭지 않다. 그러니 감각 과민증을 이해하지 못한다 해도 이상하지 않다. 하지만 본인이 감각 과민증이라고 해서 그러한 차이를 알아주는 것은 아니다. 그들은 일상에서 수시로 반대 증거를 보면서도 나라고 해서 뭐가 다를까, 남들도 다 이렇게 살겠지, 나도 남들처럼 '감당하고' 살아야지 생각한다. 어쨌든, 그들은 그렇게 배우고 자랐다. 나는 이렇게 힘주어 말해야만 할 때가 많다. "아니에요, 신경 전형인들은 당신처럼 감각 정보를 한꺼번에 많이 받아들이지 않아요. 당신처럼 강도 높게 받아들이는 건 더욱더 아니고요!"

한번은 벨기에의 '비바시테' 라디오 생방송에 출연한 적이 있다. 전화 연결된 15세 청취자가 자신의 놀라운 청각에 대해서 털어놓았다. 그 소년은 종마 사육장에 견학을 갔다가 귀에 몹시 거슬리는 날카로운 소리를 들었다고 했다. 남들은 아무 소리도 안 들린다 했지만 그는 불편해서 참을 수 없었다. 사육장 관리자는 어쩌면 그가 쥐를 쫓기 위해 쏘아 대는 초음파를 들었을지도 모른다고 했다. 그래서 그들은 실험을 해 보았다. 관리자는 초음파 기기를 몇 번에 걸쳐 껐다가 켰다가 했다. 과연, 소년의 귀에 거슬렸던 소리는 초음파가 맞았다. 사육장에 함께 있었던 사람들 중에서 그 소리를 들은 사람은 그 소년밖에 없었다. 사육장 관리자가 확인해 주지 않았다면 그는 자기가 이명(耳鳴)을 듣거나 정신이 나갔다고 생각했을 것이다. 나는 그 얘기를 듣고 슬퍼졌다. 말에 대해서는 잘 모르지만 소년과 쥐에게 불쾌하고 거슬리는 소리라면 말에게도 그렇지 않을까. 종마 사육장에서 말들은 내처 괴로워하고 있을 것이다.

소년이 자기 엄마에게 전화를 넘겼다. 그 엄마 말이, 아이가 다섯 살 때 가족이 다 함께 산책을 나갔다 오는데 애가 갑자기 소리를 지르더란다. "엄마, 집에 불났어요!" 엄마는 "얘가 무슨 소리를 하는 거야"라고 했다. 그러나 아이는 계속 난리를 쳤다. "진짜예요, 집에 불났다고요!" 웬걸, 아이 말이 맞았다. 길모퉁이를 돌아서니 그들의 집에서 치솟는 불길이 보였다. 아이는 아무도 못 맡은 연기 냄새를 진즉에 맡았던 것이다.

감각이 과민한 사람은 때때로 불만을 표현해 보려고 한다. 영화관 음향이 너무 크다, 식당 조명이 너무 밝다, 음식이 너무 짜다, 스웨터가 너무 까슬거린다……. 주변 사람들은 그가 정말로 그렇게 힘들어하는 것을 이해 못 하기 때문에 별것 아닌 일로 피곤하게 구는 사람, '프로 불편러'라고 한다. 그러나 과도하게 발달한 감각 체계는 실제로 매우 불편하다. 네온 불빛, 경적 소리, 그 밖의 우악스러운 감각을 피하기 어려운 우리의 '문명' 사회에서는 더욱더 그렇다. 어떤 사람들은 감각이 과민한 사람을 의기소침하고, 트라우마가 있고, 궁지에 몰린 사람처럼 보려고 한다. 하지만 그건 사실이 아니다. 그들은 그저 신경학적으로 원래 그런 것일 뿐이다. 그래서 나는 앞서 언급한 도미니크 뒤파뉴의 책[1]에서 전개된 이론이 마음에 든다. 수렵-채집을 하는 사람에게는 그렇게 고도로 발달해 있고 언제나 민감하게 곤두서 있는 감각 체계가 유리하다.

감각이 과민한 아이의 경험을 이해하고 싶다면 여러분이 모든 감각의 증폭기를 달고 산다고 상상해 보라. 겨울은 냉동고에 들어와 있는 것 같고, 여름은 고온의 목욕탕이나 사우나 안에서 사는 것 같다. 선선한 바람은 동장군의 입김 같다. 눈을 못 뜰 정도로 조명이 밝고 텔레비전 소리에 귀가 막 울리는 방에 들어가면 기분이 어떨까? 타일 바닥에 티스푼 하나 떨어지는 소리가 냄비들이 와장창 무너져 내리는 소리처럼 들린다면? 주위에서 기름 탄내, 인공 향으로 가려지지도 않는 고약한 체취, 쓰레기 냄새가 진동한다고 상상해 본다면? 신발을 질질 끌면서 걷는 사람, 코를 킁킁대는 사람, 요란하게 껌을 씹는 사람, 큰 소리로 떠드는 사람에 둘러싸여 있다면 어떨까? 샤워기 수압이 너무 세서 물줄기가 아프게 느껴진 적이 있는가? 몸에 너무 꽉 껴서 갑갑한 옷, 라벨이 살에 닿을 때마다 깔끄러운 옷, 감촉이 나빠서 이게 천인가 비닐인가 싶은 합성 섬유 옷, 올록볼록한 무늬나 요철이 살에 자꾸 스치는 옷, 입었다 하면 어김없이 가려운 옷을 온종일 입고 지내 보았는가? 그런데도 감각이 과민한 사람들을 깐깐한 트집쟁이라고 할 건가? 천만에! 잘 참아서 그 정도인 거다!

감각 과민증은 두뇌 활동이 지나치게 활발한 아이가 겪는 문제의 상당수를 설명해 준다. 그런 아이가 이상하리만치 혼자 있고 싶어 하는 것도, 종종 격렬한 분노를 터뜨리는 것도 감각의 포화 때문이라고 보면 된다. 아이가 위생, 식습관, 수면, 운동 기능에서 힘들어하는 부분도 이러한 감각 과민증에서 비롯되는 면이 크다.

위생

사람들은 대부분 '개운하게' 샤워를 하고, 양치질로 입 냄새를 없애고, 깔끔하게 머리를 빗는 것을 기분 좋은 일로 여긴다. 그래서 이렇게 일상적이고 기본적인 일이 어떤 사람에게 고문이 될 수 있다고는 생각하지 못한다. 하지만 그런 사람도 있다! 물에 젖는 게 불쾌하고 추워 죽겠는데, 비누칠만 했다 하면 피부가 땅기고 가려워 죽겠는데 어떻게 목욕이 좋아질 수 있겠는가? 칫솔이 입속으로 조금만 깊이 들어와도 반사적으로 구역질이 나는데 어떻게 양치질이 즐거울까? 치약 향이 확 쏘고 입안이 매운데 상쾌함이라니? 귀에 물이 들어가고, 샴푸 거품이 눈에 들어가서 따갑고, 헤어드라이어 소리는 귀에 울리고, 두피는 덴 것처럼 뜨겁고, 머리빗이 머리칼을 마구 잡아당기는데? 이제 알겠는가? 이 아이들은 '변덕쟁이'도 아니고 일부러 '꾀죄죄하게 하고 다니는' 것도 아니다. 스티브 잡스도 씻기를 싫어해서 구린내를 풍기고 다녔다고 한다. 그의 평전을 쓴 작가 월터 아이작슨에 따르면, 잡스는 자기가 잘 씻고 다니며 냄새 따위는 나지 않는다고 말했다고 한다.[2] 잘 안 씻는다고 모두가 잡스처럼 재능, 명성, 부를 가질 수 있는 것은 아니다. 어쨌든, 위생에 소홀하면 조만간 아이에게 문제가 발생한다. 그러므로 위생은 피해

갈 수 없는 부분, 타협할 수 없는 부분으로 남아야 한다. 그래도 어른은 그러한 아이의 감각 체계를 존중하여 몸을 잘 씻고 관리하는 습관이 자리 잡을 수 있도록 때때로 인내심과 기발한 생각을 동원해야 할 것이다.

식습관

감각이 과민한 아이들은 역시 마찬가지 이유에서 편식이 심한 경우가 많다. 식도락에 관심이 있는 사람이라면 알 것이다. 미식을 즐길 때는 오감을 동원하고 – 원칙적으로는 – 오감의 만족을 얻는다. 그런데 정신적 과잉 활동인 아이는 꼬마 음식 평론가라고 해도 과언이 아니다. 아이는 이런저런 감각들에 금세 반감을 갖게 된다. 음식의 맛은 물론이고 질감, 온도, 냄새, 색깔, 모양까지. 아이가 조금 더 자라면 환경에 대한 생각, 윤리적인 고려까지 더해져서 가리는 음식이 더 많아진다. 정신적 과잉 활동인 아이는 육식을 거부하는 경우가 많고 환경에 대한 의식이 일찍부터 발달한다. 그러한 거부는 상당히 믿을 만한 본능에서 나온다. 피에르 라비가 뭐라고 했던가. "우리는 몸에 나쁜 음식을 너무 많이 먹는다. '맛있게 드세요'가 아니라 '행운을 빕니다'라고 말하고 싶을 만큼." 설탕, 식품 첨가제, 농약, 내분비 교란 물질은 어떤 아이에게도 이롭지 않다.[3] 정신적 활동이 지나치게 활발한 아이들은 신경학적 특수성 때문에 몸에 좋지 않은 식품을 더 꺼림칙하게 여기지 않는가 싶기도 하다.

아이의 식습관 문제를 해결하는 데 도움이 될 만한 팁을 제안하겠다. 할 수만 있다면 아이와 함께 주말농장에 가거나 텃밭 가꾸기를 하라. 아이와 함께 닭장에서 달걀을 가져와 보고, 유기농산물을 고르고, 요리를 가르쳐 보라. 이러한 활동은 여러 면에서 이롭다. 아이와 함께 시간을 보내기도 좋고(아이들은 엄마 아빠와 요리하는 것을 아주 좋아한다), 소근육 발달에도 좋고(달걀 깨기, 휘젓기, 다른 그릇으로 옮기기, 소스 바르기, 껍질 벗기기, 얇게 썰기 등), 재료를 계량하거나 온도와 시간을 재면서 수학적 감각을 키우고, 창의성과 식욕을 북돋울 수 있다. 원래 애들은 자기가 만든 음식은 맛있다고 먹어 치운다! 아이가 여전히 밥상에서 까다롭게 군다 해도 너무 걱정하지 말고 마음을 편히 먹자. 레오나르도 다빈치도 채식주의자였고 편식 대장이었다. 다빈치의 요리사는 그에게 어떻게 해서든 뭐라도 먹이려고 머리를 쥐어짜야만 했다. 그래도 다빈치는 키가 192센티미터였고 기대 수명이 19세였던 시대에 예순일곱 살까지 잘만 살았다.

수면

감각이 온통 곤두서 있고 실존적 불안에 빠져 있는 사람이 어떻게 잠을 이룰 수 있을까? 이 불안을 다스리는 방법은 뒤에서 자세히 살펴보기로 하고, 여기서는 일단 잠자리의 감각적 측면에 신경을 쓰라는 말만 하겠다. 이부자리의 감촉이 괜찮은지? 세제 냄새가 나지는 않는지? 잠옷은 편안한가? 침실 분위기는 아늑하고 스탠드

불빛은 적당한가? 침실에 와이파이와 전자파(텔레비전, 태블릿, 스마트폰 등)를 들이지 말라! 집 안의 소음 수준은 괜찮은가? 거실의 텔레비전 소리가 아이의 침실까지 들리지는 않는가? 아무도 보고 있지 않은데 텔레비전이 켜져 있다면 그건 시끄럽고 스트레스와 공해를 유발하는 물건일 뿐이다. 가령, 만화 영화를 보고 있지 않다면 카랑카랑한 더빙 성우의 목소리가 굉장히 귀에 거슬릴 것이다. 텔레비전에서 추리물이 나오고 있다면 소리는 더 끔찍하다. 우리가 미처 실감하지 못해서 그렇지, 일부 텔레비전 시리즈의 폭력성은 온 집에 스트레스의 파장을 퍼뜨리기에 충분하다. 긴장감을 조성하는 배경 음악, 추격 장면의 음향, 경찰차의 사이렌, 폭발음, 여자의 날카로운 비명이 어렴풋이 들리는데 감각이 유난히 예민한 아이가 어떻게 편히 잠을 자겠는가? 게다가 감각이 과민한 아이를 키울 때는 뉴스의 폭력적인 장면, 특히 살인, 공격, 강간, 동물 학대 등의 이미지에 아이가 가급적 노출되지 않도록 해야 한다. 나는 어린이와 예민한 사람을 잔인한 시각적 이미지로부터 지켜 주지 못하는 이 사회에 분노한다. 잠을 잘 자야 하는 아이 얘기로 돌아가서, 잠자리에 들기 전에 차분하게 지낼 수 있는 시간을 마련해 주자. 모든 가정에서 아이가 잠들기 전에 부모가 책을 읽어 준다면, 이 습관을 최대한 오랫동안 유지한다면 더없이 이상적이겠다.

운동 기능

나는 운동 기능에 대해서도 감각 과민증이 결정적 역할을 한다고 생각한다. 정신적 과잉 활동 아동은 지나치게 민감한 몸에서 도망치고 싶어 한다. 그래서 자기 머릿속에만 처박혀 주위 사람들은 아무것도 아니라고 하지만 자신은 온종일 감내해야 하는 감각의 공격들을 모른 척하려고 한다. 더욱이 내가 살펴본 바로는, 이런 아이들은 신체의 생물학적 요구에 복종해야 한다는 사실을 좀체 받아들이지 못한다. 먹고, 마시고, 자고, 오줌 누고, 똥 싸고, 숨 쉬는 기본적인 작용을 불편하고 창피한 것으로 여기든가, 그렇지 않더라도 시간이 아까운 일 정도로만 생각하는 것이다. 이 아이들은 자기네가 이 하찮은 생리학적 욕구를 초월한 존재이기를 원한다.[4]

게다가, 감각이 지나치게 예민하면 감각의 더듬이를 길게 뻗고 곤두세운 채 늘 외부의 동향을 살피게 마련이다. 이 아이들은 주위에서 일어나는 일에 신경을 쓰느라 정작 자신의 신체적 감각, 감정, 나아가 개인적인 가치관이나 기준을 챙기지 못할 때가 많다. 거부당하지 않으려면 이 괴상한 세상을 이해하는 일이 더 시급하기 때문에 이러한 기제가 더 증폭되지 않을까? 보들레르가 〈알바트로스〉에서 하늘을 유유히 날던 '그 거대한 새의 날개가 도리어 걸음을 방해하네'라고 노래했듯이 아이들은 이런 이유로 산만하고, 굼뜨고, 서툴게 군다. 그들이 자기다운 모습으로 돌아오려면 주위의 도움이 필요하다. 이 아이들이 좀 더 자기 본연의 모습대로, 자신의 몸으로 살게끔, 몸의 불안정한 변동을 받아들이고 다시금 감각과 연결되게끔 이끌어 줘야 한다. 결코 만만한 일이 아니다. 그들의 감각 과민증을 인정하고 고려하며 그 감각 체계를 보호하는 법을 가르치는 것은 분명히 그들의 자기 이해를 돕는 첫걸음이다. 아이가 어릴 때 인체의 해부학적 구조나 생물학에 관심을 갖게 하는 것도 아이의 몸과 마음이 함께 가는 데 도움이 될 수 있다.

잠재적 억제

감각 과민증에는 또 다른 특성이 따라온다. 일반적 사고의 소유자들은 이 특성을 흔히 '잠재적 억제 결여'라는 다분히 부정적인 어감의 용어로 지칭한다. 이 특성을 다른 말로 하면 '유효 자극의 과잉' 정도가 되겠다. 쉽게 말해 보겠다. 일반적 사고를 하는 뇌에는 자동 선별기가 있어서 감각 정보들 중에서 관련성이 있는 것만 골라내고 그렇지 않은 것은 버린다. 예를 들어 여러분이 누군가와 얘기를 나누고 있는데 길에서 굴착기가 작동 중이라 치자. 잠재적 억제가 대화에 방해되는 굴착기 소음을 제쳐 놓기 때문에 신경 전형인은 계속 상대의 말에 귀 기울이고 집중을 할 수 있다. 그런데 정신적 과잉 활동인은 이러한 기제가 작동하지 않기 때문에 소음을 무시하지 못한다. 굴착기 소리를 고스란히 다 받아들이면서 상대의 말도 들어야 하니 힘들지 않을 수 없다.

일반적 사고를 하는 사람들은 잠재적 억제 덕분에 감각 수준에서 다층적·복층적으로 기능할 수 있다. 어차피 뇌가 감각 정보를 자동으로 걸러 주기 때문에 그들로서는 힘들 것도 없다. 이미지 위에 글을 쓰고, 동영상에 텍스트를 띄우고, 텔레비전 뉴스에서 큰 소리가 나와도 화면상의 자막을 문제없이 읽는다. 보통 사람들은 얼마든지 그렇게 할 수 있다. 세탁 세제, 샤워 젤, 향수, 향초, 디퓨저의 합성 향들이 한꺼번에 몰려와도 끄떡없다. 오, 좋은 향이 나네! 일반적 사고를 하는 뇌는 아무렇지도 않다. 이 뇌는 자기가 취할 것만을 취한다. 사실, 언젠가는 이 문제를 연구해 봐야 할 것이다. 신경 전형인의 뇌는 유효 자극이 이렇게 적은데도 과연 가장 유용한 정보를 취하고 있는 게 맞나?

굴착기의 예에서 보았듯이 정신적 과잉 활동인의 뇌는 잠재적 억제가 부족하기 때문에 상당히 불편한 면이 있다. 그러나 이 뇌는 여러 상황에서 멀티태스킹이 가능할뿐더러 너무 많은 정보를 잃지 않는다는 장점도 있다. 정신적 과잉 활동인은 딴짓을 하면서 서로 다른 두 대화를 다 따라잡곤 한다. 어쨌든, 무엇을 우선시하느냐를 뇌가 결정하지는 않는다! 이 뇌는 모든 감각적 지각을 위계 없이 받아들인다. 수렵-채집인은 사냥감의 소재를 알려 주거나 자기 목숨을 구해 줄지 모르는 정보라면 아주 사소한 것이라도 무시할 수 없다! 정신적 과잉 활동인은 그래서 늘 무엇에 주의를 기울일 것인가를 선택해야만 한다. 이게 보통 일이 아니다! 이미지를 볼 것인가, 텍스트를 읽을 것인가? 음악에 귀를 기울일 것인가, 목소리에 귀를 기울일 것인가? 정신적 과잉 활동인의 뇌는 매번 이렇게 선택을 거친 후에 우선시해야 하는 지각으로 주의력을 집중시킨다.

나는 그놈의 '주의력 결핍 장애'가 단순히 이러한 신경학적 특수성에서 기인한다고 본다. 가령, 잠재적 억제가 부족하면 옆 사람이 계속 코를 푼다든가 대화 상대의 치아에 음식 찌꺼기가 끼어 있는 상황에서 좀처럼 집중을 할 수 없다. 감각이 지나치게 예민한 사람이 신경 전형인보다 정보를 훨씬 더 많이 받아들인다는 점을 감안하면 이 과정이 얼마나 복잡한지 짐작이 갈 것이다.

두뇌 활동이 활발하고 감각이 과민하며 잠재적 억제가 부족한 아이가 교사의 말을 들을 때의 주의력 수준을 생각해 보기 바란다. 아이에게 정보는 폭포처럼 쏟아진다. 교사의 음성적 특징(저음, 걸걸한 소리, 노래 같은 어조 등) 외에도 음량, 억양, 말버릇, 음정과 성조, 말투(다정함, 짜증, 위협 등), 비언어적 언어(몸짓, 표정)까지 다 밀려드는 것이다. 교사가 전달하는 내용은 이 모든 의사소통의 변수들 속에 있다. 아이는 단어를 해독하고 행여 깔려 있을지 모르는 속뜻까지 짚어 내야 한다. 어쩌면 아이는 교사 자신은 의식도 못하는 이런 면에서 얼핏 스치는 모순과 논리에 어긋난 부분을 알아차릴지도 모른다. 그와 동시에 아이는 다른 감각 정보들도 받아들인다. 교실에서 나는 냄새라든가, 교사가 쓰는 향수 같은 것들 말이다. 시각적인 면도 그렇다. 교사의 머리 모양, 눈동자 색깔, 입술의 움직임, 턱의 흉터 자국, 조끼에서 단추가 하나 떨어진 자리, 끊어진 구두끈, 가죽 구두의 장식 펀칭……. 불룩한 바지 주머니를 보면 뭘 넣어서 저런지 궁금해진다. AD/HD 아동들의 이러한 특성을 정말로 주의력 결핍이라고 할 수 있을까? 그보다는 주의를 끌어당기는 변수들이 너무 많을 뿐이라고 봐야 하지 않을까?

학교가 제공하는 감각적 환경은 감각이 과민한 아이들에게 고문과 다름없다. 신경 써야 할 것이 많고 사람도 너무 많고 온통 부산스럽다. 무엇보다, 청각 수준에서는 참기 힘든 상황의 연속이다. 근무 환경과 관련해서는 소음이 끼치는 괴로움에 대한 의식이 싹트기 시작했건만, 학교에서는 아무도 소음에 신경을 쓰지 않는 듯하다. 학교의 소음 수준은 교실에서만도 - 물론 급식소는 더 심하다 - 이미 건강에 해로울 정도다. 교사들도 그런 데서 일하려니 힘들다는 말은 하지 않았으면 좋겠다. 그런 걸 바로잡는 게 어느 정도는 교사의 일 아닌가! 셸린 알바레즈는 유치원 교실에서도 모든 아이에게 유익한 교실 분위기, 조용하면서도 열의가 있는 분위기를 조성했다.[5] 정신적 과잉 활동 아동은 이해하기 힘든 방식으로 주위 사람들에게 버럭 화를 내곤 한다. 이제 여러분이 확인해 보기 바란다. 그러한 감정적 폭발의 일부는 감각의 과포화 상태와 관련이 있을 것이다. 너무 큰 소음, 너무 많은 사람, 넘치는 정보, 너무 많은 요청에 시달리다 보니 이러지도 못하고 저러지도 못해서 주의력이 분산되는 것이다. 이런 아이들은 대개 버럭 화를 내거나 심술을 부리는 방법으로 자기에게 필요했던 것, 즉 아무도 상대하지 않고 자기 방에 틀어박혀 조용히 보낼 수 있는 시간을 얻곤 한다. 어른은 이런 아이가 감각적으로 몹시 피로한 상황에 놓이겠구나 싶으면 미리 예측해서 움직이는 방법으로 도와줘야 한다. 일이 터진 후에 방에 혼자 있는 벌을 주기보다는, 오히려 시끄럽고 사람 많은 곳에 가기 전에 예방 차원에서 잠시 방에서 조용히 지낼 수 있는 시간을 주는 것도 좋은 방법이다. 지극히 예민한 감각에 해가 되는 상황은 가급적 피할 수 있도록 배려하라!

자, 그러니까 여러분의 아이는 보통 아이들에 비해서 유별나게 성능이 좋은 감각 기관을 타고난 것이지 장애가 있는 게 아니다! 여러분의 역할은 아이에게 그 감각 기관에 대해 설명해 주고 그 감각 기관을 다스리는 요령을 가르쳐 주는 것이다. 아이는 부모가 자신의 고통을 알아주기만 해도 크게 마음이 놓인다. 이제 더는 그 아이를 '트집쟁이'로 취급하지 말자. 아이의 하소연을 들어 주자. 내가 그 아이라고 상상하고 그 아이 입장에서는 어떤 부분이 극심한 감각 공격으로 다가올지 상상해 보라. 무엇보다도, 다른 사람들은 대개 그 아이가 받아들이는 감각 정보의 3분의 1밖에 받아들이지 않는다는 점을 꼭 알려 주라.

아이가 집에서 편안하게 지내려면 정돈된 인테리어, 부드러운 색조, 세심하게 신경 쓴 방음, 환기가 잘되어 있는 공간을 마련해 주어야 할 것이다. 그렇더라도 아이의 감각 기관이 어떤 환경을 편안해하는지 확인할 필요는 있다. 나는 일반적 경우를 말했을 뿐이고 오히려 정반대의 환경이 아이에게는 편할 수도 있기 때문이다. 《아스퍼거 증후군이 아닌 척하다》[6]의 저자 리안 할러데이 윌리는 파스텔 색조와 둥글게 갈아 낸 모서리를 볼 때마다 참기가 힘들었다고 고백한다. 이 아스퍼거 증후군 저자는 원색과 직각으로 떨어지는 모서리에서 훨씬 더 편안한 느낌을 받았다.

아이가 편안해하는 차분하고 조용한 시간을, 자연 속에서 보내는 시간으로 보완해 주자. 식물이나 동물을 관찰할 수 있는 시간이 아이에게 유익하다. 자연 속에서는 매의 눈, 소머즈 귀, 개코도 혼란스러워하지 않고 제대로 기능하므로 지극히 감미로운 느낌을 맛볼 수 있다. 하지만 이 부분에 대해서도 아이의 개인차를 확인할 필요가 있다. 미셸의 아들, 모래알이 깔끄럽다고 잠수복을 끝내 입지 않았던 그 아이는 벌레를 몹시 무서워했다. 그런데 이런 아이들은 호기심이 많고 배움을 좋아하기 때문에 오히려 곤충에 대해서 재미있게 가르쳐 주고 곤충 사전 등을 보여 준다면 공포증이 관심거리로 금세 바뀔 수도 있다.

공감각

감각 과민에는 거의 항상 공감각이 수반된다. 전체 인구의 4퍼센트 (어떤 연구에서는 20퍼센트라고도 한다)가 공감각을 지니고 있다. 공감각은 감각들의 교차 활용이다. 그래서 단일한 자극을 두 가지 이상의 감각을 결합하여 파악한다. 예를 들어 멀리사 매크래컨은 음악을 마치 눈으로 보는 것처럼 그림으로 그린다. 매크래컨은 이렇게 설명한다. "내가 듣는 음악은 질감과 색조 들의 흐름이에요." 여러분도 그녀의 작품을 꼭 한번 봤으면 좋겠다.[7] '이해받지 못하는 느낌'은 이처럼 아주 어릴 때부터, 부모와의 관계에서부터 자리를 잡는다. 빛과 색이 결합한 작품들에서 흡사 소리가 나는 것 같다. 유명 작곡가 장미셸 자르도 자신은 음악을 만들면서 사운드를 '조각' 한다고 했다. 모차르트도 자신의 교향곡을 한눈에 담을 수 있는 조각상에 비유해서 말한 적이 있다.

어떤 사람들은 여전히 공감각을 무슨 '감각 지각 장애'처럼 말한다. 하지만 다행스럽게도 요즘 연구자들은 다중 감각 통합도 지각의 정상적 기능으로 본다. 후유, 얼마나 잘된 일인지! 게다가 신생아는 모두 이처럼 감각들이 공고히 얽혀 있어서 따로 떼려야 뗄 수 없는 현상을 겪는다고 한다. 이러한 공감각은 성장 발달 과정에서 차츰 주의력이 미치지 않는 곳으로 물러나지만 그럼에도 완전히 사라지지는 않는다고 알려져 있다. 나는 우리 모두에게 공감각이 있다고 믿어 의심치 않는다. 예술품을 마주할 때의 감정이 아마 그러한 차원에 속할 것이다. 음악을 들으면서 한기를 느낀 것처럼 소름이 돋았던 경험을 하지 못했던 사람이 있을까?

앞에서 말했던 것처럼 나 개인적으로는 러시아어를 공부하면서 나의 문자소-색깔 공감각이 키릴 문자 습득에 얼마나 필수 불가결한 요소인지를 실감했다. 모든 아이가 공감각으로 태어난다면 아이들의 학습 전략에서도 공감각을 고려하는 것이 급선무 아니겠는가. 아이가 하는 말을 느긋하게 시간을 들여 귀 기울이고 들어보자. 아이가 월요일은 녹색인데 화요일은 노란색이라는 둥, 뭔가 엉뚱한 소리를 하지는 않는가? 문자 B를 보고 뚱보 아저씨라고 하지는 않는가? 1은 매끈하고 반짝거리는데 5는 털북숭이라고 하지 않는가? 미친 소리가 아니다. 아이는 자신의 공감각을 엄마 아빠와 공유하고 싶어서 그런 말을 하는지도 모른다.

감각 과민은 핸디캡이 아니라 재능에 가깝다. 현대 사회의 감각적 공격을 참아 내기 힘들다는 점도 사실은 오히려 그만큼 정신이 건강하다는 표시로 여겨야 할 것이다. 아주 어린아이들은 애착 인형을 감각의 피난처로 삼곤 한다. 어른들에게도 좀 더 티가 나지 않는 형태의 애착물, 이를테면 허구한 날 두르고 다니는 스카프나 목도리, 손수건, 자그마한 마스코트 따위가 있을 수 있다.

예민한 감성

감각 체계가 과도하게 발달한 사람은 필연적으로 감성 또한 과도하게 발달한다. 정신적 과잉 활동인 아이들은 (인구의 20퍼센트쯤 차지한다) 감성 과민 인구에 속한다. 감성이 과민한 사람들은 주위 환경의 온갖 신호와 미세한 뉘앙스를 알아차린다. 그들은 분위기 파악에

능하고 주위 사람들의 기분 변화에 민감하다. 그래서 시선 한 번, 몸짓 한 번, 억양의 변화 한 번에 쉽사리 동요하는가 하면, 미소나 우애 어린 몸짓 한 번에도 금세 열광하거나 감격하곤 한다. 그들은 감정의 요요 같고, 인간관계에 열정적이다. 하지만 스트레스도 그만큼 심하게 받고, 이 사람 기분에 주파수가 맞았다가 저 사람 기분에 주파수가 맞았다가 한다. 그들에겐 별것이 다 감동적이고, 장해물이 되며, 상처가 될 수 있다. 그들은 아주 사소한 것, 대수롭지 않은 말 한마디를 그냥 못 넘기기도 한다.

이런 아이들은 자주 울고, 자주 화내고, 자주 삐치고, 자주 혼자 있고 싶어 한다. 반대로 신나는 일이 있거나 행복할 때는 또 너무 심하게 흥분하고 기분이 붕 떠서 가라앉을 줄을 모른다. 혹은, 사소한 걱정에도 과하게 동요하고 안절부절못한다. 어쩌면 이 아이들이 일상을 정말 사는 것처럼 사는 것이고, 다른 아이들이 지상에서의 모험을 너무 평범하게 만들어 버린 것은 아닐까? 황홀하게 아름다운 석양을 보면서 아무것도 못 느끼는 것과 너무 감동해서 정신을 못 차리는 것, 둘 중에 뭐가 더 나을까?

서구 사회에서 감성 과민은 좋은 평판이 나기 어렵다. 감성이 지나치게 발달한 사람이 자기 느낌대로 다 표현하고 살았다가는 금세 히스테리 환자, '드라마 퀸' 같은 딱지가 붙는다. 사람들은 우리가 '알아서 자제하기를', 언제나 기복 없이 한결같은 기분을 유지해 주기를 기대한다. 우리의 사회 풍토에서 지나친 감성은 남자답지 못한 것으로 여겨진다. 감성이 유난히 발달한 사내아이들은 쉬는 시간에 운동장에서 정말로 괴로움을 겪기도 한다. 그렇지만 감성에 대한 거부는 순전히 문화적인 것, 특히 미국 문화의 영향이 크다. 태국이나 인도 같은 나라에서는 남자들이 아주 감성적으로 말하거나 행동하더라도 그리 흉으로 여기지 않는다.

감응성

감성이 과민한 사람들은 "비판에 병적으로 민감하다"는 말을 자주 듣는다. 싫은 소리를 들을 줄 모른다고 하면 점잖은 표현이고, 숫제 피해망상증으로 매도당하는 경우도 적지 않다. 내가 보기에는, 아무도 그들의 기분을 헤아려 주지 않는 것 같다. 그들은 늘 자신의 행동이 아니라 존재 때문에 혼나고 꾸중을 들었다. 설상가상으로, 뭔가 연기를 한다는 오해까지 받는다. 사람들은 그들이 과장한다, 일부러 그런다, 은근히 즐긴다 하면서 그들이 마음만 먹으면 그 과정을 제어할 수 있는 것처럼 말하는데 그게 더 모욕적이다. 이렇게 지속적으로 중상모략을 당하면서 현자답고 평온한 태도를 유지할 수 있는 사람은 아무도 없다. 감성이 과민한 사람들은 이렇듯 늘 비판에 시달린다. 그런데 인간에게, 특히 어린아이에게 타인들의 거부는 치명적이다. 언제나 혼나고 싫은 소리만 듣는 정신적 과잉 활동인 아이는 위험을 느낀다. '내가 잘못해서 아무도 날 돌봐 주지 않으면 어떡하지?'

아이는 자연스러운 반응을 할 때마다 혼이 나고 그래서는 안 된다는 말을 듣기 때문에 서서히 자기 자신을 부끄러워하게 된다. 그래서 환경에 적응하려 지나치게 애쓰고, 타인의 비위를 맞추려 들고, 타인의 기대를 예측하고, 남들의 비판에 앞서 자기비판을 한다. 외부의 비판으로 모자라, 내면의 비판이 가세한다. 비판이 두 배의 입체 음향으로 터진다! 이런 상황에서 비판에 병적으로 민감해지지 않을 수 있을까? 사람에 대한 비난에 뾰족하게 반응하지 않을 수 있나? 사람은 이보다 더 작은 일로도 미칠 수 있다. 누가 이 아이의 마음을 헤아려 주는가?

피해망상

감성이 과민한 아이는 피해망상에 빠질 만도 하다. 무슨 일을 하든지, 아무리 노력을 해도, 늘 싫은 소리만 들으니 온 세상이 자기를 미워하는 것 같은 기분이 얼마든지 들 수 있다. 자기가 개인적으로 공격당하는 것처럼 느껴지는 부분들이 있다. 아이가 자기 뇌는 여느 사람들과 다르게 작동한다는 사실을 모른다면 그들도 다 자기와 똑같은 도구를 가지고 있는데 자기보다 사용을 잘하는 거라고 오해할 것이다. 감성이 과민한 아이는 다른 사람들에게는 아무 의미도 없는 자질구레한 디테일에 엄청나게 신경을 쓴다. 하지만 아이는 자기가 그런다는 것을 모른다. 오가는 얘기, 일어나는 일이 전부 아이에게 입력된다. 그렇기 때문에 아이는 다른 사람들이 자신이 지각한 것을 고려해 주지 않으면 그들이 일부러 그런다고 생각한다. 어떻게 그걸 못 봤을 수 있을까? 왜 이해를 못 하는 거야? 내가 자연스럽게 기억하게 된 모든 것을 왜 저 사람들이 모르겠어?

게다가 주위 사람들에게서 비롯되는 정보는 모순적이기 짝이 없다. 아이는 말이 안 되는 부분, 진실성의 결여, 논리의 결여를 잘 알아차린다. 그는 자신이 이해 못 하는 것들이 있음을 느낀다. 특히 그 빌어먹을 사회의 암묵적 규범 같은 것들. 말하지 않아도 스스로 알아서 이해하고, 짐작하고, 알아서 지켜야 하는 것들을 님들은 무슨 경로로 저렇게 잘 아는 걸까? 남들이 뭐라고 하든, 이따금 감정을 과격하게 분출하기는 해도, 이 아이들은 기본적으로 착하다. 그리고 조롱이나 심술부리기 같은 행동은 애초에 이해를 못 한다. 그들 자신의 부적응이나 주위에서 일어나는 일을 설명해 주고 이해시켜 주는 사람이 없으니, 남들에게 약이 오르거나 원망 섞인 감정을 키울 만도 하다.

여섯 살 사내아이 파벨은 자기 뜻을 방해하는 사람은 다 밉다고 한다. 파벨은 자기에게 일부러 그러는 행동과 서투름이나 부주의 때문에 그러는 행동을 구분할 줄 몰랐다. 아이는 무조건 상처받고, 골을 내고, 비난했다. 그런데 파벨도 악의 없이 자연스럽게 한 행동 때문에 남들에게 꾸중이나 비난을 받기 일쑤였으니 그럴 만도 했다. 실수할 권리를 인정받지 못한 아이가 어떻게 남들의 실수를 봐줄 수 있겠는가?

비판에 맞서려면 사건에 의미를 부여할 수 있어야 한다. 다시 말해, 자기가 어떤 사람이고 어떤 식으로 기능하는지, 남들은 어떤 식으로 기능하는지 알아야 하는 것이다. 그렇게만 되면 훨씬 더 많은 것을 이해할 수 있다. 감성이 과민한 아이에게 남들은 너처럼 많은 것을 지각하지 않는다고, 그 사람들은 너처럼 시시콜콜한 것까지 기억하지 않는다고 말해 주자. 남들의 행동이 상처가 됐을지라도 그들이 일부러 그런 게 아닐 수도 있음을 이해시켜야 한다. 그들은 단순히 못 봤거나, 잊어버렸거나, 중요성을 이해하지 못했을지도 모른다. 하지만 세상에는 '착하지 않은' 사람들도 분명히 있다. 그러므로 아이가 진짜 악의를 감지하는 법을 배우는 것이 중요하다.

나 개인적으로는 더 나아지게 하려는 꾸중이라는 게 과연 효과가 있는지 잘 모르겠다. 나는 오히려 격려와 칭찬의 힘을 믿는다. 아이에 대한 비판과 칭찬이라는 주제에 대해 단순하고 효과적이며 편안하게 접근하는 책을 한 권 추천한다. 《폭신폭신 씨와 따끔따끔 씨》[8]를 보라. 이 책에서 차갑고 따갑게 쏘는 것을 신봉하는 자들은 사악한 마녀 벨제파의 손아귀에 들어가지만 칭찬을 좋아하는 이들은 쥘리 두두의 친구가 된다.

감성이 지나치게 발달한 아이가 신경 전형인들은 자기네 규범에서 벗어나는 것은 뭐든지 다 나쁘게 말한다는 사실을 알면 허구한 날 비판에 시달리더라도 마음을 조금 덜 다칠 것이다. '모난 돌이 정 맞는다'라는 속담이 있다. 비판하기 좋아하는 사람들을 내버려 두고 그들의 비판에 너무 얽매이지 않아야 한다. 아이가 악의적인 비판, 몰라서 하는 비판, 나중에 도움이 될 수도 있는 피드백을 구분하기란 쉽지 않다. 아이가 흘려들어야 할 것과 새겨들어야 할 것을 구분해서 취하려면 여러분의 도움과 분별력이 필요하다.

마지막으로, 아이가 자기 일상을 잘 살아 내도록 돕고 싶다면 과도하게 발달한 감성이 얼마나 가치 있고 귀한 것인지 인정해 주어야 한다. 지나친 감성은 미성숙이나 약해 빠진 정신이 아니며, 결점은 더욱더 아니다. 그 누가 사랑하고 열광하고 분노하는 능력을 결점으로 치부할 수 있나? 감성이 과민한 사람들은 창의적이고, 관찰력이 있고, 공감 능력이 뛰어나다. 그들은 인물과 상황을 잘 읽어 내고 독창적인 해결책을 찾아내곤 한다. 그들은 남의 말을 경청하기 때문에 은근히 여기저기서 찾는 사람이 많다. 결점은커녕, 훌륭한 장점인 것이다!

감성이 과민한 사람들은 표현을 하고 살아야 한다. 창의적이고 예술적인 활동이 그들과 아주 잘 맞는다. 그들에게는 휴식과 발산 둘 다 필요하다. 이 두 가지 욕구를 존중하면서 근본적인 천성을 편하게 해 주면 아이의 감정 기복은 한결 누그러들 것이다. 마지막으로, 지나치게 발달한 감성으로도 잘 살아가려면 주위 사람들의 이해가 필요하다. 주위에서 그러한 감성을 잘 받아 줘야 하고, 감성의 공유가 가능하다면 더욱더 좋다. 어쩌면 여러분도 그동안 옥죄고 살아왔던 감성을 그만 풀어 줘야 하지 않을까?

3장

감정의 폭풍우

감정 과잉

감성이 과민한 사람은 감정도 몇 곱절 더 격렬하다. 아이가 감성이 지나치게 발달했다면 수시로 폭풍 같은 감정에 사로잡히곤 할 것이다. 아이 자신도 예고 없이 닥치는 이 폭풍우가 두렵다. 그래서 감정에 걷잡을 수 없이 빠져 버린 아이를 차분하면서도 든든하게 받아 주고 달래 줄 수 있는 어른이 필요한 것이다. 어른은 아이가 감정 발작을 일으킬 때 폭풍 속의 등대처럼 굳건하고 우뚝해야 한다. 우리의 중요한 임무는 이 감정의 태풍을 잘 받아 주고 언어로 바꾸어 주는 것이다.

일단 표현된 감정은 가라앉는다. 내가 느낀 대로 말할 수 있고 누군가가 내 말을 들어 줄 수 있으면 내 기분은 한결 나아진다.

여러분도 몸소 겪어 보았을 것이다. 여러분의 아이를 데리고 시험해 보라. 어떤 아이가 막 뛰어가다가 넘어졌다고 치자. 아이가 으앙 하고 울음보를 터뜨린다. 아이를 얼른 안아 주고 아이의 기분이 어떨지 말로 표현해 보라. "아이고, 무서웠지? 넘어져서 얼마나 아플까! 아프기도 하지만 기분도 좀 그렇지? 조금 창피하다고 해야 하나? 화도 나고 말이야!" 어른이 이렇게 아이의 뒤죽박죽된 감정들을 하나하나 풀어 주고 명명해 주면 아이는 "응! 응!" 대꾸하면서 금세 마음이 풀리고 울음을 뚝 그친다.

하지만 아이의 감정을 평온하게 받아 주려면 어른이 먼저 자기감정을 명확히 알아야 한다. "저 자신도 억압된 분노로 똘똘 뭉친 인간인데 어떻게 우리 아들의 화를 감당할 수 있겠어요? 아이의 슬픔이 애써 잠재운 제 슬픔을 깨울까 봐 겁부터 나는데 제가 뭘 할 수 있나요?" 바로 이 때문에 어른이라면 누구나, 특히 부모와 교사는 반드시, 자기 계발에 힘쓰고 감정을 관리하는 요령을 배울 필요가 있다. 이 작업이 되어 있지 않은 어른은 자기도 못 하는 일을 아이에게 요구하는 셈이다. 우리가 아이에게 모범을 보여야 한다. 감정을 완벽하게 다스림으로써 아무것도 못 느끼는 로봇 같은 모습을 보이라는 게 아니다. 감정을 부정하고 억압하기보다는 순순히 받아들일 줄 아는 모습을 보이는 게 외려 더 낫다는 것이다. 감정을 파악하고, 알려 주고, 표현하는 부모가 아이에게 반듯하면서도 진실한 어른의 본보기를 제시한다. 아이에게는 이것이 제일 먼저 필요하다.

감정을 이해하고 받아들이는 작업에 대해서는 나의 전작 《나는 감정적인 사람입니다》를 추천한다.[1] 이 책은 분량도 적고 내용이 쉽고 구체적이어서 여러분이 아이들에게 얘기해 주기에도 무리가 없다. 영화 〈인사이드 아웃〉[2]도 감정 관리에 절묘하게 접근한다. 아주 어린아이들과는 이 만화 영화를 마중물 삼아 얘기를 나눠 볼 수 있을 것이다. 일단 여러분 자신이 감정을 관리할 수 있어야 비로소 아이의 감정 관리에도 든든한 버팀목으로서 함께할 수 있다.

그런데 정신적 과잉 활동인 아이들의 감정 관리에는 내가 《나는 감정적인 사람입니다》에서 미처 다루지 못했던 몇 가지 특수성이 있다.

슬픔과 우울

슬픔과 우울을 구분하고 넘어가자. 슬픔은 아카이빙, 즉 기억 저장의 기제다. 슬픔을 느끼는 이유는 어떤 것을 '애도하는' 과정 중에 있기 때문이다. 예를 들어, '일요일 저녁병'은 주말에 대한 아카이빙 작업이다. 슬픔을 느낄 때마다 지금 어떤 과정의 끝에 도달했는지 한번 생각해 보라. 내가 지금 인생의 어떤 부분을 정리하고 있나? 말이 나온 김에, 기쁨을 주었던 것에 대해서만 슬픔도 느낄 수 있다는 얘기를 꼭 하고 싶다. 엿같은 주말을 보냈다면 일요일 저녁병이 도질 리 없다. 슬픔은 필연적으로 그전에 거둬들였던 기쁨에 비례한다. 그렇게 생각하면 가없는 슬픔이 조금 누그러진다.

정신적 과잉 활동인 아이의 슬픔은 좀 더 철학적이다. 이 아이는 지구에 사랑이 희박하다는 이유로, 인간이 동물과 나무에 해를 끼친다는 이유로 슬퍼할지도 모른다. 같은 반의 친구가 개를 잃어버렸는데 자기가 더 슬퍼할지도 모른다. 그러나 슬픔의 이유가 뭐가 됐든 이 아이에게서 생의 의욕을 앗아 가지는 않는다. 그러니 아이의 슬픔을 받아 주고 그러한 감정이 존재할 권리를 인정해 주면 그걸로 족하다. "그래, 정말 슬프겠다. 그럴 만도 하네." 일단 표현된 감정은 가라앉는다. 아이는 다른 감정, 다른 일로 넘어갈 수 있다.

정신적 과잉 활동인 아이의 우울은 지루함이나 괴롭힘에서 온다. 우울은 건강하고 정상적인 슬픔이 아니다. 지나치게 활발한 뇌가 헛돌기 시작하면 아이는 침울해지고, 잡념을 곱씹게 되며, 배움과 창작이라는 – 정신적 과잉 활동인 특유의 – 인생의 첫째 의미를 잃는다. 이러한 우울은 주의 깊게 지켜봐야 하지만 의외로 쉽게 풀어 줄 수도 있다. 아이의 왕성한 호기심을 채워 줘라. 그러면 생의 기쁨은 곧바로 살아날 것이다. 그러나 단순한 우울감을 넘어선 진짜 우울증은 사는 낙을 앗아 가는 것으로서 훨씬 더 심각하게 봐야 한다. 일반적으로, 이런 아이들의 우울증은 학교 폭력이 직접적 원인인 경우가 많다. 그들이 느끼는 지루함, 그들이 당하는 괴롭힘에 대해서는 뒤에서 좀 더 자세히 살펴보겠다.

두려움과 불안

정신적 과잉 활동인 아이들은 겁이 많다. 부분적으로는, 상상력이 워낙 풍부해서 그렇다. 여느 아이들보다 죽음을 일찌감치, 더 깊이 의식하기 때문에 그런 면도 있다. 더욱이 이 아이들은 아주 명철해서 어른들이 달랜답시고 하는 듣기 좋은 말도 소용이 없다. 그들은 '제로 리스크'는 존재하지 않고, 인간이 자기 운명의 모든 변수를 통제할 수 없다는 것을 잘 안다. 마지막으로, 이 아이들은 어른들이 자기를 있는 그대로 품어 주고 붙잡아 준다고 느끼지 못하기 때문에 겁이 많을 수밖에 없다. 안전하지 않다는 이 느낌이 이 아이들의 그악스러운 통제 욕구와 예측 불안을 상당 부분 설명해 준다. 있는 그대로의 자기 자신을 관리하려면 자신 외엔 믿을 데가 없어서 그러는 것이다.

두려움을 놀이처럼 즐기는 사람도 많다. 서스펜스나 스릴러 영화, 아찔한 놀이 기구, 익스트림 스포츠를 좋아하는 사람이 얼마나 많은가. 그런데 정신적 과잉 활동인 아이들은 이유 없이 두려움을 즐기는 법이 없다. 두려움을 정면으로 마주해야만 극복하고 벗어날 수 있다는 생각을 하면서도 두려움에 너무 쉽게 영향을 받는다. 나는 트라우마를 자초한 셈이 되어 버린 정신적 과잉 활동인 아이들을 많이 만나 봤다. 무섭고 두려운 장면에 용기 내어 도전했는데 그 이미지가 악몽 속에서 자꾸만 되살아나는 경우다. 이들에겐 이

성적인 두려움과 비이성적인 두려움을 구분하는 법을 가르쳐 주는 것이 중요하다. 전자는 우리가 조심해서 피해야 할 객관적인 위험을 알려 준다. 비이성적인 두려움은 정신이 교묘하게 만들어 냈을 뿐 실제로는 구현될 수 없는 정신적 산물이다. 자기 머릿속에만 있는 영화라고 할까. 이런 두려움을 없애려면 다른 영화를 틀기만 하면 된다. 혹은, 뇌가 좀 더 흥미로운 활동에 매달리면 된다. 하지만 아이에게 그를 잡아 주고 보호할 어른이 곁에 있다는 것을 구체적으로, 실천적으로 보여 주는 것이 중요하다. 그게 아이의 불안을 가장 잘 달래는 방법이다.[3]

분노

정신적 과잉 활동인 아이의 분노는 주로 감각 체계가 남용되고 과로하고 포화되어 제구실을 못할 때 약이 올라서 폭발하는 경우다. 앞에서도 말했듯이 잠시 차분히 혼자 있을 수만 있어도 아이는 금세 마음을 다스린다. 또한 어른이 아이의 감각 과민을 미리 생각해서 배려하면 그러한 분노 발작을 줄일 수 있다.

거센 분노를 촉발하는 또 다른 계기는 부당하다는 감정이다. 정신적 과잉 활동인 아이의 마음에는 이 감정이 매우 강력하게, 매우 뿌리 깊게 박혀 있다. 이 부분에 대해서는 뒤에서 다시 다루기로 하자.

분노는 자연스럽고 건강한 감정이다. 침입자들을 몰아내고, 분명한 선을 정하고, 마땅한 존중을 받고 살려면 꼭 필요한 감정인 것이다. 안타깝게도 정신적 과잉 활동인 아이들은 분노를 억압하는 것부터 배운다. 괜한 싸움을 하기 싫어서, 소중한 관계를 잃을까봐, 게다가 남들은 잘못한 게 없고 자기에게 문제가 있다고 믿기 때문에 그런다. 아이는 이 억압된 분노 때문에 이따금 한 번씩 폭발하는 압력솥이 된다. 정신적 과잉 활동인 어른 중에는 아예 분노를 못 느끼는 사람도 많다. 이건 굉장히 서글픈 일이다. 분노는 사람이 뭐 하나 빠진 데 없이 온전하다는 보증 같은 것이기 때문이다. 부모가 아이에게 분노는 정당한 것이라고, 분노를 키우지 말고 그때그때 표현하는 편이 다스리기 쉽다고 가르쳐야 한다. 거창한 일도 아니다. 차분하지만 확실하게, 어른이 분노를 단순하게 표현하는 모습을 보이자. "이제 됐다! 엄마(아빠)도 슬슬 짜증이 나려고 해. 너희들이 ○○○하는 건 허락할 수 없어."

죄책감

정신적 과잉 활동인 아이들의 죄책감은 크게 두 가지 형태로 나타난다. 이 아이들은 매우 성숙하고 책임감이 강하다. 그래서 자기 주위에서 일어나는 모든 일에, 나아가 세상에서 일어나는 일까지도 자기가 연루된 것처럼 생각한다. 그들은 아무것도 할 수 없음에 죄책감을 느낀다. 자기가 적극적으로 행동하지 않았다고 생각하기 때문이다. 이 아이들은 진즉부터 행동하고 싶었지만 아직은 어른에게 의존해 살아가는 아이일 뿐이니 방법이 없다. 이런 종류의 죄책감에 대해서는, 겸손한 아이의 입장으로 돌아가 언젠가 제 몫을 할 날이 있음을 알고 성장의 시간을 갖는 것이 약이다. 피에르 라비가 들려준 아메리칸 인디언 이야기에서 벌새가 그랬던 것처럼 밀이다. 어느 날 숲에 큰불이 났다. 숲속에 사는 동물들은 겁에 질려 아무것도 못한 채 벌벌 떨고만 있었다. 그중 작은 벌새 한 마리만 부산스럽게 오가면서 부리에 머금고 온 물 몇 방울을 불길에 끼얹었다. 그 모습을 지켜보던 아르마딜로가 짜증스럽게 말했다. "벌새야, 너 제정신이야? 물 몇 방울로 이 큰불을 끌 수 있을 것 같아?" 벌새가 대답했다. "나도 알아. 그래도 내가 할 수 있는 일을 할 뿐이야."

세상에는 고통이 들끓는다. 그렇지만 세상에는 아름다운 것, 실로 경이로운 것, 선한 사람도 참 많다. 나쁜 것과 좋은 것이 함께 있다. 우리가 세상의 비참을 전부 책임질 수는 없지만 그러한 비참에 무관심해서도 안 된다. 우리는 겸손하게, 개인 수준에서 어떻게 행동할지를 선택할 수 있다. 소비 윤리와 불매 운동에 참여한다든가, 한두 가지 좋은 생각을 널리 퍼뜨리는 데 적극적으로 동참한다든가. (너무 많은 대의를 추구하다 보면 산만해지거나 쉽게 지치므로 그 정도가 적당하다.) 무엇보다, 좋은 기분을 한 방울 더 보태는 사람이 될 수도 있다. 사회 참여가 집단적 불평을 더 크게 키우는 역할이 되지 않도록 주의할 필요가 있어서 하는 말이다. 자기 자신과 자기 기분을 잘 돌보는 것도 이미 세상을 돕는 일이다. 아이들에게 여러분의 가치관, 사회 참여, 행동을 이야기하고 설명해 주라. 부모가 일상의 소소한 행동으로 이미 벌써의 자기 몫을 하고 있음을 알게 되면 아이도 마음이 편해질 것이다.

정신적 과잉 활동인 아이들에게 자주 나타나는 죄책감의 또 다른 형태는 완벽주의다. 이 아이들은 자기 자신에게 굉장히 까다롭다. 그래서 자기가 원하는 완벽한 수준에 미치지 못하면 죄책감을 느낀다. 아이들을 합리적인 기대의 수준으로 끌고 와야 할 필요가 있다. 이 문제도 뒤에서 좀 더 자세히 다루겠다.

수치

우리는 멸시하는 시선의 흔적을 우리 자신에게서 떨쳐 버리지 못할 때 수치심에 빠진다. 그러므로 학대, 조롱, 기만, 괴롭힘은 이미 과거의 일이 됐어도 수치스럽다. 정신적 과잉 활동인 아이들이 허구한 날 시달리는 비판과 꾸중이 쌓이고 쌓이면 그 자체로 충분히 엄청난 학대가 된다. 학교 친구들의 놀림은 또 다른 학대이고, 여기에 학교 폭력 문제가 따라올 수도 있다. 수치에 가장 잘 맞서는 방어책은 아이에게 자기 본연의 모습에 자부심을 가질 권리를 되돌려 주는 것이다.

좌절

정신적 과잉 활동인 아이들은 좌절을 유독 심하게 겪는다. 정신적 역량이 지대한데 인간 신체의 조건에 매여 있으니 그럴 만도 하다. 풍부하고 기민한 사고와 현실의 필터 사이의 간극이 너무 크다! 매사가 조급함과 실망감으로 되돌아온다. 아이에게 기대가 크면 실망도 큰 법이라고 가르쳐 주자.

아이에게 창조의 과정을 설명해 주자. 원대한 꿈은 그보다 실현성 있는 계획이 되어야만 하고, 그다음에는 아주 구체적인 행동으로 옮겨져야 한다. 우리는 이 길을 따라가면서 이런저런 선택을 해야 하고, 따라서 어떤 부분은 포기해야 한다. 그렇지만 오직 이 길에서만 한낱 바람에 불과했던 것이 실제로 구현되는 모습을 볼 수 있다. 시인, 건축가, 음악가를 막론하고 창작을 하는 사람이라면 누구나 용기 있게 상상을 현실과 대면시킴으로써 자신의 꿈을 더 많은 이들과 공유한다.

기쁨

다행히도 정신적 과잉 활동인 아이들은 삶의 기쁨을 만끽하는 재능이 있다. 섬세하고 성능 좋은 감각 체계를 가진 사람은 인생이 선사하는 어여쁜 것, 듣기 좋은 것, 맛있는 것, 쾌감을 주는 것을 기막히게 알아차린다. 아이가 삶의 기쁨을 누리기에 적합한 이 비범한 능력을 잘 계발할 수 있도록 도와주자.

과도한 정

내가 강연을 하면서 이 부분에 써먹는 설명이 있다. 생물학의 관점에서는 일견 비상식적으로 보일 수도 있겠지만 이 설명이 비유적인 차원은 물론, 과학적인 차원에서도 유효하다는 사실을 나도 최근에야 알게 됐다. 정신적 과잉 활동인은 정보를 받아들여 심장을 한 번 거친 후에 뇌로 보낸다. 그런데 실제로 심장에서 뇌로 신호를 보내는 뉴런이 뇌에서 심장으로 신호를 보내는 뉴런보다 외려 더 많고, 심장의 전자기장이 뇌의 전자기장보다 훨씬 더 크다는 사실이 과학적으로 밝혀졌다.

    이를 바탕으로 두 가지 경우를 생각해 보자.

    첫 번째, 심장(마음)이 열려 있고 자신감 있는 아이는 사람을 좋아하고 자신에게 도달하는 정보를 순순히 받아들인다. 이 경우에는 정보가 거침없이 신속하게 뇌에 도달하고 이해와 기억이 순조로워진다.

두 번째, 스트레스가 심한 분위기, 촉박한 시간, 불쾌한 대화 상대, 흥미롭지 못한 정보 등 이러저러한 이유로 심장(마음)이 닫혀 있으면 정보가 뇌로 잘 전달되기 어렵다. 따라서 이해 및 기억 기제도 제대로 발동할 수가 없다.

그러므로 심장은 정신적 과잉 활동인의 뇌에서 차라리 중심 기관이다. 감성이 과도하게 발달한 아이의 체험에는 모두 심장이 개입해 있다. 정신적 과잉 활동인 아이는 정이 매우 많고 어른이 되어서도 그 점은 변치 않는다. 이런 아이는 애정을 많이 갈구한다. 하지만 얼마나 부끄러운 일인가! 인간이 얼마나 자신의 본성에서 멀리 벗어났기에 애정 욕구가 미성숙하고 약해 빠진 사람의 표시처럼 치부되기에 이르렀단 말인가? 게다가 이 아이들은 부모의 사랑을 쪽쪽 빨아먹기만 하려고 매달리는 게 아니다. 아이들도 부모만큼, 아니 그 이상으로 사랑을 준다. 그들은 사랑의 우물 정도가 아니라 아예 콸콸 솟는 샘이다. 그만큼 사랑하는 능력이 차고 넘치는 아이들이다. 어쩌다가 우리 사회는 인간이 이렇게 사랑을 할 수 있다는 사실을 불편하게 됐나?

게다가 우리는 집단으로서의 감각을 잃고 개인주의를 절대적 가치로 옹립한 나머지 상부상조의 고결함, 나눔의 아름다움, 더불어 사는 기쁨을 잊고 있다. 다행히도 새로운 사회, 인터넷으로 연결되어 있으며 현재의 경제 규칙을 무너뜨리는 젊은이들이 주도하는 사회가 부상하고 있다. 서로 집을 바꿔 지낸다든가, 경로를 공유한다든가, 물건을 빌려준다든가, 공동으로 거주한다든가……. 그렇다. 사랑은 중요한 가치다. 사랑을 중시하는 아이는 잘하고 있는 것이다. 아이가 그 가치를 잘 지켜 나가도록 여러분이 격려할 수 있다.

지나친 감정 이입

감각 과민은 지나친 감정 이입을 부른다. 사실상 '감정 이입'이나 '공감'이 아니라 '감정의 침범'이라는 의미로 이해해야 할 수준이다. 지나치게 외부에 신경을 쓰고, 지나치게 타인들을 이해하려고 노력하는 데다가 너무 민감하고 정도 많은 아이는 자기가 타인들에게서 받아들이는 정보에 파묻혀 버린다. 지나친 감정 이입은 아이를 슬프고 불안하게 한다. 나아가, 사람이 많은 곳을 두려워하게 될 수도 있다. 정신적 과잉 활동인들의 상당수가 그렇다.

지나친 감정 이입이 실질적인 핸디캡이 될 수도 있다. 감정 이입이 자동으로 기능하면 그 사람의 기분은 자기 의도와 상관없이 철저히 대화 상대에게 맞춰지고 만다. 말 그대로 타자와 융합하는 것이다. 그래서 감정 이입이 지나치게 발달한 사람은 카멜레온처럼 보이기도 한다. 자기만의 고유한 개성 없이, 자신이 어울려 지내는 사람들 의견에 무조건 동조하는 것처럼 보이기 때문이다. 그러다 보면 자기 존재를 타인들에게 의존하게 되고 자기가 느끼는 감정인 데도 자기 것이 아니게 된다.

감성이 과도한 아이들이 감정의 기능에 대해서 꼭 배워야 하는 이유가 여기에 있다. 그러한 배움의 과정은 다음과 같다.

- 다양한 감정과 그것들의 기능을 이해하고 전반적으로 감정이 존재할 권리를 주어야 한다.
- 자기감정을 느끼고, 다스리고, 표현함으로써 서로 다른 감정들을 구분할 줄 알아야 한다.
- 타인들에게도 감정의 권리를 인정하되 남의 감정을 자동으로 빨아들이지는 않아야 한다.

정신적 과잉 활동인 아이들, 감정 이입이 지나치고 책임감이 지나치며 모든 종류의 불의에 분개하는 이 아이들은 금세 구원자 역할에 빠진다. 카프먼의 드라마 삼각형이라는 파괴적인 심리 게임에 쉽게 말려드는 것이다.[4]

이 때문에 두뇌 활동이 지나치게 활발한 청소년, 전후 사정을 잘 모르면서 '너무' 선량하고 '너무' 감정 이입을 잘하며 다소 순진해 빠진 아이들이 골치 아픈 말썽에 휘말리곤 한다. 양심을 품은 거짓 피해자가 잔뜩 부추기면 그들은 해결사 노릇을 한답시고 애먼 사람을 괴롭히기도 한다.

그러니까 여러분이 명확하고 분명하게 행동해야 한다. 심각한 일은 반드시 부모와 상의하게 하라. 아이는 위험한 상황을 해결할 수 없다. 자기가 직접 심판하려고 해서는 안 된다. 신문 사회면에서 구원자가 완전히 함정에 빠진 경우, 구원자가 실상은 구원자가 아닌 상황의 예를 찾아보고 아이에게 설명해 주자.

감정 이입을 관리하고 구원자 역할에 빠지지 않으려면 상황을 한발 물러나 보는 법, 눈에 보이는 대로 판단하지 않는 법을 배워야 한다. 요컨대 '발끈해서 반응하지' 말라는 얘기다. 정신적 과잉 활동인에게는, 아이가 아니라 어른이어도, 힘든 일이다! 공감과 연민을 구분할 줄 알아야 한다. 남들에게 동정을 사기 좋아하고 불평불만으로 남들을 조종하는 '프로' 피해자들이 있다. 진짜 문제가 있어서 괴로워하면서도 결코 내색하지 않는 사람들도 있다. 자기 문제는 자기가 해결해야 한다. 남의 일을 대신 해결해 주어서는 안 된다. 영화 〈맞아, 하지만······〉[5]에서 심리 치료사(제라르 쥐뇨 분)는 젊은 여성 내담자에게 이런 이야기를 한다. 어떤 남자가 산책을 하다가 이제 막 번데기를 벗고 나오려는 나비를 보았다. 나비는 번데기에서 빠져나오기가 힘든지 몹시 끙끙대는 것처럼 보였다. 그는 나비가 가엾은 마음이 들어서 번데기 가장자리를 살짝 젖혀 주었다. 하지만 스스로 번데기를 박차고 나오면서 날개 힘을 길러야 하는데 그러지 못한 나비는 영영 날 수 없게 되었다. 남들을 도우려다가 그들이 스스로 힘을 키우는 데 방해가 될 수도 있다. 남들이 엇나가고, 괴로워하고, 분노하고, 피곤해하고, 걱정하고, 살아가고, 시련을 극복할 권리도 인정하라는 얘기다. 그들에게는 그냥 옆에 있어 주고 "힘내, 넌 해낼 거야"라고 말해 주는 것으로 충분하다. 남들의 곤란은 남들이 해결하게 하라고 아이를 설득할 때 이 말이 힘을 발휘할 것이다. "너는 남이 너 대신 해결해 주는 게 좋아? 그것 봐! 남들도 마찬가지란다!"

> 감정 이입의 문제는 개자식들에게까지 연민을 느끼게 된다는 것이다.
> — 페이스북에서 본 글(출처가 따로 있을 수도……)

안타깝지만 사실이다. 정신적 과잉 활동인 아이들은 대부분 악의라고는 모르고, 남들을 판단하지 않으며, 반사적으로 앙심을 품지도 않는다. 이 아이들은 못되고 심술궂은 아이들도 안 좋은 일이 있어서 그러려니 가엾게 여긴다. 정신적 과잉 활동인 아이가 입장을 정립하려면 사람과 행동을 구분하는 법, 사람은 미워하지 않되 용납할 수 없는 행동은 단호히 거부하는 법을 배워야 한다. 이때는 아이의 정의감에 호소해야 한다. 아무도 악의적인 짓거리를 참고 살아서는 안 되고, 그걸로 얘기 끝이다. 또한, 어떤 사람은 못되게 굴고도 별로 마음 아파하지 않을 수 있다고 아이에게 말해 주자. 마지막으로, 자신의 가치관을 남들에게까지 적용하지는 말라고 말해 주자. 아이는 '나도 저 애 입장이면 더 못되게 굴지도 몰라!'라고 생각한다. 음, 그렇게 생각할 수는 있다. 하지만 아니다. 그 애는 실제로 그렇게 했지만 정신적 과잉 활동인 아이는 그러지 않을 것이다. "그 애는 너와 같은 기준으로 생각하거나 행동하지 않는단다." 다시 한번, 남들은 다르다는 것을, 남들의 두뇌 활동은 여러분의 아이의 두뇌 활동과 똑같은 데이터에서 출발하지 않는다는 것을 이해시켜라. 그래야 아이가 감정 이입도 선별해 가면서 할 수 있다.

두뇌 활동이 지나치게 활발한 아이는 이따금 자기가 너무 괴로우니까 자기 자신이나 남들의 감정에 거리를 둔다. 그러다 보니 감정이 없다, 냉담하다, 무심하다 등의 말을 듣기도 한다. 이 아이는 기대에 부응하려고 애쓰는데 이렇게 해도 싫은 소리를 듣고 저렇게 해도 싫은 소리를 듣는다! 아이에게 타인의 표정을 읽는 법, 타인의 감정과 반응에 신경 쓰는 법을 가르치기 전에 먼저 아이가 자신과 타인을 확실히 구분하고 있는지, 아이가 타인의 감정을 스펀지처럼 흡수하고 있지는 않은지 확인하라.

마지막으로, 달라이 라마의 가르침을 마음에 새긴다면 이 '지나친' 감정 이입을 잘 관리할 수 있을 것이다. "자기 자신을 끌어안지 않는 연민은 불완전하다."

가지를 뻗어 나가는 복합적 사고

생각이 너무 많은 사람들의 감각 과민과 여기서 비롯된 결과들 다음으로 특징적인 측면은 복잡하게 뻗어 나가는 생각의 가지들이다. 《나는 생각이 너무 많아》와 《나는 생각이 너무 많아 – 생존편》에서 이 격렬하고 복잡한 뇌의 특수성은 이미 상세히 다루었다. 여기서 다루는 내용 이상을 알고 싶은 독자는 이 책들도 참고하기 바란다.

여러분이 아이에게 쉽게 설명해 주려면 다음 내용을 알아야 한다. 대부분의 사람들은 뇌가 직선적으로 작동한다. 다시 말해, 생각이 단계를 밟아 논리적·연속적 진행을 한다. 이 작용을 잘 보여 주는 이미지가 바로 '생각 열차'다. 생각 하나하나가 객차에 해당하고 이것들이 쭉 이어져 있는 것이다. 혹은, 중간중간 매듭이 있는 밧줄의 이미지도 적합하다. 밧줄을 따라가듯 자기 논리를 따라가면서 생각을 전개하고, 관념에 해당하는 각각의 매듭은 연결되어 있다.

반면, 정신적 과잉 활동인의 머릿속은 사정이 영 다르다. 관념들은 별 모양으로 퍼져 나가고 각기 다시 새로운 열 개의 관념으로 뻗어 나간다. 그래서 '생각 나무의 가지들'이라고 말하는 것이다. 생각이 나뭇가지들처럼 서로 다른 방향으로 뻗어 나간다. 그렇지만 이 모든 생각이 마치 거미줄처럼 이 방향 저 방향으로 이어져 있으므로 '복잡성 사유'라고 불러도 좋다. 내가 이 같은 사유 기제를 설명하면 어떤 이들은 말한다. "맞아요, 생각이 여기저기로 뻗치고 또 다른 생각을 끌고 오는 것을 느껴요. 진짜 딱 그래요!" 반면, 이렇게 말하는 사람들도 있다. "새로운 열 가지 생각? 겨우? 난 머릿속에서 폭죽이 터지는 것 같다고요! 사방팔방에서 파바박 터지고 번득거려요!" 사유의 복잡성 수준은 개인차가 매우 크다. 어떤 사람은 정말로 머릿속이 펄펄 끓어오른다!

뇌가 이렇게 작동하느냐 저렇게 작동하느냐에 따라서 무엇이 달라질까? 음, 생각 열차는 종착역까지 잘 도착한다. "나의 논리를 따라왔고, 해답을 찾았고, 그 건을 끝냈어." 그렇다, 직선적 사고는 생각에 마침표를 찍을 수 있다! 그래서 신경 전형인들은 "더는 생각하지 마!" 소리를 참 쉽게도 뱉는다. 여러분이 일부러 생각을 곱씹기라도 한다는 듯이, 마음만 먹으면 생각을 쉽게 멈출 수 있다는 듯이 말이다. 애석하게도 생각이 갈래를 뻗어 나가는 사람은 그게 안 된다. 정신적 과잉 활동인들은 뇌의 접속을 끊고 싶어 할 때가 많지만 그럴 수 없다. 각각의 생각이 새로운 열 가지 생각의 문을 열고, 새로운 생각이 또 그렇게 다른 생각의 문을 열기 때문에 이 과정은 끝이 없다. 게다가 지나치게 활발한 두뇌에게는 해답이 결코 하나가 아니다. 이 답이 다른 답보다 분명히 더 나은지 검증하기란 쉽지가 않다. 이 뇌는 답을 하나 택하고서도 다른 답들에 비추어 그 답을 문제시하고 자기가 뭔가 망각한 것은 없는지 다른 가능성을 검토한다. 그러면서 생각은 다시 날뛰기 시작한다. 끝없는 의심은 정신적 과잉 활동의 중요한 특징 중 하나다.

매듭이 있는 밧줄을 쭉 따라갈 때는 자기 생각과 추론 속에서 헤맬 염려가 없다. 일반적 사고의 소유자가 자기가 처음에 문제시했던 바를 중간에 잊는 경우는 거의 없다. 기껏해야 대화를 하다가 삼천포로 빠져서 논지를 잊는 정도다. 반면, 사유의 거미줄 속에서 길을 잃는다면 애초의 생각을 잊고 어쩌다 여기까지 왔는지, 왜 지금 이런 얘기를 하고 있는 것인지 모를 만도 하다. 어느 한 생각에서 출발했지만 정처 없이 생각을 전개하다 보니 전혀 엉뚱한 지점에 와 있다. 일반적으로 생각하는 사람들은 이러면 갈피를 못 잡는다. 그들은 '주제에서 벗어난' 일부 발언을 이해하지 못하고 '이 사람 말에는 일관성이 없구나'라고 생각한다.

연속적 사고는 논리적이고 체계적이지만 쳐내고, 분리하고, 벽을 친다. 한데 모으고, 뒤섞고, 융합시키는 쪽으로는 젬병이다. 부차적인 연결 관계들은 관계로 치지도 않고 무시하기 때문에 창의성이 부족하다. 갈래를 뻗는 복잡성 사유는 끊임없이 관념들을 연결한다. 그래서 복잡성 사유는 독창적이고 창의적이다.

마지막으로, 이 두 가지 사고방식의 차이는 시간 관리와 업무를 계획하는 방식에서 나타난다. 연속적 사유는 시간의 흐름 속에, 즉 현재에 놓여 있다. 이 사유는 일을 하나씩, 시간순으로 처리한다. 이 사유는 고도의 전문화에 입각해 성격이 같은 일은 한데 묶어 '순서대로' 해치운다. 이런 게 바로 가장 효과적인 노동 조직 방식으로 인정받았던 '테일러주의'이다.[6] 그러나 정신적 과잉 활동인의 시각에서는 이보다 더 지루한 일이 없다!

정신적 과잉 활동인은 즐거움을 다각화하고 예상치 못했던 도전의 여지를 남겨 두어야만 효율적으로 일할 수 있다. 일반적인 사람들 눈에는 그러한 태도가 산만하고 비효율적으로 보이겠지만, 꼭 그렇지만은 않다. 정신적 과잉 활동인은 저글러처럼 동시에 여러 개의 공을 던졌다 받았다 할 수 있다. 어떤 공도 떨어뜨리지 않는 이 짜릿한 흥분이 일반적으로 기대하는 집중보다 훨씬 더 뛰어난 각성 상태를 부른다. 정신적 과잉 활동인은 테일러주의보다 훨씬 더 효율적으로 일을 잘하지만 그의 생산성은 평가하기가 어렵다. 여러분이 직원 두 명에게 처리해야 할 일감을 열 건씩 나눠 줬다고 치자. 한 직원은 순서대로 한 건씩 처리해서 그날 퇴근 전에 여섯 건을 끝냈다. 다른 직원은 열 건을 한꺼번에 들여다보면서 70퍼센트 정도 진행을 했다. 객관적으로는 후자가 일을 더 많이 한 셈이다. 그렇지만 고용주 입장에서는 마무리되어 올라온 것이 한 건도 없기 때문에 그 직원이 일을 많이 했다는 생각이 들지 않는다. 정신적 과잉 활동인 아이들에게 이런 점을 설명해 주는 것이 중요하다. 학교에서나 직장에서나 그들은 많이 공부하거나 일해도 표가 잘 나지 않는다.

이 작동 방식이 저 작동 방식보다 더 낫다고 할 수 있을까? 도미니크 뒤파뉴는《재퍼들의 귀환》에서 빌 게이츠의 성공과 스티브 잡스의 성공을 비교한다.[7] 두 성공 모두 눈부시고 유명하기는 마찬가지다. 뒤파뉴는 잡스가 '거의 전형적인' 재퍼라고 보았다. 잡스는 어릴 때 말썽깨나 부렸고 독불장군 같은 성격이었지만 전에 없던 방식으로 놀라운 혁신을 이끌었다. 우리는 잡스 덕분에 아이팟, 아이패드, 픽사 애니메이션 스튜디오, 나아가 기술 실현 매체의 탈물질화라는 아이디어를 얻었다. 뒤파뉴는 빌 게이츠를 스티브 잡스와 정반대되는 인물로 소개한다. 빌 게이츠는 기존의 것을 버리고 새로운 것을 만들어 내지 않았다. 그의 성공은 주로 마이크로소프트 제품의 지배권을 전 세계에 행사하게 한 정치적·상업적 전략에서 기인했다. 뒤파뉴의 결론은 이렇다. "스티브 잡스는 예언자, 빌 게이츠는 관리자다. 성공에는 두 가지 방식이 있다."

복잡하게 갈래를 뻗으면서 생각하는 아이에게는 자기 자신을 잘 알고 이해할 수 있도록 이러한 신경학적 특징들을 설명해 주어야 한다. 그렇다. 그 아이의 뇌는 극도로 민감하고, 극도로 감정적이며, 극도로 정이 많고, 극도로 복잡하게 돌아간다. 그런 뇌는 있는 그대로도 아주 좋다!

4장

나의 임상 경험

정신적 과잉 활동인 아이들에게는 그들이 누구인지, 그들의 뇌가 어떻게 기능하고 어떤 점에서 보통 사람들과 다른지 차근차근 설명해 주는 어른이 필요하다. 그런 부분만 확실하게 깨우쳐 줘도 기적 같은 변화가 일어난다. 나는 이런 아이를 지도할 때마다 부모로부터 아이가 완전히 달라졌다는 말을 듣곤 한다.

과잉 활동성 딱지가 붙은 아이들을 만나면서

스위스에서 '과잉 행동' 딱지가 붙은 열 명의 아이들을 데리고 획기적인 워크숍을 진행할 기회가 있었다. 나는 특수 교사인 클로드 엘렌의 의뢰를 받고서 이 워크숍을 꾸리게 되었다. 이 워크숍은 초등학교 안에서 이루어졌다. 참여 학생들은 만 7세부터 14세까지로, 모두 열 명이었다. 워크숍의 목표는 이 아이들이 자신의 과잉 행동을 좀 더 잘 제어할 수 있도록 돕는 것이었다.

　나는 그 학교의 다목적 교실 앞문 쪽에 자리를 잡고서 아이들이 하나둘 도착할 때마다 인사를 하고 그들을 관찰하기 시작했다. 일곱 살인 시몽은 에너지로 똘똘 뭉친 공 같은 아이였다. 그 아이는 늘 신나고 활력이 넘치며 공룡이라면 사족을 못 썼다. 시몽은 입만 열면 공룡 얘기를 했고 실제로 모르는 공룡이 없었다! 열 살인 마티외는 시몽이 모르는 공룡(물론, 자기가 그럴듯하게 지어낸 공룡 이름이었다)을 들먹거리면서 그 애를 슬쩍 놀려 먹곤 했다. 시몽은 약이 올라서 고함을 질렀다. "내가 모르는 공룡은 없거든? 그런 공룡은 없어!" 마티외는 시몽을 골리는 게 재미나서 그런 공룡이 있다고 바득바득 우겼고 시몽은 시몽대로 한마디도 지지 않았다. 그러는 사이에 뤼도빅이 도착했다. 열네 살인 그 애는 입을 꾹 다물고 있었고 눈빛이 우울해 보였다. 나는 그 애를 좀 편안하게 해 주고 싶어서 먼저 말을 걸었다. "안녕, 뤼도빅, 여기 왜 왔는지 아니?" "네, 그럼요, 내가 문제라서 여기 온 거잖아요!" 그다음에는 주의력 결핍, 학습 부진, 소심증 딱지가 붙은 여자아이 마리가 왔다. 그 외에도 클로에, 나탕 등이 차례로 워크숍 교실에 모습을 드러냈다.

학생들이 모두 도착했고, 나는 각자 의자를 가져와 원형으로 둘러앉자고 했다. 그러고 나서 아이들에게 왜 그들을 '과잉 행동'이라고 부르는지 내 방식대로 설명하기 시작했다. 사실, 《나는 생각이 너무 많아》의 내용을 조금 쉽게 풀어 주면 되겠다 싶었다. 나는 아이들에게 일반적인 뇌와는 다르게 작동하는 뇌에 대해서 말해 주고 그들의 감각 체계를 좀 더 구체적으로 설명했다.

"감각 과민이라는 말 들어 봤어요? 여러분이 바로 감각 과민이랍니다. 이 말은, 여러분의 오감이 보통 사람보다 매우 발달했다는 뜻이에요. 예를 들어, 똑같은 장면을 봐도 여러분은 더 많은 것을 더 자세하게 볼 수 있어요." 시몽이 신이 나서 대뜸 외쳤다. "우리 집에서 나보고 '매의 눈'이라고 불러요!" 마티외가 질세라 외쳤다. "나는 소머즈 귀로 통하거든?" 다른 아이들도 "저요! 저요!" 하면서 나는 남들이 못 듣는 소리도 듣는다, 내 코는 개코다 하며 실제 자기에게 있었던 일을 예로 들기 바빴다.

워크숍은 그런 식으로 진행되었다. 나는 내 책의 내용을 조금씩 전달했고 아이들은 내 주장에 신나게 동의하면서 자기가 겪은 경험을 예로 들기 좋아했다. 뤼도빅은 이제 찌푸린 얼굴을 풀고 워크숍에 흥미를 보이기 시작했다. 우리는 별의별 얘기를 다 했지만 특히 한꺼번에 여러 가지 일을 처리하는 '멀티태스킹 뇌'에 대해서 많은 얘기를 나눴다. 시몽이 소리를 질렀다. "와, 맞아요. 나는 철봉에 거꾸로 매달려서 복습하기를 좋아해요. 머리를 아래로 향하고 있으면 배운 내용이 더 잘 생각난단 말이에요!" 또 다른 아이가 거들고 나섰다. "맞아요, 나도 음악을 틀어 놓거나 텔레비전을 보면서 숙제를 해야 더 잘돼요. 하지만 엄마 아빠가 자꾸 뭐라고 해요!"

이어서 우리는 생각이 얼마나 휙휙 돌아가는가에 대해서 얘기했다. 나는 그렇게 신속하게 작동하는 뇌를 가지고 있으면 학교 수업이 지루하고 따분할 때도 꽤 있을 거라고 했다. 선생님은 모든 학생을 가르쳐야 하기 때문에 수업을 천천히 진행하고 여러 번 똑같은 말을 반복할 수밖에 없으니 말이다. 아이들은 한목소리로 내 말에 맞장구를 쳤다. 그들은 이렇게 말했다. "교실에 있으면 너무 지루해서 막 소리를 지르고 싶어요. 진짜 재미없어 죽겠어요! 지루해하면서 깨어 있는 것보다는 낫겠다 싶어서 수업 시간에 자는 거라고요!" 클로에는 비슷하지만 조금 다른 말을 했다. "우리 담임 선생님은 친절해요. 나한테도 소리를 지르고 싶으면 복도에 잠깐 나갔다 와도 좋다고 했어요. 그래서 진짜로 몇 번 복도에 나가서 크게 고함을 질러 봤어요! 그러고 나면 기분이 한결 나아져요." 클로드엘렌도 그 말이 사실이라고, 클로에가 복도에서 소리 지르는 광경을 몇 번 봤다고 말해 주었다.

아이들이 하는 말을 들으면서 마음이 너무 아팠다. 그렇게까지 자신을 억누르고 옭아매야만 하는 아이들의 고통이 여실히 느껴졌다. 이렇게나 활발하고, 이렇게나 우수하며, 이렇게나 예리한 아이들이 수업 시간 끝나기만 기다리는 고문을 못 견뎌 책상에 엎드려 잠이나 잔다니! 얼마나 비참한 일인가, 얼마나 큰 손실인가!

그다음 주제는 두려움이었다. 나는 이미 감정을 다루는 장에서 이 주제를 다루었다. 복잡성 사유를 하는 뇌는 상상력이 풍부하고 창의적이기 때문에 두려운 것도 많거니와 두려움을 어느 한 방향으로 잘 흘려보내지 못한다. 정신적 과잉 활동인 아이들의 내면에는 기본적으로 늘 불안이 깔려 있다. 나는 이 워크숍에서 아이들이 언젠가는 아무것도 무서워하지 않게 될 거라는 꿈을 꾸면서 두려움에 자주 정면으로 도전한다는 것을 알게 되었다. 아이들은 할 말이 많다는 듯이 서로 남의 말을 끊으면서 앞다투어 좀비 영화 얘기를 했다. 아이들한테는 좀비가 공포의 끝판왕인 듯했다. 그렇지만 무서운 영화를 보고 트라우마가 생겨서 예전보다 더 무섭고 불안해졌다고 고백한 아이들도 있었다. 나는 정신적 과잉 활동인 자녀를 둔 부모라면 자기 아이의 과민한 감성과 넘치는 상상력을 익히 알 테니 − 아이는 공포 영화의 시나리오에서 불안하고 병적인 매력을 느끼겠지만 − 아이가 공포 영화를 못 보게 해야 하지 않을까 생각한다.

워크숍을 한 시간 좀 넘게 진행했을 때 마티외가 손을 번쩍 들었다. "선생님, 우리는 과잉 행동 아동들이잖아요? 그러니까 운동장에서 좀 뛰어놀면 어떨까요?" 그러자 다른 아이들이 좋다고 동조하고 나섰다. 아무렴, 되고말고! 왜 그 생각을 진즉에 못 했을까? 우리는 잠시 쉬는 시간을 가졌다. 아이들은 우르르 운동장으로 나가서 마구 달리고, 폴짝폴짝 뛰고, 나무나 놀이 기구에 매달렸다. 10분 후에 나는 아이들이 놀 만큼 놀았는지 보려고 운동장으로 나갔다. 하지만 아이들은 조금만 더 놀겠다고 했다. 5분이 더 지나자 아이들이 자기 발로 하나둘 교실로 순순히 돌아왔다. 나는 그 모습을 보면서 아이들도 신체적 에너지 발산 욕구를 잘 알고 있구나 싶었고 − 어른들이 이 부분은 아이들에게 맡겨도 된다 − 그래도 이 워크숍이 아이들의 흥미를 끌고 있어 다행이라는 생각도 했다.

워크숍을 다시 이어 나가면서 이번에는 읽기 장애를 다루었다. 나는 아이들에게 다음과 같은 짧은 글을 나눠 주고 읽어 보라고 했다.

여러분이 걸이 막힘이없 을읽 수 있면다 러여분은 미재있는 뇌를 가진 람사들입니다. 을읽 수 있요나? 체전 구인의 55센트퍼만 런이 을글 을읽 수 있고다 요해. 간인 의뇌 놀운라 력능지이요. 케임리브지 대교학에서 진한행 연구에 따면르 이런 을글 을읽 수 느있냐 느없냐는 리우 DNA 준수서에 해정진다고 요해. 놀지랂 않요나? 는나 늘 맞법춤이 요중다하고 생했각니습다! 러여분이 걸이 막힘이없 을읽 수 는있지 주려 알요세!

시몽과 나탕처럼 가장 어린 축에 속하는 아이들은 아직 읽기를 완전히 떼지 못했기 때문에 이 글을 읽어 내지 못했다. 그렇지만 큰애들은 이 글에 자극을 받았는지 아주 재미있어했다. 그때까지 적극적이지 않았던 마리조차 신이 나 있었다. 마리는 환한 얼굴을 하고 있었다. 그 애는 나중에 집에 가서 부모에게 "오늘은 읽기가 아주 재미있었어요. 되게 까다로운 글이었거든요!"라고 말했다고 한다. 그런데, 세상에, 놀라운 일이 있었다! 성적이 형편없고 '주의력 결핍' 딱지가 붙은 이 여자아이가 내가 나눠 준 글에서 '진짜로' 틀린 철자를 찾아낸 것이다! 그걸 찾아낸 사람은 마리밖에 없었다. 그날 저녁, 부모들을 대상으로도 강연을 진행하면서 똑같은 글을 나눠 줬지만 어른들 중에는 그 철자법 오류를 잡아낸 사람이 아무도 없었다. 심지어 철자법이 잘못된 단어가 하나 있다고 힌트까지 줬는데도 말이다! (이 책에도 철자법을 바로잡지 않고 당시 나눠 준 글을 그대로 실었다. 독자들이 재미 삼아 찾아보고 싶을 수도 있으니…….)

아이들은 처음으로 이해받고 있다고 느꼈는지, 그리고 어쩌면 내가 말로만 그러는 게 아닌가 시험하고 싶었는지, 자기들은 그림을 그리면서 내가 하는 말을 듣겠다고 했다. 내가 그들을 "멀티태스킹에 능하고 한꺼번에 여러 가지 일을 처리하고 싶은 욕구가 있다"고 말했으니 말이다. 결국 아이들이 바닥에 배를 깔고 엎드려 그림을 그리고 색칠하면서 내 얘기를 듣는 가운데 그날의 워크숍을 마쳤다. 이론을 그대로 실천에 옮기기란 쉽지 않았다. 나 역시 아이들이 내 말을 잘 듣는 것처럼 보이지 않아서 진행이 힘들었다. 그렇지만 아이들의 주의력은 흐트러지지 않았다. 워크숍을 마무리하면서 아이들에게 물었다. "질문 있어요? 여러분의 뇌가 어떻게 작동하는지 이제 잘 알았나요?" 마티외가 아이들을 대표하듯 확신에 찬 목소리로 대꾸했다. "그럼요, 완벽하게 이해했어요! 우린 정신적 과잉 활동인이니까요!" 백번 옳은 말이었다! 다른 아이들은 말없이 동의한다는 표정을 지었다. 뤼도빅도 미소를 짓고 있었다. 나는 그 애에게 이렇게 물었다. "그래요, 뤼도빅, 그런 모습 그대로 사는 게 문제가 될까요?" 아이는 환한 얼굴로 단박에 대답했다. "아뇨! 이런 뇌를 가졌다는 건 근사한 일인걸요!" 아, 나도 완전히 동감한다!

워크숍은 오후 내내 진행됐다. 어른들을 위한 강연도 당일 저녁 같은 장소에서 동일한 주제를 가지고 열리기로 되어 있었다. 워크숍에 참여한 아이들의 부모가 주로 참석했다. 교장 선생님은 참석했지만 일반 교사 서른 명 중에서는 (이 행사를 마련한 특수 교사 클로드엘렌까지 포함해도) 네 명밖에 오지 않았고 학교 소속 언어 치료사 둘은 모두 참석하지 않았다. 힘 빠지는 일이었다. 시몽이 '사람 심리를 조종하는' 아이라서 지도하기가 너무 어렵다던 그 애 담임조차 코빼기도 비치지 않았다. 만약 그 교사가 참석했더라면 시몽에게 공룡을 주제로 발표를 시켜 보라고 권했을 것이다. 그러면 그 사랑스러운 아이가 차분하게 집중하는 모습을 볼 수 있을 테니까! 강연에 참석한 부모님들은 아이들이 워크숍에 아주 만족했고 벌써 조금 달라진 것 같다고 나에게 말해 주었다. 몇 주 후, 클로드엘렌이 아이들 소식을 전해 주었다. 아이들이 워크숍을 통해서 자신감을 많이 회복했고 수업 태도도 나아졌으며 다른 친구들과의 관계도 좋아진 것 같다고 했다. 그리고 그 학기가 끝날 즈음, 마리의 부모가 나에게 이런 메일을 보냈다.

안녕하세요!

잘 지내시지요?

마리의 소감은 대략 다음과 같아요.

- 자기는 바보가 아니고 누가 꼭 도와줘야만 하는 사람도 아니라는 사실을 알아서 기쁘다.
- 뭔가를 해내려면 상상할 수도 없는 노력을 해야만 하는 줄 알았는데, 그게 아니라는 걸 알아서 좋다.
- 한마디로, 자신감이 생겼다.
- 자기는 '외계인'이 아니고 자기처럼 생각하는 사람들이 세상에 제법 있다는 걸 알아서 마음이 놓였다.
- 자기 자신에 대한 의문들이 많이 풀렸다.
- 프티콜랭 선생님이 학교 공부나 생활 전반에 도움이 되는 조언을 많이 해 줬다.

부모로서 느끼는 바라면,

- 마리가 워크숍 이후로 신중하면서도 개방적인 모습을 보인다. 지금까지 그 애는 심리 상담을 받아 왔는데 아이가 먼저 이제 필요 없다면서 중단을 원했다.
- 중학교 진학에 대해서 예전만큼 걱정하거나 불안해하지 않는다.

- 프티콜랭 선생님의 조언이 부모의 의사를 마리에게 전달할 때 크게 도움이 된다.
- 이번 학기 통지표에서 '학습 장애 없음' 항목에 처음으로 동그라미를 받아 왔다. 얼마나 놀라운 변화인지!

아이들을 잘 지도해 주셔서 정말로 감사합니다.

늘 건강하게 잘 지내세요.

키스를 보내며

이런 피드백을 받고서 얼마나 기뻤는지! 그 아이들의 남다른 뇌 기능을 두 시간 남짓 설명했을 뿐인데 그것만으로도 아이들의 자신감, 학업 역량, 사회화에 유의미한 변화가 일어났다.

인생의 기묘한 우연들 중 하나였을까? 나는 그 워크숍 당일 아침에 호텔 내 상점에서 《부산스러운 아이: 부모와 교육자를 위한 조언》이라는 소책자를 발견했다. 호기심이 동해 책을 사서 그 자리에서 훑어보았다. 내용을 짐작할 수 있게끔 소제목들을 여기서 나열해 보겠다. '병적 상태를 알아보아야 한다' '신생아에게 나타나는 징후들' '발병 요인들에는 어떤 것이 있는가?' '병적 상태의 전반적 이해' '정신 자극제 처방 치료에 대하여'. (천만다행으로, 저자는 리탈린 처방에 대해서는 반대하는 입장이었다!) 뤼도빅이 참 맞는 말을 했다. 다르게 기능하는 뇌를 가지고 산다는 것이, 일반적 사고의 소유자들에게는 진짜 큰 문제다!

이 워크숍은 전부 동영상으로 남겼다. 클로드엘렌은 그 동영상을 과잉 행동 아동 지도의 기본 자료로 쓰겠다고 했다. 워크숍을 마련하고 작업의 흔적을 잘 남겨 준 클로드엘렌에게 다시 한번 고마움을 전한다. 부디 우리의 작업이 비슷한 상황에 놓여 있는 다른 아이들에게도 도움이 되기를 바란다!

개인 코칭 경험

나는 워크숍이라는 집단적 경험 이후로 개인 상담을 통해서 정신적 과잉 활동인 아이를 꾸준히 지도해 왔다. 정신적 과잉 활동은 유전성이 있기 때문에 나는 가족 전체가 생각이 어디로 튈지 모르는 사람들로 구성된 경우를 자주 봤다. 그런 사람들과의 만남이 얼마나 재미있는지 꼭 말하고 싶다! 그들의 각성은 폭포처럼, 무슨 도미노데이처럼 순식간에 연달아 일어난다. (도미노데이는 예술적인 솜씨로 대규모 배치한 도미노를 처음에 단 한 개만 건드려서 주르르 다 쓰러뜨리는 국제 대회다. 인터넷에도 입이 떡 벌어질 만한 동영상들이 많이 있으니 아이들에게 보여 줘도 좋겠다!) 정신적 과잉 활동인 아이들의 머릿속에서 펼쳐지는 도미노데이는 더 치열하고, 더 활기차고, 더 효율적이다. 아이들은 어른들만큼 고통이나 곤란을 속에 쌓아 두지 않는다. 그래서 두려움도 덜하고 거부 반응도 덜하다. 극복해야만 하는 뼈아픈 경험도 어른만큼 많지 않다. 세상을 한창 발견하느라 바쁜 그들의 뇌는 이해하기를 갈구하고, 수많은 연결이 순식간에 일어난다.

나는 부모를 동반하지 않은 아이, 최소한 어느 한쪽만이라도 매번 동행하지 않는 아이는 상담을 하지 않는다. 스위스 워크숍 강연에는 아이들의 부모 전원이 참석했다. 나는 어른들이 과정 전체에 함께하면서 아이들이 나에게 듣는 얘기를 똑같이 듣기를 원한다. 그래야 부모 자식 사이에 대화와 이해의 기반이 생긴다.

지금까지 '아이들의 눈높이에 맞춘' '어린이를 위한' 책을 써달라는 말을 많이 들었다. 나는 그러한 발상에 완강히 반대한다. 일단, 만 13세 정도면 《나는 생각이 너무 많아》를 충분히 읽을 수 있다. 부모는 '우리 애가 무슨 책을 읽어'라고 생각할지 모르지만 그렇지 않다. 솔직히 말해 《나는 생각이 너무 많아》는 일반적인 책이 아니라 일종의 매뉴얼, 간단하고 구체적인 사용 설명서다. 다른 한편으로, 부모는 이 문제에서 절대 피해 갈 수 없다. 아이가 어떤 사람이고 어떻게 남들과는 달리 기능하는지 설명하는 것은 부모의 소임이다. 어른이 자기가 공부해서 아이에게 잘 알려 줄 생각은 하지 않고, 만 13세 이하 아이에게 '어린이책'만 달랑 안겨 주고 네가 알아서 이해하라는 식으로 방치하는 것은 말이 안 된다. 어떤 독자들은 마음이 상해서 이렇게 반박할 것이다. "아니, 누가 애한테 책만 안겨 주고 끝내겠대요? 정보를 아이 눈높이에 맞춰 주자는 거라고요." 어쩌면 일리가 있는 말이다. 하지만 그런 어린이책이 나오면 그 책으로 때우려 드는 부모도 나온다. 《나는 생각이 너무 많아》에 정서적으로 충격을 받거나 일종의 계시를 발견한 어른들이 꽤 있었다. 그들은 눈물을 흘리면서 책을 읽었고, 새롭게 알게 된 것을 자기 것으로 받아들이기까지 적잖은 시간이 걸렸다. 어린아이들에게 그런 경험은 좋지 않다고 본다. 아이에게 중대한 사실을 밝힐 때에는 친절하고 믿음직한 어른이 함께해야 한다.

나는 상담실이나 화상 통화 상담에서도 스위스 워크숍에서 그랬던 것처럼 쉽고 간단하게 설명을 한다. 감각 과민부터 시작해서 앞 장에서 다루었던 주제들을 순서대로 훑는다. 아이들은 대체로 매우 주의 깊게, 집중해서 듣는다! 그러다 자기가 무슨 말을 하기도 하고 궁금한 것을 물어보기도 한다. 하지만 질문이 많지는 않다. 방금 들은 설명으로도 충분하기 때문이다. 그다음으로 나는 남들과 잘 지내기 위해서, 정신적 과잉 활동인들끼리 잘 지내기 위해서 참고하면 좋을 팁과 학교 공부에 도움이 되는 팁을 몇 가지 알려 준다. 보통은 이렇게 한 번만 상담을 해도 괜찮다. "애가 완전히 달라졌어요!"라는 부모들의 피드백을 자주 받는다. 부모들에게 가장 많이 듣는 말이다.

일례로, 8세 여아 디안의 어머니는 이런 메일을 보내 주었다.

안녕하세요.

선생님께 꼭 감사 인사를 드리고 싶었어요. 열흘 전에 상담을 받은 후로 딸아이가 달라졌거든요. 불과 며칠 사이에 아이가 부쩍 철이 든 것 같고 생활 태도가 좋아졌어요. 선생님과 정신적 과잉 활동에 대해서 얘기한 게 아이에게 무척 도움이 됐나 봐요. 상담 이후로 긍정적인 변화가 보여서 선생님에게 아이를 데려가길 잘했다 싶어요. 그리고 아이가 상담에서 들은 얘기를 자기 언니한테 신나게 떠들었더니 그 애 언니도 관심이 생겼는지 선생님의 《나는 생각이 너무 많아》를 찾아 읽고는 완전히 푹 빠졌답니다.

정말 고맙습니다!

또 뵐게요.

루이즈 드림.

다음의 두 메일은 아이가 정신적 과잉 활동에 대해서 알게 됨으로써 어떤 결과를 가져오는지 보여 준다. 첫 번째 메일은 아들에게 정신적 과잉 활동에 대해서 실제로 알려 준 아버지가 보낸 것이고, 두 번째 메일은 교사의 추천을 받아 《나는 생각이 너무 많아》를 읽어 본 14세 소녀가 보낸 것이다.

안녕하세요.

우선, 일부러 시간을 내어 답장 주시고 유익한 조언을 해 주셔서 감사합니다. 제 답장이 너무 늦어져서 송구합니다. 그렇지만 제 생각을 좀 더 펼치고 다진 후에 선생님께 글을 쓰는 것이 좋겠다 싶었습니다.

네, 그렇게 됐습니다. 하루는 저녁에 시간을 내어 여섯 살 먹은 우리 아들을 앉혀 놓고 좌뇌형/우뇌형 얘기를 했더랬지요. 쉬운 말로, 아이들에게 친숙한 '얼룩말'이라는 표현을 써 가면서 설명을 했더니 아이가 곧바로 알아듣더군요. "그럼, 나는 얼룩말이야, 아빠?" "응, 맞아, 너는 얼룩말이고, 아빠도 얼룩말이야." 아이가 까르르 웃으면서 좋아했습니다. 저한테는, 아이가 안도하는 것처럼 느껴졌습니다.

사실 그날은 애 엄마가 주말에 여행을 가서 아이가 잠을 못 잘까 봐 몹시 불안해하던 날이었습니다. 그런데 웬걸요. 아이는 침대에 눕자마자 3분 만에 잠이 들었습니다. 지금까지 부모와 친척들, 심리 전문가, 선생님 등 아이의 문제를 알아내려고 노력했지만 '우뇌형'이나 '얼룩말' 이야기로 접근한 사람은 아무도 없었지요. 얼마나 애석한 일입니까? 그도 그럴 것이, 오직 이 설명만이 몇 달 전 나 자신을 우울증의 잠복 상태에서 건져 낼 수 있었거든요. 이미 몇 년 전부터 저는 저자신의 불행, 남들과 나는 다른 것 같다는 생각 때문에 우울증을 앓아 왔습니다. 앞으로 어떻게 될지 모르지만 일단 은 큰 힘이 됐습니다. 아이는 투정 없이 잠들었고 저는 평온 한 저녁 시간을 보냈지요.

좋은 책을 써 주시고 조언을 해 주셔서 정말 고맙습니다. 마 지막으로 하나만 더 말씀드릴게요. 요 몇 달 사이에, 제가 아 는 사람들 가운데 두 명은 얼룩말인 것 같더라고요. 그들에 게 선생님 책을 추천해 줬더니 굉장히 충격을 받았던 모양입 니다! 그들은 영원히 제게 고마워할 겁니다. 저도 너무 기쁘 더라고요.

좋은 저녁 시간 보내십시오.

감사합니다.

안녕하세요.

제 이름은 자드, 나이는 열네 살입니다. 역사와 지리 과목 선 생님이 추천하셔서 《나는 생각이 너무 많아》를 읽었는데요, 선생님이 쓰신 책이 저에게 큰 도움이 됐고 저를 미소 짓게 했다는 얘기를 꼭 전하고 싶었습니다.

전부 제 얘기 같았고, 하나부터 열까지 다 맞는 말이었어요.

정말이지, 친구들은 다 잠들어 있는 것 같아요. 걔들은 행복 의 '거품' 속에 살아가느라 우리를 둘러싼 세상을 보지 못하는 걸까요. 뭐, 그래도 괜찮아요. 제가 의견을 나누고 논쟁을 해야 할 상대는 그 친구들이 아닐 테니까요. 그러니까 그건 넘어갈 수 있어요.

저는 금세 '맛이 좀 간 애'로 분류됐고 더는 친구들에게 질문을 퍼붓지 않게 됐어요. 그렇지만 고백하건대, 아주 사소한 것들이 저를 미칠 듯이 기쁘게 해요. 그럴 때면 저는 움직이는 모든 것을 어루만지지 않고는 못 배겨요. 슬픈 장면을 보면 바로 눈물이 나요. 그게 남의 일이든, 내 일이든 말이에요. 예를 들어 한 달쯤 전에 우리 반 친구들과 그리스 비극을 보러 갔어요. 저는 어찌나 많이 울었던지 눈물 콧물을 주체 못하고 난리도 아니었지요. 하지만 친구들은 어떻게 그런 상황에서 울 수 있느냐면서 저를 놀렸어요. 하지만 분명히 말해두고 싶은데, 그 연극에서는 두 명이나 자살하는 장면이 나온다고요. 요컨대, 이런 건 다 사족이고 선생님께 "정말 고맙습니다"라는 말을 하고 싶어요. 선생님 덕분에 예전만큼 외롭지 않아요!

자드 드림

추신: 선생님께 이 메일을 보내기가 몹시 망설여지고 굉장히 겁난답니다.

결국은 이 메일을 보내 준 자드가 얼마나 고마운지 모른다! '비극'이 그 무엇보다 살인과 자살을 다룬다는 점을 지적한 것도 아주 예리했다.

자, 여기서 더 복잡하고 어려울 것은 전혀 없다! 아이들은 그저 알기를 원하고 이해하기를 원한다. 더욱이 이 아이들은 자기 자신에 대한 앎을 아주 잘 활용한다.

5장

설명의 기술

이제 부모님들이 한몫할 차례다! 여러분의 아이가 자기 존재를 이해하고 긍정하려면 여러분의 도움이 필요하다. 여러분이 아이에게 빛을 비춰 줘야 한다.

만약 여러분이 나의 설명을 접하고서 자신은 일반적으로 사고하는 사람 유형에 가깝다고 생각했다면 이 책을 읽고 아이를 이해하기 위해 노력하는 것에 매우 이롭게 작용할 것이다. 정말 잘된 일이라고, 그리고 고맙다고 말하고 싶다. 내 아이가 어떤 사람인가에 대한 설명도 중요하지만, 그와 동시에 반드시 나는 어떤 사람인가를 자문해야 한다. 여러분은 생각이 잘 정리되어 있고 상식적인 사람일 것이다. 아이에게 엄마 아빠도 너를 완전히 이해하지는 못할 수도 있다고 말하라. 여러분과 여러분 아이는 뇌가 다르게 기능하기 때문이다. 하지만 이제 여러분은 아이가 정신적 과잉 활동인이라는 것을 알았으니 비판 대신 격려를 보내고 아이가 사는 세상을 설명하기 위해 최선을 다할 것이다. 여러분에게는 세상살이가 너무 당연하고, 당연한 것을 설명하기가 늘 쉽지만은 않다. 문이 왜 있는지, 문의 용도는 무엇인지, 왜 문을 열고 닫는지, 그런 얘기를 두 시간쯤 하다 보면 내가 왜 이러고 있나 싶을 것이다. 차라리 자물쇠는 매혹적인 주제다. 루이 16세도 자물쇠 마니아였다! 그러므로 아이의 욕구를 좀 더 잘 파악하고 싶다면 여러분이 아마존 원주민 아이를 키우고 있다고 상상하라. 서구 문명 세계에 대해서 아무것도 모르고, 사회적 규범도 모르고, 문을 한 번도 본 적이 없는 아이라고 상상하라는 얘기다. 이 아이에게는 하나부터 열까지, 아주 당연해 보이는 것도 다 알려 줘야 한다. 이 간극을 눈으로 확인하고 싶다면 아이와 함께 〈도시 속의 인디언〉[1]이라는 영화를 보기 바란다. "배우는 거, 엄청 힘들어!" 꼬마 인디언이 말한다.

이런 속담도 있다. '사과는 사과나무에서 먼 곳에 떨어지지 않는다.' 아이의 부모 중 적어도 한 명은 정신적 과잉 활동인일 확률이 아주 높다. 그리고 지금 이 책을 읽고 있는 여러분에게 정신적 과잉 활동인 자녀가 있다면 여러분도 그럴 확률이 아주 높다! 만약 그렇다면 이 책을 읽으면서 감정적인 울림이 있을 것이고 여러분 자신의 어린 시절이 자꾸 생각날 것이다. 로이크가 말했던 대로다. "그 괴로움은 누구보다 내가 잘 알지만 정작 그 애를 어떻게 도울 수 있을지는 모르겠더군요. 그 이유는 나도 어렸을 때 그런 문제로 누구에게 도움을 받아 본 경험이 없기 때문입니다." 그러니 여러분의 아이를 돕고 싶다면 여러분 자신에 대해서도 똑같이 공을 들여야 할 것이다. 아이와 함께 성장하면서 여러분 자신을 있는 그대로 받아들임으로써 아이도 있는 그대로 받아들여야 한다.

두뇌 활동이 활발한 아이들에게 그들만의 차이를 설명하는 요령

그렇다면, 여러분이 어떻게 도와주어야 아이가 정신적 과잉 활동성을 이해하고 받아들일까? 내가 스위스 워크숍에서 진행했던 방식 그대로 하면 된다. 마리는 나의 조언이 "학교 공부와 생활 전반에 도움이 됐다"고 했다. 자기는 '외계인'이 아니고 자기처럼 머리를 쓰는 사람들도 있다는 것을 알고 나니 기분이 한결 나아졌다고 했다. 여러분의 설명도 이와 마찬가지로 아이를 편안하게 해 줄 수 있다. 아이의 두뇌 활동을 아는 이상, 여러분은 걱정할 게 없다. 아이는 여러분이 설명하는 족족 다 알아들을 것이다. 갈래를 뻗어 나가는 생각 나무는 정보를 자기 생각대로 재편성한다. 마티외가 그랬던 것처럼 아이도 이렇게 말할지 모른다. "완벽하게 이해했어요! 나는 정신적 과잉 활동인이니까요!"

나는 두 시간의 워크숍으로(중간에 15분은 쉬는 시간이었다) 모든 설명을 끝냈다. 개인 상담은 한 시간이면 충분하다. 사실, 이 주제는 완전히 내 손아귀에 있다! 여러분은 나보다 시간을 좀 더 쓰겠지만 그 대신 여러 번에 나눠서 설명할 수 있다. 그래도 여러분 자신이 내용을 완전히 숙지해야만 설명을 잘 할 수 있고 아이의 질문에도 대답을 할 수 있다. 어쨌거나, 쉽게 말하라!

이 책의 구성, 될 수 있으면 내가 짜 놓은 순서를 그대로 따라

가라. 나는 독자들에게 여기 읽다가 저기는 건너뛰다가 하지 말고 내가 닦아 놓은 길을 쭉 따라와 달라고 부탁할 때가 많다. 독자들을 괜히 성가시게 하려는 게 아니다! 논리적 진전이 착착 일어날 수 있도록 일부러 그렇게 구성을 했다. 나는 늘 감각 과민부터 시작한다. 감각 과민이 이 남다른 뇌 기능의 기반이기 때문이다. 그다음 순서대로 진행하다가 갈래를 뻗는 복잡성 사유로 마무리를 한다. 그러면 모든 게 맞아떨어진다. 쉬운 단어, 짧은 문장, 아주 구체적인 예를 활용하라. 아이에게 이 책의 몇몇 대목을 읽어 주는 방법도 괜찮다. 나는 글을 어렵게 쓰지 않는다. 나의 임상 경험에 비추어 보건대, 만 6~7세 이상 아이들은 내가 하는 말을 완벽하게 이해한다. 그다음에는 아이의 일상생활 반경에서 감각 과민이 두드러진 사례, 지나치게 감정적이었던 일화, 생각의 갈래들, 특유의 사고방식을 짚어 냄으로써, 다른 사람들은 뇌신경이 다르게 기능하기 때문에 아이와 똑같은 방식으로 세상을 지각하지 않는다는 깨달음을 체화하라. 말을 하다가 그때그때 멈추고 아이가 잘 알아듣고 있는지, 질문은 없는지 확인하라. 아이가 하는 말을 다 귀 기울여 듣고 그 말이 온당한지 그렇지 않은지 확인해 주라.

은유는 설명을 보완하는 도구로 안성맞춤이다! 정신적 과잉 활동인의 뇌는 우뇌 지배형이다. 이 뇌는 이미지, 그림, 사례, 은유라면 환장을 한다. 게다가 아이들의 뇌는 더욱더 그렇다.

내가 가장 자주 써먹는 은유를 여기서 소개한다.

A4 용지를 파이프 모양으로 둘둘 만다. 아이들에게 이 종이 파이프를 보여 준다. "사람들은 대부분 삶을 이렇게 보고 있단다." 아이에게 종이 파이프를 망원경처럼 눈에다 대고 보라고 한다. 내 사무실에는 안락의자들 사이에 야트막한 다탁이 있다. 그 위에는 종이, 연필, 작은 추시계 따위가 널려 있다. 아이는 종이 파이프를 통해 그 물건들을 볼 수 있지만 다탁의 전체적인 모습을 한눈에 보지는 못한다. 그 점을 아이에게 짚어 준다. 그다음에는 종이 파이프를 눈에 대고 약간 먼 곳, 이를테면 내 사무실의 라디에이터 쪽을 보게 한다. 이 경우도 마찬가지다. 라디에이터는 전체가 아닌 일부만 보인다. 그 후, 종이를 다시 펼쳤다가 커다란 깔때기 모양으로 말아서 아이에게 건넨다. "이제 아까 그 사물들을 다시 한번 보렴." 짠, 신기한 일이 일어난다. 눈에 갖다 댄 깔때기 구멍의 지름이 아까 파이프 구멍의 지름보다 작은데도 시야는 훨씬 넓어졌다. 다탁의 전체 모양, 라디에이터의 전체 모양이 눈에 들어온다. 나는 아이에게 이렇게 설명한다. "사람들이 가끔 너를 이해 못 하는 이유도 이런 거란다. 너는 '라디에이터가 있어서 다행이야!'라고 하는데 사람들이 이상하다는 눈으로 널 보면서 '뭔 소리야? 라디에이터가 어디 있다는 거야?'라고 하는 거지. 아니면, 네가 '와, 탁자가 참 예쁘다!'라고 할 때 사람들은 '탁자가 어디 있어? 이 방에 그런 건 없어!'라고 할

거야." 나는 이어서 이렇게 말해 준다. "이제 네가 다른 사람들과 다르다는 걸 알았지? 그러니까 네 식으로 생각하지 않는 사람들을 이해할 수 있을 거야. 그들 앞에서 고집 피우지 마. 라디에이터가 있다, 탁자가 있다, 소리만 반복하면 그들이 너를 미쳤다고 생각할 거야. 친구들이 너를 놀리더라도 그건 네 눈에 보이는 것을 그들이 못 보기 때문이야. 하지만 친구들 관점에서는 그게 맞는 거야. 실제로, 파이프를 눈에 대고서는 탁자가 안 보이잖니."

나는 이어서 아이에게 주위 사람들에게 이해받지 못한 상황, 아이 생각의 특정 부분을 주위 사람들이 당최 알아듣지도 못한 상황이 있었는지 물어보고 그 상황을 돌아보게 한다. 그러고 나서 조언을 던져 준다. 현자는 상대를 가려서 말할 줄 알고, 그게 바로 현자와 바보의 차이라고. 사람들이 내 말을 못 알아듣는다 싶으면 적당한 순간에 멈춰야 한다. 바득바득 우겼다가는 결국 감정이 상한다. 이미 알아차렸겠지만 이 조언은 어른들에게도 유효하다.

'회색 당나귀'도 여러분에게 요긴한 은유가 될 수 있다.

회색 당나귀들은 순하고, 튼튼하고, 끈기 있고, 말을 잘 듣고, 용감하지. 이 당나귀들은 무거운 짐을 장시간 지고 갈 수 있어. 산길도 아주 안정감 있게 오른단다. 당나귀들은 대개 비틀거리지도 않고 잘만 걸어가. 그것도 오래, 아주 오래 걸을 수 있지. 회색 당나귀들은 빨리 걸을 수도 있어. 하지만 속보(速步)에는 금세 지치곤 해. 반면에, 말처럼 다그닥다그닥 달리는 것은 신체 구조상 불가능해. 당나귀의 골격은 그런 움직임에 적합지 않거든. 그러니까 당나귀에게 채찍질을 해 봤자 당나귀는 화를 내고 반항할 뿐, 결코 말처럼 달리지는 않을 거야.

잘 달리는 말은 따로 있어. 이런 말들은 회색 당나귀들과 달리 매우 감정적이고 성깔이 있단다. 경주마를 길들이고 조련하려면 여간한 노력으로는 안 돼! 이런 말은 가파른 산길에서 펄쩍 뛰거나, 비틀거리거나, 넘어지기 일쑤야. 그래서 말이 균형을 잃지 않도록 말 타는 사람이 재갈을 잘 잡아 줘야해. 경주마는 무거운 짐을 지면 금세 지쳐. 무리하게 짐을 실었다가는 등에 부상이 생기기도 하고. 그래서 경마 기수는 몸집이 작고 날씬해야 한단다. 하지만 경주마들은 번개처럼 달릴 수 있는 데다가 달리기 시합을 아주 좋아하지! 말과 당나귀는 무리와 어울리기 좋아한다는 공통점이 있어. 혼자 덩그러니 있는 것보다는 동무들과 함께 풀 뜯어 먹는 걸 좋아해. 너는 경주마고, 다른 사람들은 십중팔구 당나귀야. 너는 마구 달리고 싶으면 그럴 수 있고, 다른 경주마들과 뛰는 게 재미있다고 생각할 거야. 그렇지만 네가 사람들 대다수와 사이좋게 지내려면 네 쪽에서 당나귀가 걷는 속도에 맞춰 줘야 해. 그러면 그들도 너를 차분하고 순하게 받아 줄 거야.

이 은유는 사람의 기능 차이를 설명할 때 매우 유용하지만 회색 당나귀들을 존중하고 높게 평가한다는 조건에서만 사용하기 바란다!

마지막으로, 남들과 다르다는 이유로 조롱과 모욕을 당하는 아이들에게는 동화 〈미운 오리 새끼〉의 내용이 특히 마음에 와닿을 것이다.

이러한 설명의 여파는 상당하다. 부모들의 말마따나, 아이가 완전히 달라진다. 스위스 워크숍이 과잉 행동인 아이들에게 어떤 결과를 불러왔는지 떠올려 보라. 아이들은 자신감을 회복했고 수업 태도가 나아졌으며 다른 친구들과의 관계도 좋아졌다. 아이가 어릴수록 자신의 다름 때문에 힘들어한 시간은 짧다. 아이에게 일찍 길잡이를 마련해 줄수록 아이는 인생에 정면으로 부딪칠 준비를 잘할 것이다.

자기가 어떤 사람인지 아는 것이 무지하고 폭력적인 비판과 부정에 맞서는 최고의 방패다. 자기를 잘 알아야만 남들에게 지나치게 맞추기만 하는 '거짓 자기'의 함정에 빠지지 않는다. 이 함정에 평생을 발목 잡히는 정신적 과잉 활동인 어른들이 얼마나 많은지 모른다.

6장

거짓 자기의 위험

여기까지 읽었다면 이제 확실히 이해할 것이다. 정신적 과잉 활동성 그 자체가 고통스러운 게 아니라 남들에게 이해받지 못하고 차이가 받아들여지지 않아서 고통스럽다는 것을.

"너는 개밥의 도토리야."

우리는 난무하는 딱지들에 대해서 이야기했다. 오늘날의 세상은 차이는 곧 문제이고 문제는 해결되어야 한다고 굳게 믿는다. 차이의 권리가 부재하기에 어떤 행동이 다수가 기대하는 기준에서 벗어나자마자 전문가들을 찾아간다. 이러한 시류를 따르지 않는 부모는 자격 없는 부모 취급을 받는다. 그래서 부모는 내 아이가 전형적이지 않다는 사실 앞에서, 그리고 이 사실이 포함하는 온갖 어려움 앞에서 일단 전문가들부터 찾아가 정보와 도움을 구한다. 안타깝게도 이렇게 해결책을 구하는 과정에서 흔히들 두 가지 암초를 만난다. 즉, 차이를 부정하거나, 차이를 질병 취급하든가 둘 중

하나다. 우리는 이미 1장에서 전문가들이 즐겨 붙이는 수많은 질병 딱지를 살펴보았다. 이제 이해해야 할 것은 아이에게 전해지는 메시지다. '네 성격은 문제가 많아서 인정하거나 좋게 봐줄 수 없을뿐더러 용납할 수조차 없어. 네 본연의 모습에 비난받을 만한 데가 있다고. 나는 너에게 뛰어난 자질이 있다거나 남들과는 다른 자질이 있다고 생각하지 않아. 넌 그냥 장애가 있는 아이야. 우리는 단지 네가 좀 나아지기를 바라는 마음으로 널 돌볼 거야.' 이런 태도를 취하면서 난독증이 있는 사람들이 자신감 결여와 심한 우울감을 평생 겪는 게 놀랍다고 할 건가.

처참한 현실 부정

정신적 과잉 활동인 자녀의 부모가 부딪힐 가능성이 높은 또 다른 암초는 차이에 대한 부정이다. 이러한 부정은 여러 모양새로 나타날 수 있다.

- '정신적 과잉 활동성'을 – 명칭은 달라질 수 있으나 이 개념 자체를 – 받아들이기를 분명히 거부하는 태도. 이 경우는 이 개념의 논의 자체를 거부한다. 아예 닫혀 있고, 잠겨 있다. 부모는 기껏해야 자기 새끼가 천재인 줄 아는 팔불출 취급을 받는다. (물론 상대는 현실을 결코 그렇게 보지

않지만 말이다). 더 나쁜 경우에는, 자식을 잘못 키워 놓고 뒷감당도 못 하는 부모 취급을 받는다. 여기에 부모의 이혼이라는 변수가 들어오면 아이의 모든 문제의 원인은 '가정불화'가 되고, 위험을 인식한 부모는 그러한 불화를 키운 장본인으로 찍힌다. 이런 종류의 부정은 아이에게나 부모에게나 심히 폭력적이다. 때로는 부모 한쪽이 진심으로 아이를 걱정해도 다른 쪽 부모는 자기를 따돌리거나 욕먹이려고 아이를 별나게 취급하고 쇼를 하는 것이라 말한다. 이러한 입장을 취하는 사람에게 이해와 도움을 받기란 거의 불가능하다.

부정의 두 번째 형태도 폭력적이기는 마찬가지지만 좀 더 교묘하다. 상대가 정신적 과잉 활동성이라는 개념을 받아들이는 시늉은 하는데 그 개념을 생각해서 행동하지는 않는다. 고개만 끄덕거려 주고 딴 얘기로 넘어가는 식이다. 아이가 정신적 과잉 활동인이라고 알렸지만 아무 의미가 없다. 아무 일도 일어나지 않았다. 말을 했어도 말하지 않은 것과 똑같다. 그러니 변화가 있겠는가.

혹은, 상대가 이 개념을 전혀 모르기 때문에 뻔한 반응들만 나오기도 한다. 상대는 조정이나 맞춤을 제안하지 않는다. 정신적 과잉 활동성에서 비롯된 것이 분명한 어려움들을 대충 건너뛴다. 부모는 아이의 고유한 욕구를 설명하려고 애쓰다 보니 자꾸 변명하고 고집부리는 사람처럼 되어 버리지만 결과적으로 얻는 건 없다. 오히려 상대를 자극해서 첫 번째 형태의 부정(전면적 거부)을 유발할지도 모른다. 자기 아이는 다른 애들보다 특별히 우수하니까 '영재'로서 남다른 대우를 받아야 한다고 유난 떠는 부모로 몰리고 마는 것이다!

이제 정신적 과잉 활동성의 부정이 아이의 심리 상태에 끼치는 폐해를 이해할 것이다. 이 부정이 불러올 수 있는 결과는 다음과 같다.

- 자살 생각까지 끌고 올 수도 있는 우울증.
- 골치 아픈 일이 싫고 남들보다 똑똑해 보이기 싫어서 지능의 발휘를 억제하려는 태도.
- 점점 더 커지는 불안, 강박 충동 장애나 각종 공포증.
- 중독 행동으로의 도피(약물, 술, 게임, 위험 행동 등).
- 학교 공포증 (혹은/그리고) 사회 공포증.
- 학습 혐오에서 비롯되는 학업 중단.
- 아이를 오랜 세월 가둬 놓게 될 거짓 자기의 구성.

보다시피, 아이들이 부딪히게 되는 어려움들 중 대다수는 그들의 존재 자체가 아니라 그 존재를 부정하는 폭력성과 연결되어 있다.

10~20년치 심리 치료 비용을 절약하는 법

나는 25년간 정신적 과잉 활동인 성인들의 자기 계발을 보조해 왔다. 나는 그들이 심리 치료를 통해서 풀고 싶어 하는 골치 아픈 문제들도 전부 어린 시절에 정신적 과잉 활동성을 부정당했기 때문에 일어났다고 확신한다.

이렇게 말하는 이유는, 어릴 적에 자리 잡은 문제들이 어른이 되어서도 그대로 남기 때문이다. 그건 당연한 일이다.

- 무슨 일을 하든 자신은 적절치 않다는 느낌 속에서 비판에 시달리며 성장한다면 거부나 버림받음에 대한 두려움이 병적으로 비대해진다.
- 자기 존재가 주위에 전혀 부합하지 않는데 어떻게 자신감과 자존감을 키울 수 있을까? 그런데도 이 사람은 자존감이 낮다는 비판까지 들어야 한다.
- 아이는 자신을 있는 그대로 받아 주는 사람이 없다 보니 이렇게 생각한다. '언젠가 내가 완벽한 사람이 되면 사랑받을 수 있겠지?' 이 때문에 아이는 못 말리는 완벽주의자가 된다. (그런다고 사랑받는 건 아니다!)
- 아이는 혹독한 비판 공세를 피하기 위해서 남들의 기대를 파악하고 거기에 부응하는 데 급급해진다. 그러고 나면 남들에게 너무 맞춰 준다는 둥, 거절을 할 줄 모른다는 둥, 착해 빠져서 이상한 사람들이 꼬인다는 둥, 또 다른 비난을 받게 된다.
- 문제가 있다고 하는데 답을 찾을 수 없으니 당연히 불안해진다. 사람들에게 이해받지 못하고 '난 문제가 있어, 그건 확실해. 그런데 어떤 문제지?'라고 생각하면서 어떻게 불안하지 않을 수 있을까? 그런데도 정신적 과잉 활동인은 불안도가 높다고 비난을 받는다!

로빈 윌리엄스가 이런 말을 했다. "나는 늘 인생에 닥칠 수 있는 최악의 일은 혼자 죽는 거라고 생각했는데요. 실은 그게 아니더군요. 우리에게 닥칠 수 있는 최악의 일은 자기를 외롭게 하는 사람들에게 둘러싸여 이 세상을 하직하는 겁니다." 그런데 정신적 과잉 활동인들은 인생 말년이 아니라 인생 초년에 외로움을 경험하고 자기만 다른 행성에서 온 사람 같다고 느낀다. 그렇다. 무슨 일을 하든 이해받지 못하고 자기가 부적절하게 행동한 것처럼 느끼는 그들은 기본적으로 우울하다. "너는 네 모습 그대로, 네 느낌 그대로 살 권리가 있어. 우리는 너를 있는 그대로 사랑한단다! 변치 않고 이대로 살아 주렴." 그들이 처음부터 이런 말을 듣고 자랐다면 그놈의 말 많고 탈 많은 '거짓 자기'가 존재할 수 있었을까?

정신적 과잉 활동인 성인들은 전문가를 찾아가서 새로운 딱지만 더 달고 오는 경우가 비일비재하다. '경계성' '양극성' '피해망상' '정신 분열' 등등의 진단을 받았다는 사람들이 얼마나 많은지…….

학대를 받았던 경험이 정신적 과잉 활동인을 만든다는 식으로 말하는 심리 전문가들이 더러 있다. 정신적 과잉 활동성(그들이 '회복 탄력성'이라고 부르기도 하는)은 심적 고초의 결과일 뿐이라는 것이다. 이러한 태도는 정신적 과잉 활동인들을 구조적으로 고려하지 않고 상황하고만 관련짓는다. 으레 그렇듯, 상처를 받아서 병이 들었고 병이 있으니 치료를 해야 한다는 말과 다르지 않다. 정신적 과잉 활동인들을 트라우마가 있는 사람들이라고 보는 이 입장은 증명이 거꾸로 되어 있다.

정신적 과잉 활동성은 회복 탄력성이 아니다. 얼마든지 예를 들 수 있다. 정신적 과잉 활동성을 호의적이고 온화하게 받아 주는 분위기에서 성장한 사람은 외상 후 스트레스가 없다. 그는 복잡성 사유와 지나치게 과민한 감각 체계에도 불구하고 불안해하거나 폄하되지 않는다. 내가 증명 순서가 잘못됐다고 말하는 이유가 여기에 있다. 정신적 과잉 활동인이어서 어릴 적에 학대를 당했고, 학대를 당했기 때문에 불행해진 것이다.《나는 생각이 너무 많아》의 전 세계 독자들이 만장일치로 보여 준 반응이 그 증거다. 이 책은 정신을 번쩍 나게 하는 따귀인 동시에 크나큰 안도였다. 난 미친 게 아니야! 난 혼자가 아니야! 많은 독자들이 나에게 그 책이 자신의 "인생을 구했다"고 말해 주었다.

심리 치료가 정신적 과잉 활동성에 새로운 딱지를 붙이거나 트라우마를 원인으로 지목한다면 치료는 어린 시절의 학대에 집중될 것이다. 정신적 과잉 활동인은 치료를 받으면서도 지금까지 어디서나 그랬듯 이해받지 못하고 비난받는 기분이 든다. 이 때문에 어떤 치료는 정신적 과잉 활동인들에게 효과가 없을 뿐 아니라 실제로 유해하다.

정신적 과잉 활동인 아이에게 어른들은 무관심할 수가 없다. 모 아니면 도, 중간은 없다. 예뻐서 정신 못 차리든가, 도저히 같이 못 살겠다고 하든가 둘 중 하나다. 내가 보기에는 이런 아이를 예뻐하는 어른보다는 못 견디는 어른이 더 많은 것 같다. 이 아이의 꿰뚫어 보는 눈이 진실성이 없거나 뭔가 구린 데가 있는 어른에게는 몹시 불편할 테니까. 아이가 이유도 모른 채 어른들의 거부와 적대감을 느낀다면 그 기분이 어떨지 상상해 보라.

과잉 적응에서 거짓 자기로

정신적 과잉 활동인들은 자기들에게 문제가 있다고 믿기 때문에, 또한 거부가 치명적이기 때문에, 그들이 소수파이기 때문에, 자기들에게 맞지 않는 이 세상에 적응하려고 막대한 노력을 쏟아붓지만 결과는 허망하다. 그들은 오로지 이 이유로 불행하다. 과잉 적응이라는 기제는 다음과 같이 작동한다.

- 일단 내부의 소리를 차단한다. 외부에서 이 소리를 부정하기 때문이다. 다들 내 느낌, 내 본능, 내 지각이 잘못됐다고 하니 이제 그런 것들은 믿지 않기로 한다. "아무렇지도 않은데 왜 생트집을 잡니? 이 스웨터를 입으면 왜 가렵다는 거야?" 나는 분명히 지각하지만 그런 건 존재하지 않는다. "집에 불이 났다니 무슨 헛소리니?" "종마 사육장에서 무슨 소리가 들린다는 거야? 아무 소리도 안 났어!" 남들이 못 보는 것이 내 눈에만 보이면 미칠 만도 하다. 그러니 차라리 남들이 하는 말을 믿는 게 낫

다. 내부의 수신기는 꺼 버리고 더듬이를 외부로 돌린다. 나의 지각은 착각, 환각이라고 치자. 내가 느낀 것은 고려하지 않기로 하자.

- 두 번째 문제는 사람들이 나에 대해서 하는 말이다. 그들의 말에서 도출되는 나의 이미지는 실제의 나와 완전히 다르다. 내가 기분파라니, 말도 안 돼. 내가 연기를 한다니, 어처구니가 없다. 나는 일부러 그러는 게 아니다. 나는 무례하게 굴려고 그러는 게 아니다. 나는 허세를 부리지 않는다. 나는 사람들이 말하는 그런 사람이 아니지만 나로서 살지 못하는 이 울분, 점점 더 커져 가는 이 울분을 억눌러야만 한다. 그래서 사기꾼이 된 것만 같은 기분이 자주 든다.

- 혹독한 비판에 부딪히고 싶지 않으니 방어적인 행동을 자꾸 하게 된다. 모방에 능숙해진 나머지, 카멜레온 같은 사람이 된다. 내 인격을 한쪽에 밀어 놓고 나는 어떤 사람이라도 될 수 있다. 과도한 감성을 숨기려고 냉정한 사람이 된다. 심지어, 그게 나쁘지 않다! 이제 어떤 것도 내 마음을 움직이지 못하는 것 같다. 나의 존엄을 회복하려고 오만을 앞세운다. 나는 아무것도, 그 누구도 필요치 않다. 혹은, 일부러 익살을 떤다. 웃음거리가 되는 것보다는 남들을 웃기는 게 낫다. 복종 행동이 발달하는 것은 더 나쁘다. 나는 사랑받고 싶어서 타인의 기대에 열심히 부응한다. 나는 거절할 줄 모르는 사람이 된다.

- 나의 감정은 괴롭다. 이해받지 못하는 외톨이라서 슬프고, 진정한 나를 표현할 수 없어서 분하다. 하지만 거부는 너무 두렵기 때문에 어쩔 수 없다. 그래서 내 감정은 전부 거대한 솥단지에 몰아넣고 묵직한 불안으로 뚜껑을 덮는다. 불안은 이제 나라는 사람의 일부나 다름없다.

- 진정한 나는 기피 인물이기 때문에 꼭꼭 감추고 내면의 폭군에게 감시를 맡긴다. 진정한 나는 이 세상에서 환영받지 못한다는 점을 이 폭군은 수시로 일깨워 준다.
- 그와 동시에, 나는 원만하게 살고 싶어서 거짓 자기를 진열창에 세워 놓는다. 거짓 자기는 아무 생각 없이 타인들의 요구에 맞춰 살게끔 훈련되었다. 내가 정말 어떤 사람인지는 아무도 몰라도 된다. 모르는 게 더 낫다!

이렇게 거짓 자기 기제가 자리 잡으면 마치 사기꾼이 된 것 같은 불편한 감정이 두드러진다. 타인들에게 과잉 적응한 분열적인 거짓 자아와 숨겨져 있거나 숫제 잊힌 진짜 자아가 나를 구성한다. 아이에게 거짓 자기가 어떻게 작동하는지 설명하기란 쉽지 않다. 그래서 내가 그림으로 표현해 보았다. 그림이 더 이해하기 쉽다.

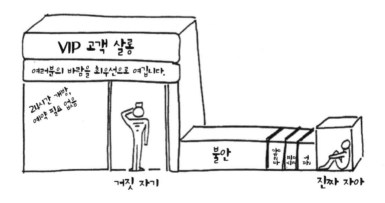

거짓 자기는 진짜 자아가 감옥에서 불안해하는 동안 모두에게 굽실거리는 벨보이 같은 존재다. 얼마나 서글픈 일인가!

거짓 자기라는 기제는 사람을 위험에 빠뜨린다. 겉으로 드러나는 '정상성'과 진정한 자기 모습으로 사랑받고 인정받고 싶다는 뿌리 깊은 욕구 사이의 간격이 너무 크기 때문이다. 그래서 균열이 생기고 그 틈으로 심리 조종자들이 파고든다. 언제나 과잉 적응 상태에 있는 거짓 자기는 지나치게 친절하고, "싫어"나 "그만해"라는 말을 할 줄 모른다. 타자를 만족시키는 데만 집중하느라 정작 자기 기분은 모르고 자신의 고유한 가치, 욕구, 바람은 부정한다. 거짓 자기는 아무런 보호를 제공할 수 없다. 분노는 입이 틀어막혔고, 나에게 해로운 관계들을 차단할 도리가 없다. 요컨대, 거짓 자기는 변태 나르시시스트들을 끌어당기는 자석이다. 이는 쉬는 시간 운동장에서부터 빤히 보인다. 전체 아이의 10퍼센트는 괴롭힘을 당한다는데 그게 어떤 애들일까? 학교 폭력에 대해서는 마지막 장에서 좀 더 자세히 살펴보겠다.

과잉 적응은 이제 그만

스트레스, 불안, 우울증은 이 과잉 적응과 직결되어 있다. 과잉 적응이 얼마나 시간과 에너지를 잡아먹는지는 가늠할 수조차 없다.

남들의 기대를 파악하려고, 남들을 기쁘게 하려고 하다가 얼마나 많은 시간과 에너지를 탕진하게 되는지! 게다가 그 시간, 그 에너지는 결실을 거두지 못하므로 밑 빠진 독에 물 붓기다. 정신적 과잉 활동인은 노력을 해도 어차피 미운 오리 새끼, 이해받지 못하고 거부당하는 존재다. 과잉 적응은 자기 자신의 욕구, 의욕, 가치를 등한시하게 하고 자기 정체성마저 뒤흔든다. 고립되지 않기 위한 적응이 자기 부정까지 포함한다면 문제가 있다. 차이가 권리를 부정당한 탓에 이런 식의 생존 기제가 촉발된 것이다.

아, 정신적 과잉 활동인들이 자아를 돌보고 자기를 이해하며 평화롭게 성장하는 방향으로 이 에너지를 쓰면 좋으련만! 그러면 얼마나 쾌활하고 눈부신 어른들이 되겠는가! 더욱이, 그 폐쇄적 상태를 벗어나려고 심리 치료에 막대한 돈과 시간을 쓰지 않아도 될 것이다.

《나는 생각이 너무 많아》를 읽기 전까지 자기 자신을 보통 사람들이 내미는 거울(상이 이상하게 왜곡되고 확대되는 거울)을 통해서만 보았던 정신적 과잉 활동인들이 참 많았다. 그들은 자기 자신을 실제보다 추하고, 이상하고, 파편적이고, 만화경에 비친 것 같은 모습으로 보았다. 내 책은 그들에게 평범한 전신 거울이 되었다. 그들을 있는 그대로, 전체적으로 조화롭고 일관된 모습으로 비춰 준 것이다. 그들은 틀림없이 안도했을 것이다. 아이들에게 그들이 정신적 과잉 활동인이라는 사실을 알려 줄 때도 똑같은 안도감을 확인할 수 있다.

일반적으로 사람은 고통을 표현하기 위해서, 또한 자기가 미치지 않았으며 자기답게 살 권리가 있음을 확인하기 위해 심리 치료를 받는다. 치료가 성공적이면 실제로 자아비판을 멈추게 되고 내면의 폭군이 입을 다문다. 그 사람은 자기를 있는 그대로 받아들인다. 불완전할지언정 세상에 유일무이한 존재로서 받아들이는 것이다. 그는 두려움을 직시하고 자기를 지키는 법을 배운다. 더는 모두의 마음에 들려고 기 쓰지 않고, 거절도 할 줄 알고, 실수를 용납할 줄도 안다. 여기서 선순환이 발생하면서 자존감이 회복되고 튼튼해진다.

그런데 정신적 과잉 활동인이 자기로서 존재한다는 것은 남들과 똑같이 되려고 애쓰지 않고 남들과 자신의 차이를 긍정하는 것이다. 그러면 외부의 비판에 내면의 비판까지 추가되지는 않는다. 자기가 어떤 사람인지 일찍부터 알고, 받아들이고, 관리하면 정신적 과잉 활동인들이 성년기에 흔히 부딪히는 문제들 ─ 자신감과 자존감 결여, 지나친 감정, 우울증 등 ─ 을 피해 갈 수 있다. 특히, 그놈의 병적인 과잉 적응이 골치 아픈 문제 대부분을 끌어들인다.

아이가 자기 비하의 악순환에 빠지지 않도록 막을 방법이 있다. 이 고통의 으뜸가는 예방책은 과잉 적응할 필요가 아예 없게끔하는 것이다. 하지만 남들이 마음에 들어 하든지 말든지 자기 자신으로 산다는 것은 만만치 않은 일이다. 어른들의 허용과 도움 없이는, 아이가 해낼 수 없는 일이다.

정신적 과잉 활동인 아이는 어른에게 자신의 차이에 대한 설명을 듣고서 홀가분해진다. 그다음에는 타인을 실망시키거나 좌절시킬지 모른다는 두려움을 극복하기 위해서 부모의 도움을 필요로 한다. 여러분이 아이에게 자기답게 살아도 된다고, 이해가 부족한 다른 사람들의 동의는 신경 쓰지 않아도 된다고 허용해 주어야 한다.

아이에게 이렇게 말해야 한다. "남들의 실망은 네가 책임질 일이 아니야. 상대가 만족을 원한다고 해서 만족만 줄 수는 없어. 그러려면 무조건 남이 하라는 대로만 해야 해. 다른 사람 기분을 다 맞춰 주면서 그 사람이 뭐든지 자기 마음대로 할 수 있다는 착각에 빠지게 하지 마. 모두에게 사랑받을 수는 없어. 게다가 모두가 마음에 들어 하는 사람은 아무나 마음에 들어 하는 사람이라는 뜻이란다. 가끔은 저 사람이 나를 별로 좋아하지 않아서 다행이다 싶은 경우도 있거든! 네가 친절하고 말을 잘 듣는다고 좋아하는 사람은, 널 진짜로 좋아하는 게 아니라 널 이용하는 거야."

하지만 자크 살로메는 "본연의 존재가 하는 말은 입으로 하는 말이 묻혀 버릴 만큼 소리가 크다"라고 했다. 그러니 거창한 말을 늘어놓기 전에 인간관계에서 일관되게 처신하라. 여러분이 주위 사람의 부탁을 거절하거나 다른 사람들의 시선에 개의치 않는 모습도 아이에게 보여 줘야 한다.

아이를 수시로 안심시켜 주자. 아이는 사랑받기 위해서 완벽해질 필요가 없다. 예를 많이 들어 주자. "반려동물에게 네가 완벽해야만 사랑할 거라고 말하니? 저 나무의 새들은 사랑받고 싶어서 노래를 부르는 걸까? 하늘, 바다, 산, 나무, 꽃과 같은 자연도 색이 칙칙해지거나 시들어 버리곤 한단다." 아이가 마음이 편해지는 말을 해 주자. "실망시켜도 괜찮아. 우리 집 나비가 쪼르르 달려와 네 무릎에 앉지 않으면 왠지 실망스럽지? 하지만 그런다고 나비가 싫어지는 건 아니잖아?"

이때도 은유를 활용할 수 있다. 성에 갇힌 라푼젤을 아는가? 진짜 자아는 지하 감옥에 감금된 기사다. 기사는 "나 같은 사람이 되지 않으면 널 사랑하지 않을 거야!"라는 저주를 받았다. 기사가 감옥을 탈출하려면 세 개의 문을 통과해야 한다. 거부당할지도 모른다는 두려움의 문, 이해받지 못하는 슬픔의 문, 마지막으로 자기답게 살지 못해 쌓인 분노의 문. 이건 보통 어려운 일이 아니다! 기사는 감옥에서 나와도 수시로 자기다운 삶을 금지하는 용들과 맞서 싸워야 한다. 하지만 일단 두려움을 버리면 그 용들이 아주 조그맣다는 것을 알게 된다. 용들이 성냥불처럼 작은 불꽃을 휴우 하고 뿜더라도 귀여운 재롱 보는 기분이 들 것이다. '얼마든지 떠들어 봐라. 난 내가 어떤 사람인지 아니까!'

자신의 고유한 가치를 알면 남들에게 확인받지 않아도 된다. 정보는 내 안에서도 얻을 수 있다. 정신적 과잉 활동인들은 자기중심을 되찾는 법을 배울 필요가 있다. 강연이나 코칭을 진행하면서 내가 이골이 나도록 하는 말이 있다. "당신 내면의 소리를 들어 보세요. 뭐가 당신에게 좋은 거라고 해요?" 이와 마찬가지로, 여러분의 아이에게도 수시로 물어보라. "그래서 너는? 너는 어떻게 생각하는데?" 그리고서 아이가 하는 대답을 인정해 주자.

하지만 직관을 따르려면 용기가 필요하다. 말처럼 쉽지가 않다! 다시 말해, 이제 두려움이 하는 말은 그만 들어야 한다. 게다가, 옳은 말도 너무 때 이르게 튀어나오면 그른 말이다. 아이를 처음부터 설득하려 하지 않고 아이의 느낌을 생각해 주는 법부터 배워야 한다. 옳은 말이라고 해도 섣불리 이러쿵저러쿵하지 않고 기다려 주는 법 말이다. 아이에게 어른들도 가끔(자주인가?) 바보 같은 말을 하니까 그런 말에 연연하지 말라고 하자. 아이에게 이 일화를 소개해 주어도 좋다.

우리 아들이 초등학교에 들어갔을 때 1학년 담임이 반 아이들 앞에서 이런 말을 했다. "5월 1일은 노동절이기 때문에 아무도 일을 하지 않는단다!" 아들은 놀라서 말대답을 했다. "어, 진짜요? 우리 엄마는 5월 1일에도 일하는데요?" 아이는 반사적으로 그렇게 대꾸했을 뿐이지만 선생님은 반 아이들 앞에서 체면이 확 구겨졌다. 우리는 집에서 그 얘길 하면서 깔깔대고 웃었다. 노동절이라고 해서 비행기가 안 뜨고, 열차가 운행을 멈추고, 병원은 문을 닫고, 소방관들이 바닷가에 놀러 갈 리 있나! 하지만 아들내미는 그 말

대답의 대가를 톡톡히 치렀다. 이듬해에도 그 선생님이 담임이 되었기 때문이다. 아들은 그 선생님을 나중에 원수처럼 생각하게 됐다. 여러분의 아이도 알아야 한다. 아무리 옳은 말이어도 아주 부적절하게 받아들여질 수 있다는 것을. 어른들의 논리적이지 않은 말도 군말 없이 받아들여야 할 때가 있다는 것을.

정신적 과잉 활동인 아이들은 잘난 척 대장, 허풍쟁이로 곧잘 오해받는다. 이 아이들은 실제로 아는 게 많고, 그 점을 별로 숨기지 않으며, 관심 있는 주제에 대해서 서로 정보를 교환할 수 있을 거라 생각한다. 자기가 남들과 다르다는 설명을 듣지 않았으니 남들은 자기처럼 아는 게 많지 않다는 것을 아주 뒤늦게, 이미 척척박사로 찍히고 나서야 비로소 깨닫는다. 이 아이들은 성적을 잘 받으면 시험이 쉬워서 그랬으려니 한다. 아무렴, 쉽다마다. 그들 한정으로는 말이다. 다른 아이들은 이 가짜 겸손을 아주 가증스러워한다. 아이에게 상황을 이해시키고 가짜 겸손처럼 보일 수도 있는 겸손과 자기를 깎아내리지 않고 다른 사람을 압박하지도 않는 공손의 차이를 알려 주자.

이런 예를 들어도 좋겠다. 같은 반에 달리기를 아주 잘하는 친구가 한 명 있다. 달리기만 했다 하면 일등은 그 친구 차지다. 그래서 "우와, 너 달리기 짱이다!"라고 감탄을 했다.

그 친구가 뭐라고 대꾸했으면 좋겠는가?

- "쳇, 뭐가 짱이야! 나는 거북이처럼 느려 터졌거든?" 아니, 자기가 거북이면 다른 친구들은 달팽이인가? (거짓 겸손)
- "오늘은 컨디션이 별로라서 잘 못 뛰었어. 평소엔 이거보다 훨씬 더 빨라!" (허세)
- "아, 고마워! 맞아, 난 달리기가 좋아! 그래서 가끔 연습을 해." (공손)

이렇게 아이는 상대를 자극하지 않고 공손하게 대응하는 법을 배울 수 있다. 일단 칭찬을 들으면 "고마워"라는 말부터 꼭 하게끔 습관을 들여 주자. 그다음에는 그 활동을 좋아하기 때문에 자주 하게 됐다는 말을 덧붙인다. 그러면 상대도 그렇게 좋은 결과가 나올 만하다고 납득할 것이다.

친구가 이렇게 말했다 치자. "뭐야, 너 수학 완전 잘하잖아!"

"아, 고마워! 그래, 난 수학이 좋더라. 문제 푸는 게 재미있어서 자꾸 풀어 보게 돼." 무난한 대답이다. 좋은 성적을 받았다면 그럴 만한 이유가 있어서 받은 거다. 그런 건 변명하지 않아도 된다.

여러분은 부모이니만큼 잘 이해했을 것이다. 비판을 설명과 격려로 대체해야 한다는 것을, 아이가 주위 세상을 이해할 수 있게끔 이끌어야 한다는 것을. 아마존 원주민 꼬마는 도시의 규칙을 배워야 한다. 그 꼬마가 아마존 원주민이라는 사실을 비판하는 방법으로는 규칙을 가르칠 수 없다. 아이를 외부의 비판으로부터 보호하는 것도 부모의 역할이다. 비판은 아이가 균형을 찾으면 아무래도 줄어들지만 결코 사라지지는 않는다. 외부인이 아이 본연의 존재를 걸고넘어지거든 여러분이 입장을 분명히 취해야 한다. 그 사람에게 딱 부러지게 말하라. "얘는 원래 그렇습니다. 그건 아이 성격이에요. 얘는 일부러 당돌하게 굴거나 말을 안 듣는 게 아니에요. 다른 아이들처럼 사회적 규칙을 빨리 파악하지 못할 뿐이에요." 그리고 이 말을 덧붙이자. "이 일은 나중에 집에 가서 아이에게 다시 설명하고 잘 알아듣게 말하겠습니다." 상대는 여러분의 대응에 당혹해 할지언정 자신의 지적을 감안해 조치를 취하겠다는 말에 마음이 누그러질 것이다. 아이가 상처를 받은 눈치가 보이거든 파이프와 깔때기의 은유, 자기답게 사는 것을 금지하려고 불을 뿜은 작은 용들의 은유를 간단하게 상기시키자. 눈을 찡긋하면서 휴우, 휴우, 입으로 불 뿜는 흉내를 낸다든가.

비판을 높이 사는 사람들은 그렇게 생각하지 않겠지만 상처 주는 말은 개선에 아무 도움이 되지 않는다. 어떤 아이든 성장하고 발전하려면 호의, 인정, 칭찬이 필요하다. 안됐지만 우리의 현 교육 시스템에서는 모든 아이가 – 정신적 과잉 활동인 여부와 상관없이 – 격려에 목말라 있다.

그러한 현상이 정신적 과잉 활동인 아이들과 관련해서는 더욱 더 심각하다. 여느 아이들보다 민감하고 꾸지람을 자주 듣는다는 사실 외에도, 그들은 추가로 비호감을 산다. 사실, 이 아이들은 몇 가지 특정 영역에서는 객관적으로 우수하다. 그렇지만 어른들은 잘

하는 것보다 못하는 것을 지적하거나, 잘하는 영역에서도 아이의 발전을 되레 속박한다. 이 아이들이 연령 수준을 초월해 있기 때문이다. 이미 읽기와 사칙 연산을 다 뗐다는 게 뭐가 중요한가? 교실에서는 다른 애들이 따라올 때까지 그 사실을 되레 숨겨야 할 텐데. 공룡 박사면 뭐 하나? 학교에서 공룡 공부를 하는 것도 아닌데. 때로는 정답을 알아도 말하지 말고 가만히 있으라고 한다. 그러면서 애가 남들 다 타는 자전거를 못 탄다고 허구한 날 뭐라고 한다.

여러분의 가정에 정신적 과잉 활동성의 긍정적 측면을 격려하고 인정하는 선순환을 조성할 수 있다. 감각과 감성이 과민하고 창의성이 활발한 사람으로 살면 어떤 점이 좋은가를 함께 말해 보자. 그리고 이 세상의 규칙들을 가르치는 것 또한 여러분의 몫이다. 이 과업의 길잡이들에 대해서는 10장에서 제시해 보겠다.

나는 아이가 자기 자신으로서 자부심을 가지고 살 수 있으면 문제들이 대부분 사라질 거라 확신한다. 그 아이는 예민한 모습을 보여 왔을 것이다. 아이의 감정은 모두가 잡아당기는 고무줄 같았을 것이다. 하지만 감정의 롤러코스터는 가라앉을 것이다. 모든 아이에게는, 정신적 과잉 활동인 아이라 해도, 놀라운 생명력과 성장의 저력이 있다.

7장

견고한 틀을 마련하라

모든 아이는 자신을 보호해 주고 틀을 마련해 주는 어른을 필요로 한다. 아이에게 규칙과 한계를 정해 줄 누군가가 필요하고, 가끔은 아이에게 뭐가 좋은지를 아이 본인보다 어른이 더 잘 알 때도 있다. 어른은 언제 본격적으로 논쟁을 해야 하고 언제 논쟁을 끝내야 하는지 안다. 결국, 아이는 아이다. 아이는 아이의 자리에 머물러야만 한다. 나는 REAAP(부모 경청, 지지, 보조 네트워크)[1]에서 부모 코칭 작업을 많이 해 봤다. 그래서 요즘 세상에 이런 입장을 취하기가 쉽지 않다는 것도 잘 안다. 아이가 정신적 과잉 활동인이라면 실제로 이러기가 더 어렵지만, 그래서 더 그럴 필요가 있기도 하다.

어른의 자리, 어른의 역할

별처럼 뻗어 나가는 뇌의 소유자는 안드로메다까지 가 버리지 않도록 단단히 붙잡아 줘야 한다. 이 아이들은 상궤에서 벗어나 있기 때문에 상궤에서 벗어난 틀이 필요하다. 복잡성 사유를 하는 뇌는 자신의 한계를 모른다. 그래서 다른 사람이 사유의 흐름을 어느 정도 저지하고 유도해 주어야 하는데, 이런 역할을 하는 사람은 그럴 역량이 있어야 하고 친절하면서도 단호해야 한다. 아이는 어른이 자기한테 흔들리면 더 불안해한다. '어른들도 나를 확 잡지 못하는데 누굴 믿어야 하지? 나는 누구에게 기댈 수 있을까? 누가 날 보호해 줄까? 나 자신으로부터, 자꾸만 밀려드는 이 생각으로부터, 누가 날 지켜 주지?' 거센 파도가 몰아치는 바다에서 혼자 헤엄을 친다고 상상해 보라. 육지는 보이지 않고, 폭풍이 일면 붙잡고 버틸 만한 나무토막 하나 보이지 않는다. 얼마나 불안할까? 나는 정신적 과잉 활동인 아이들의 고질적 불안이 상당 부분 이렇게 설명된다고 본다. 생각은 복잡하게 갈래를 뻗는데 지표도 없고 기댈 데도 없다. 내가 코칭한 정신적 과잉 활동인들은 대개 어른이 되어서도 불안도가 매우 높았다. 자신의 정신 활동을 적당히 저지하거나 추론을 제대로 반박하는 어른을 만나지 못했기 때문이다. 아이는 어른다운 어른이 없기 때문에 늘 마음을 놓지 못하고 불안해하며 자기 자신 말고는 기댈 데가 없다고 결론 내린다. 그래서 아이는 '매사를 지배하려는' 악착같은 마음이 생기고 완벽주의자가 된다. 반대로, 어른이 자신을 잡아 주고 있다는 믿음이 있으면 정신적 과잉 활동인 아이는 매우 차분해진다. 이게 쉬운 일은 아니지만!

원칙적으로, 정신적 과잉 활동인 아이에게 압도되지 않으려면 부모도 정신적 과잉 활동인 편이 낫다. 깔때기는 깔때기가 다스

려야 좀 수월하다. 하지만 이 경우, 여러분은 자기 뇌도 다스려야
한다. 어른도 같이 안드로메다로 가 버리면 어떻게 아이에게 믿을
만한 틀 역할을 하겠는가? 먼저 여러분의 의심의 바다에 의지할 만
한 기둥을 몇 개 세워야 한다.[2]

일반적 사고를 하는 부모는 좀 더 확신을 가지고 틀을 제공한
다는 장점이 있지만 아이에게 권위를 인정받는 데는 어려움이 있
을 수 있다. 정신적 과잉 활동인은 무조건 복종하지 않는다. 그는
논리적으로 온당한 명령을, 자기가 높이 평가하는 사람이, 자신을
존중하는 태도로 내렸는지 따진다. 이러한 판단은 직장 생활에서
도 예외가 아니므로 회사 윗사람들에게 밉보일 거리가 된다. 예를
들어, 신경 전형인 아이에게는 "나랑 가자!"라고 하면 애가 순순히
따라온다. 어른들은 그런 태도를 '협조적'이라고 한다. 정신적 과잉
활동인 아이에게 똑같은 말을 하면 얘는 일단 "어디 가는데?" 묻고
자기 마음이 내켜야 따라온다. 어른들은 이런 아이를 '반항적'이라
고 한다. 그러나 아이는 쓸데없이 반항하는 게 아니다. 명령에 따르
기 전에 이해하고 싶은 욕구가 있을 뿐이다. 정신적 과잉 활동인 아
이들은 자기가 받은 지시의 근본을 알고 싶어서 여러분의 참호까
지 밀고 들어오고 곧잘 여러분의 입장이 자의적이거나 논리에 어
긋난다고 지적할 것이다. 어느 순간에 가서는 논쟁을 멈춰야 한다.
여러분은 어른이고 아이는 아이라는 것을 분명히 알려 줘야 한다.
그 아이에게는 그러한 제자리 지키기가 필요하다.

정신적 과잉 활동인 아이에게는 따지고, 윽박지르고, 소리 지르고, 체벌까지 해 봐야 소용이 없다. 지시와 처벌도 먹히지 않는다. 어른이 권위를 행사하는 방식을 다시 생각해야 한다. 그렇지만 이 아이는 공정하고 지혜로운 권위는 본능적으로 따른다. 자, 그럼 어떻게 해야 할까? 여러분이 진실성과 일관성을 잘 펼쳐야 한다. 《내 아이와 소통하기》에서 설명했듯이, 먼저 부모의 머릿속에서 한계 설정하기가 시작되어야 한다. 아이에게 어떤 교육 시스템을 기준으로 삼을 것인지, 어떤 규칙과 한계를 정해 주고 싶은지, 어떤 가치관을 공유하고 싶은지 충분히 시간을 들여 생각하라. 여러분이 먼저 정당하고 적합하다고 생각한 한계라야 아이에게 부과하기도 쉽다. 그렇지 않은 한계는 여러분이 먼저 못 참는다!

여러분이 아이들에게 동의할 때는 매사가 술술 풀린다. 몇 마디 말로 분명한 한계를 정해 주자. 그 말대로 지켜지는지 확인하라. 지시를 수시로 일깨워 준다. 그거면 됐다.

그리고 절대로 타협할 수 없는 사안들의 목록을 작성하라.

- 꼭 해야 하는 일: 씻기, 잠자리에 드는 시간 지키기, 학교 숙제, 세 끼 식사, 정리 정돈, 청소 등.
- 금지해야 하는 행동: 다른 사람을 때리거나 아프게 하는 행동, 자해 행동, 욕, 기물 파손은 아무리 화가 났을 때라도 해서는 안 된다.
- 생활 태도: 어른을 존중할 것, 예의범절, 사회적 약속 지키기(뒤에서 자세

히 다루겠다), 준법적인 자세.

당연한 얘기지만 뭔가를 '타협 불가능하다'고 정해 놓은 시점부터는 사정을 봐주고 말고가 없다. 그러자면 부모가 경계를 흐트러뜨리지 않아야 한다. 아이도 그로써 부모의 일관성을 시험하게 될 것이다.

매사를 신경 비전형성으로 설명하지는 않도록 주의하자. 정신적 과잉 활동인 아이들은 자기가 어느 선까지는 무시해도 되는지 – 자기들은 신경 전형인이 아니라는 이유로 – 한계를 시험할 수도 있다. 아이들은 한계를 밀어붙임으로써 한계를 발견하고 어른의 보호라는 벽에 의지할 수 있다. 그들은 자기보다 한 수 위인 똑똑한 어른을 필요로 한다! 정신적 과잉 활동인 아이들을 상대로 그런 어른이 되기는 절대 쉽지 않다

부모는 아이의 피로에서 비롯된 분노, 감각의 과포화 상황, 아이가 남의 말을 듣지 않고 자기 뜻대로만 하려는 순간을 알아볼 수 있어야 한다. 또한 아이의 병적 호기심에서 비롯된 진짜 질문들과 그저 좀 더 늦게 잠자리에 들고 싶어서 갖다 붙이는 질문들을 구분할 수 있어야 한다. 물론 이 아이들은 의미, 일관성, 진실성을 필요로 한다. 그러나 결정권은 늘 어른이 쥐고 있어야 한다. 넘어서는 안 될 한계는 긴 설명이 필요 없다. 긴 시간을 할애해 정당화할 필요가 없다는 얘기다. 이 아이들은 반박의 귀재들이어서 "알았어

요, 그렇지만……"하고 꼭 토를 단다. (알았다고 해 놓고 '하지만'으로 토를 달 때마다 벌금을 받아 보라. 아이가 벌금을 몇 번 내 보고 나면 이런 말이 쏙 들어갈 테니!) 지나치게 조숙한 아이는 아이 취급받는 것을 서러워하고 어른과 대등한 입장에 서려고 한다. 논의의 여지도 없는 일이다. 여러분은 아이에게 여러분의 중요한 선택을 다 이해시키지 않아도 된다. 여러분이 한 치 틀림도 없이 논리적이어야 할 필요도 없다. 인간은 원래 모순이 많은 존재다. 물론, 그 아이들은 부당한 일을 못 참는다. 그렇지만 재판관 역할은 그들의 몫이 아니다.

부모와 자식의 역할이 뒤바뀌지 않도록 조심할 필요도 있다. 아이가 감정 이입을 잘하고 부모 말을 잘 들어주다 보면 부모가 자기도 모르게 애를 붙들고 속을 다 털어놓게 된다. 아이를 속내 이야기까지 다 할 수 있는 상대, 나아가 심리 치료사 비슷한 역할로 삼지 않도록 주의하라. 한 부모 가정에서는 특히 더 조심해야 한다. 한 부모는 중요한 일을 함께 의논할 어른 상대가 없다 보니 이러한 기제에 휘말려들 위험이 크다. 어떤 사람들은 심리 치료를 받으러 와서도 역할을 바꾸어 심리 치료사가 되레 속을 털어놓게 한다! 나를 찾아왔던 사람들도 더러 그런 불평을 하곤 했다. "예전에 다녔던 심리 치료는요, 내가 오히려 그 선생님을 치료해 줬을걸요!" 그러고는 나한테도 이런저런 질문을 퍼부으면서 내가 어떻게 사는지 알아내려고 한다. 그들을 제어하려면 보통 이상의 주의와 내공이 필요하다! 여러분도 아이를 상대하려면 이러한 자질들을 계발하지 않을 수 없을 것이다.

아이가 완전히 동요하고 엇나갈 때도, 그냥 부모를 찾을 때도, 여러분은 한결같이 친절하면서도 단호해야 한다. 상황을 말로 정리해 주자. 문제의 조건이 일단 다 정해졌다면 아이가 현실 원칙을 직시하게 하라. '너는 이러이러하고 세상은 이러이러해. 네가 너답게 사는 것은 좋아. 나는 네가 너로서 사는 삶과 이 세상 속에서 사는 삶을 잘 조화시킬 수 있도록 도와줄게.' 아이가 여러분을 휘어잡으려 들거든 여러분은 이미 사람을 조종하려는 아이의 시도를 간파했고 결코 용납하지 않을 것임을 알려라. 아무리 똑똑한 아이들이어도 어른을 지배할 여지를 주어서는 안 된다.

분명하게 언어화된 지시

암묵적인 지시는 통하지 않는다는 점을 알아 두자. 여러분은 아이에게 전하고 싶은 메시지를 분명한 말로 표현해야 한다. 조제프 쇼바넥[3]은 어릴 적에 부모님이 오후 내내 자기를 찾으러 다녔던 어떤 하루를 회상한다. 그는 혼자 조용히 있고 싶어서 정원의 숲에 처박혀 있었다. 자기 이름을 부르는 부모님의 목소리를 들었지만 그렇게 이름을 큰 소리로 부르고 다니면 그를 찾고 있다는 뜻이니 당장 모습을 보여야 하는 걸 몰랐다고 한다. 어떤 아이는 암묵적인 의미를 이렇게까지 못 알아들을 수도 있는데 우리 어른들은 때때로 요구를 비비 꼬아서 내비치곤 한다. "최후의 순간까지 미루고 미뤘다가 숙제를 하려나 보구나, 잘한다, 잘해." 이 말이 꼭 "숙제를 미루지 말고 지금 당장 해"라는 뜻으로 전달되란 법은 없다.

파벨은 얼마 전에 초등학교에 들어갔다. 아이는 학교 복도가 아주 미끄럽다는 사실을 알고서 신이 났다. 그래서 미끄럼으로 멀리 가기 신기록을 세우다가 교장 선생님에게 걸려서 혼이 났다. 교장 선생님은 성난 눈빛으로 파벨에게 호통을 쳤다. "파벨! 너 선생님이 학교에서 미끄럼 타는 거 봤냐!" 파벨도 교장 선생님이 꾸중을 한다는 것 정도는 알아차렸다. 그래서 기어드는 목소리로 "아뇨"라고 대답했다. 하지만 그 아이는 교장 선생님이 결국 자기에게 무슨 말을 하고 싶었던 건지는 몰랐다. 교장 선생님이 딱 잘라서 "이제 복도에서 미끄럼을 타면 안 돼"라고 말하지는 않았기 때문이다. 그 메시지를 알아차리는 것은 파벨의 몫으로 남겨져 있었다. 암묵적인 메시지 주고받기는 일반적으로 사고하는 사람들의 주특기다. 정신적 과잉 활동인들은, 심지어 어른이 된 후에도, 이게 잘 안 된다. 그래서 더욱더 불안하다. 언제 관계의 폭탄이 떨어질지 모르기 때문이다. 정신적 과잉 활동인들이 저지르는 '실수'의 대부분이 여기서 온다. 그들도 불편함을 느끼고 뭔가가 일어났다는 생각은 하지만 그게 뭔지는 모른다. 나는 일반적 사고를 하는 사람들이 어떤 부분이 실수였는지 그들에게 설명해 주는 세상을 꿈꾼다. 일반적 사고를 하는 사람들이 매사를 분명하게 말로 표현하는 세상이라면 더욱더 좋겠다. 우리끼리 말이지만, 그 교장 선생님이 그렇게 둘러 말할 게 뭔가! 왜 그는 파벨에게 친절하게 설명해 주지 않았을까? "미끄럼 타는 걸 아주 좋아하는구나. 하지만 잘 알아 두렴. 학교 복도에서 미끄러지기를 하면 안 된다. 위험할 수 있기 때문에 못 하게 하는 거야. 전에는 몰라서 그랬겠지만 이제부터는 안 돼. 그러니까 다시는 그러지 마라." 이렇게 말했다면 파벨도 단박에 알아들었을 것이다. 정말이지, 파벨이 겁에 질렸던 게 차라리 다행이었다. 교장 선생님이 "파벨! 너 선생님이 학교에서 미끄럼 타는 거 봤냐!"라고 했을 때 파벨이 겁을 먹지 않았다면 분위기 파악 못 하고 이렇게 대답했을지도 모른다. "선생님도 타 보세요. 짱 재미있어요!"

권위에 대한 관계

천만의 말씀, 이 아이들은 일부러 무례하게 구는 게 절대로 아니다. 그들은 '싫어 병'에 걸린 것도 아니다. 복잡성 사유는 위계 서열이 없는 사유라는 점을 알아야 한다. 그래서 이 아이들은 '위계 서열'이라는 개념 자체가 낯설고 세상 모든 사람을 대등하게 대한다.

사유를 산속에서 흐르는 시냇물에 비유해 보자. 일반적 사유의 흐름은 바닥을 조금씩 파고들어 확실한 물길을 만든다. 잠재적 억제가 정보를 자동으로 분류해 주기 때문에 사유의 경로는 점점 더 분명해진다. 그래서 보통 사람들은 타인의 암묵적 기대를 금세 알아차리고 관습적으로 사유하게 된다. 갈래를 뻗는 복잡성 사유는 기존에 난 물길이 없어서 늘 사방팔방으로 가늘게 흘러간다. 그렇다 보니 기대치 않았던 곳에 생각이 미치기도 하고 그렇다. 하지만 이런 점이 복잡성 사유의 매력이자 창의적 힘이다. 흐르는 물은 산에서 내려가는 가장 짧은 길을 직관적으로 계산한다. 이와 마찬가지로 복잡성 사유도 자기가 가진 정보에 비추어 가장 효율적인 전략을 추구한다. 위에서 내려오는 지시는 이러한 맥락에서 수많은 선택지 중 하나일 뿐이다. 정신적 과잉 활동인 아이는 결과에 초점을 맞추기 때문에 지시도 준수해야만 하는 과정이라는 사실을 쉽게 잊는다. 그래서 이 아이는 게임의 규칙을 놀랄 만큼 쉽게 바꿀 수 있고 결과적으로 개선을 도모하곤 한다. 하지만 사람들은 아이에게 그런 것을 요구하지 않는다. 아이는 결과가 만족스럽고 뿌듯할 뿐, 자신이 규칙을 정한 자들의 권위에 암묵적으로 도전한 셈이라는 것을 모른다. 게다가 이 아이는 시냇물에 바닥이 있다는 것을 모르기 때문에 대세의 흐름에 합류해야 한다는 생각을 못 한다. 모두가 이 방향으로 가는데 저 혼자 따로 노는 줄도 모르고 엉뚱한 곳으로 달려간다.

이제 여러분은 아이가 의도적으로 무례하게 행동하지 않는다는 것을 - 아이가 어리다면 더욱더 그렇다 - 알았을 것이다. 나중에는 아이가 규칙을 가지고 놀 만큼 꾀가 난다. 그렇더라도 나는 무례한 언행의 대부분은 아이의 의도와 무관하다고 생각한다. 우리는 평생을, 나중에 직장 생활을 하게 된 후에도, 다양한 방식으로 메시지를 전달하는 다양한 어른들과 손발을 맞추며 살아야 한다. 사람들의 메시지 전달 방식은 그 애매함의 수준이 각기 다르고 그들의 가치 체계 역시 일관성의 수준이 제각각이다. 정신적 과잉 활동인은 이 모두를 상대로 적응해야만 할 것이다. 아이를 준비시키는 차원에서 이런 부분을 설명해 주고 규칙을 만들어 주자. 어른들은 대개 자기가 어떤 방식으로 말하든 아이가 복종하기를 바란다. 어떤 사람은 자신의 위치와 권위가 존중받느냐 그렇지 않느냐에 아주 민감하다. 정신적 과잉 활동인 아이는 그런 부분을 고려하는 습관이 필요하다. 아이에게 산과 물의 비유로 설명해 보라. 산에서 내려가는 것이 가장 중요할 때는 생각을 한껏 밀고 나가면 된다. 하지만 때로는 내려가는 과정이 중요하다. 그때는 물길을 찾아야 한다! 그렇긴 해도 정신적 과잉 활동인 아이들이 말을 잘 듣기 바라는 어른들은 자기 쪽에서도 일관성, 카리스마, 지시의 명확성을 계발하기 위해 노력해야 할 것이다.

이 아이들이 권위 개념을 잘 받아들이게 하려면 우두머리의 조율자로서의 입장을 이해시키는 것이 먼저다. 혼자 가면 더 빠르지만 함께 가면 더 멀리 갈 수 있다. 단, 함께 가는 사람들이 손발을 잘 맞춰야 하지만 말이다. 배의 선장을 비유로 들어 보자. 선장의 역할은 선원들의 행동을 조율하여 배를 어느 한 방향으로 잘 끌고 가는 것이다. 나는 오케스트라 지휘자의 비유를 좋아한다. 연주자는 각자 이 곡을 어떻게 표현해야겠다는 생각이 있고 그러한 표현에 아주 민감하다. 이 사람은 어느 대목을 크게 연주해서 더 강렬한 느낌을 주고 싶을 것이고, 또 다른 사람은 그 대목을 좀 더 빠르게 연주해서 흥겨운 느낌을 주고 싶을 것이다. 하지만 모두가 자기 생각대로 연주하면 서로 합이 맞지 않아서 아주 듣기 싫은 곡이 되어 버린다. 오케스트라가 연습하는 동안 어느 한 연주자가 세 소절마다 한 번꼴로 지휘자의 해석에 이의를 제기한다고 상상해 보라. 그러면 저마다 자기 해석을 주장한다. 입씨름이 벌어진다. 모두가 의견 일치를 볼 확률은 거의 없다. 그래서 권위가 필요한 것이다. 오케스트라의 규모에 상관없이 모든 단원은 연주회 당일 완벽한 하모니를 들려주기 위해서 지휘자에게 곡에 대한 해석을 일임해야 한다. 그러지 않으면 무대에서 자기네가 연주하는 음악을 듣고 이건 아니야 하면서 극심한 좌절을 맛볼지도 모른다. 그러나 모두가 지휘자가 제안하는 해석을 받아들인다면 합주가 멋지게 나온다. 자, 뭐가 더 중요한가? 옳은 의견을 낸 사람이 되는 것? 함께 더 멋진 일을 해내는 것? "지휘자가 머저리 같을 수도 있잖아요?" 벌써부터 반골 기질이 보이는 아이가 이렇게 물어볼지도 모른다. 머저리는 끝까지 머저리일 것이다. 이때 연주자는 둘 중 하나를 선택할 수 있다. 오케스트라에서 나오든가, 마음에 차지 않더라도 다른 연주자들과 합을 맞추어 청중 앞에서 연주하는 즐거움에 집중하든가. 그것도 아니라면 본인이 지휘자가 되는 것도 방법이다.

심판의 예도 이해를 돕는다. 어떤 운동을 하든 심판의 판정에는 복종해야 한다. 이따금 판정이 잘못된 것처럼 보일 때조차도 그렇다. 여러분의 교육에도 옐로카드와 레드카드 체계를 도입할 수 있겠다.

자존감

여러분이 친절하면서도 단호하게 틀을 잡아 주면 아이는 여러분의 해독에 힘입어 이 세상이 기이한 곳이라는 사실을 알게 됨과 동시에 세상을 자기에게 맞게 길들일 수 있다. 아이의 자존감 또한 어른의 권위를 바탕으로 발달하는 것이다. 자존감은 책임을 배우면서 발달한다. 자기 행동에 책임을 지고, 자신의 책임에 걸맞게 행동하고, 과오를 인정하고 행동을 바로잡고, 노력하고 인내하는 법을 배우고, 자신이 걸어온 과정과 획득한 결과를 자랑스럽게 여기는 등 일련의 과정 속에서 말이다. 이제 여러분은 아이가 세상과 자신의 차이를 모르면 이 건설적인 성장이 얼마나 힘들어지는지 이해가 갈 것이다. 여러분의 아이는 칭찬과 격려를 필요로 하겠지만 칭찬도 상황과 정도가 맞아야 한다. 과한 칭찬은 죽은 칭찬이다. 잘

한다, 잘한다, 소리를 너무 많이 들은 아이는 그 말을 믿지 않는다. 아이가 발전하려면 때때로 자기 행동에 대해서 직설적인 피드백도 받아야 한다. 가령, 아이가 자신의 관심거리를 몇 시간이고 재잘재잘 떠들게 두어서는 안 된다. 아이에게 그건 너만 관심 있는 얘기이고 다른 사람은 그 얘기를 그렇게 오래 듣고 싶어 하지 않는다고 말하라. '감성이 과민한' 사람이라고 해서 '정신이 약해 빠진' 사람 취급할 필요는 없다.

정신적 과잉 활동인 아이들은 다른 사람들과 자신의 차이에 대해서 명쾌하고 긍정적인 설명을 듣고 나면 자신감이 살아난다. 그 자신감을 튼튼하게 다져 주기만 하면 된다. 어른이 그들을 있는 그대로 받아들이면서 건실하고 호의적인 틀을 마련해 주면 그들이 순하면서도 쾌활하고 자신감 있게 생활하기에 충분하다. 아이들의 불안, 완벽주의, 분노 발작, 고립도 눈에 띄게 완화될 것이다.

시공간의 구조화

시간 관리는 아이들에게 원래 힘든 일이다. 아이가 정신적 과잉 활동인이라면 어려움이 특히 크다. 집중력이 부족해서 문제라는 아이들이 어떤 생각이나 활동에 푹 빠져 시간 가는 줄 모르는 경우가 얼마나 많은가! 이런 아이를 재촉해서 뭔가를 신속히 하도록 만들기란 정말 힘들다. "빨리빨리 해!"라고 하면 아이가 되레 얼어 버린다. 그보다는 어른이 미리 앞을 내다보고 시간 여유를 넉넉히 둔 후에 아이에게 밀착해서 지켜보는 편이 낫다. 아이는 갈래가 자꾸 뻗어 나가는 생각에 골몰하다가 지금은 신발을 신어야 할 때라는 것도 깜박 잊는다. 아이의 행동을 신속하게 진행시키고 싶다면 그 행동을 일종의 게임처럼 만들고 모래시계나 초시계를 동원해 보라. 내 아이들이 어렸을 때 집에 걸려 있던 벽시계에는 바다를 가르는 돛단배와 태양이 그려져 있었다. 그 그림이 아이들에게 간단한 시간 개념을 일깨우는 데 도움이 됐다. '큰 바늘이 태양에 올 때까지, 바다를 가리킬 때까지, 뱃머리까지 올 때까지'라고 하면 얼추 15분 단위로 시한을 둘 수가 있었다.

정신적 과잉 활동인 아이들은 루틴, 즉 일상의 정해진 절차가 있는 편이 낫다. 이 아이들은 예정에 없던 것, 프로그램 변경, 불의의 사건을 싫어한다. 나는 루틴이 아이는 물론, 어른에게도 도움이 된다고 생각한다. 루틴으로 정해 놓은 것들은 차츰 자동화된다. 우리 체질에는 자율 규제보다 자동성이 훨씬 더 효과적이다. 과제를 자동 수행한다는 것은 더는 그에 대해서 생각하지 않는다는 뜻이다. 그러면 특수한 동기나 의욕이 없어도 그 일을 할 수 있다. 그때그때 바로 처리가 된다는 것이 자동성의 가장 큰 이점이다. 물론 학교 숙제와 샤워는 늘 해야 하는 일에 포함되어야 할 것이다!

복잡성 사유를 하는 두뇌의 소유자에게 정리 정돈은 필수 불가결하다. 다들 그놈의 드라이버가 어디에 있는지 못 찾아 분통이 터졌던 경험이 있지 않나? 모든 열쇠가 잘 보이게 크기별로 쭉 놓여 있는 작업대가 있었으면 좋겠다고 생각한 적이 있지 않나? 훌륭한 요리사는 필요한 재료와 도구부터 챙겨 놓고 조리에 들어간다. 그래야만 밀가루 범벅이 된 손으로 접시를 꺼내러 가거나 조리를 하다 말고 냉장고에 달걀이 없다는 사실을 알고 당황할 일이 없다. 항공기 운항에는 이륙과 착륙을 위한 체크 리스트들이 다 마련되어 있다. 착륙 장치 조작을 깜박한다면 큰일 아닌가! 중요한 것을 망각하거나 분실하고 싶지 않다면 엄격한 감시와 조직화가 답이다. 게다가 절차에 따른 행동은 자신이 마땅히 할 만한 일을 한다는 기분을 강화하고 본인의 자격에 대한 의심을 몰아낸다. 아이에게 수면, 학교 숙제, 수업 준비물 챙기기 체크 리스트를 만들어 주면 어떨까? 물론 당일 아침이 아니라 전날 저녁에 확인해야 한다!

이 방법들은 모두 여러분과 여러분 자녀의 생활을 좀 더 수월하게 하는 데 그 목적이 있다. 생활 환경이 혼잡해지지 않도록 주의하자.[4]

정신적 과잉 활동인 아이는 틀, 구조, 체계가 있으면 오히려 편안해한다. 아이를 아이 자신으로부터 보호하기 위해 어른이 있는 것이다. 격렬하게 끓어오르는 뇌일수록 마음껏 뛰놀고 까불어도 다치지 않을 안전한 공간에 자리 잡아야 한다.

8장

공백 불안

정신적 과잉 활동인 아이들을 묘사할 때 가장 자주 등장하는 형용사가 바로 '불안한'이다. 아이는 불안도가 높고, 심리적으로 불안정하다. 사람들은 이러한 불안이 구조적이고 불가피하다는 듯이 불안을 관리하는 이러저러한 팁을 제안한다. 하지만 나는 아이가 더는 불안해할 이유가 없게끔 해 보자는 입장이다. 결국에 가서는 정신적 과잉 활동인이라는 사태가 더는 불안해할 이유가 되지 않았으면 좋겠다.

나는 임상 경험을 통하여 아이의 정신적 과잉 활동성을 알려줄 때 아이의 불안이 상당 부분 사라지는 것을 보았다. 아무렴, 그 아이들은 미치지 않았다. 혼자도 아니다. 얼마나 안심이 되는가! 나는 정신적 과잉 활동인 아이들이 자기가 어떤 사람이고 상황이 어떻게 돌아가는지 이해하기만 해도 불안의 80퍼센트는 사라진다고 본다. 나머지 20퍼센트는 여러 가지 원인에서 비롯되는 불안인데, 그 내용을 지금부터 자세히 살펴보겠다.

뿌리 깊은 권태

스위스 워크숍에서 아이들이 했던 말을 떠올려 보자. "교실에 있으면 너무 지루해서 막 소리를 지르고 싶어요. 지루해하면서 깨어 있는 것보다는 낫겠다 싶어서 수업 시간에 자는 거예요." 다들 시간만 오래 잡아먹고 생산성은 쥐뿔도 없는 회의를 경험해 보았을 것이다. 이를테면 안건은 있는데 의견은 없는 공동 주택 주민 회의 같은 것들 말이다. 그러니까 여러분도 이 애들이 느끼는 지루함을 안다. 내가 강연에서 이렇게 설명을 하면 청중은 바로 알아듣는다. 그들은 눈이 휘둥그레져서는 "애들이 학교에서 그렇게 지루해한다고요?"라고 한다. 아니, 그 정도 지루함은 양반이다! 공동 주택 주민 회의는 고작 1년에 한 번 열리니까. 그런 회의를 매일, 낮 시간 내내 한다고 상상해 보라. 아이들이 학교에서 겪는 지루함은 그 정도다. 여러분 같으면 마구 소리를 지르고 싶지 않겠는가?

나는 매일같이 정신적 과잉 활동인 성인들을 코칭하면서 지루함이 그들에게 트라우마가 되었다는 생각을 조금씩 굳혀 나가고 있다. 유치원 때부터 느끼기 시작한 지루함이 그들을 평생 따라다닌다. 내 생각에, 정신적 과잉 활동인들이 부딪히는 문제들(불안, 부정적인 생각 곱씹기, 우울증 등)에서 상당 부분은 이 치명적 지루함에서 기인한다. 빻을 곡식이 없어 헛도는 물레방아는 심심해서 말라 죽는다. 활발한 뇌가 헛돌면 음침하고 우울한 생각이 많아진다.

내 생각에는, 할 일을 미루는 습관도 권태를 피하려는 절망적인 시도인 경우가 많다. 따분한 일이기 때문에 나중에 하면 조금 흥미가 생길까 싶어서 일단 미루고 보는 것이다. 온종일 학교에서 따분해 죽을 것 같은 중학생들은 숙제를 펴 보는 것조차 기피한다. 수업도 재미없는데 집에서까지 재미없는 숙제를 할 수가 있겠는가.

복잡한 뇌에는 복잡한 일이 필요하다. 이 뇌는 다양한 형태의 까다로운 데이터를 잘 소화하고 새로운 연결을 만들어 낼 때 뿌듯한 행복과 짜릿한 기쁨을, 일종의 정신적 오르가슴을 맛본다. 복잡한 뇌는 자기를 복잡하게 써먹어야 좋아한다. 이것이 내가 《나는 생각이 너무 많아》에서 제안한 가설이었다. 수많은 독자가 나에게 이 가설이 맞았다는 걸 확증해 주었다. 그렇다. 여러분은 까다로운 주제에 골몰할 때 무아지경에 빠진다. 최근에 프랑스 2채널에서 영재 학교에 대한 다큐멘터리를 한 편 보았다. 철학 수업 시간이 방송에 나왔다. 아이들은 신이 나서 수업에 집중하는 듯 보였다. 어떤 여자아이는 눈을 빛내면서 자기 생각을 표현하느라 흥분해 있었다. 할 말은 많은데 입이 생각의 속도를 따라잡지 못하는 것 같았다. 그 모습이 너무 행복해 보여서 보는 사람도 행복해질 정도였다! 정신적 과잉 활동인 아이들은 너무 쉬운 답을 피하고 싶어서 일부러 생각을 비틀기도 한다. 4 더하기 2는 얼마? 바로 6이라고 하면 재미없으니까 1부터 10까지 전부 더했다가 4와 2만 남기고 전부 하나씩 빼 볼까? 정신적 과잉 활동인 아이들은 어른이 되어서도 쉬운 일을 어렵게 하는 이 습관을 버리지 못하곤 한다. 이 습관이 결국에는 그들의 학업을 함정에 빠뜨린다. 이 함정을 피하는 법은 12장에서 살펴보기로 하자.

학교에서 시작된 지루함은 회사 생활에서도 이어진다. 기업 내에서 깊이 생각해야 하는 일은 많지 않고 표준화된 절차를 적용해야 하는 업무만 늘어난다. 지적으로 자극이 되는 업무는 드물다. 그러므로 정신적 과잉 활동인은 창의적이고 자율적인 일을 하지 않는 한, 직장에서도 지루함을 느끼게 마련이다. 나는 이러한 지능의 낭비, 두뇌의 허비가 심히 개탄스럽다.

만족을 모르는 호기심

정신적 과잉 활동인 아이들에게서 가장 눈에 띄는 점은 그들의 만족을 모르는 호기심, 특히 끝없는 의미의 탐색이다. 이 아이들은 아주 어릴 때부터 "왜요?"를 입에 달고 산다. 그들을 이해하지 못하는 이 세상을 급히 설명하고 이해시킬 필요가 있기는 하나, 이 의미 탐색은 단순히 일상을 이해하는 수준을 훨씬 뛰어넘는다. 그들은 뭐든 다 알고 싶고, 다 이해하고 싶고, 다 연결해 보고 싶다. 그들의 뇌는 온 세상을 줌 인, 줌 아웃 한다. 행성에서 개미까지, 천체 망원경에서 현미경까지, 그들의 관심은 크고 작음을 가리지 않는다. 시간의 흐름은 태초부터(빅뱅, 공룡이 살던 시대) 미래까지(공상 과학물, 우주 탐사, 지속 가능한 개발 등) 두루 그들의 마음을 사로잡는 다. 위계 서열 없이 복잡성 사유를 하기 때문에 모든 것에 똑같이 관심을 쏟고 모든 정보를 연결할 수 있는 것이다. 정보는 이렇게 해서, 오직 이런 식으로만, 의미를 지닌다. 관념은 나머지 정보들과 연결되고 구조 안에서 제자리를 찾아야 한다. 아이가 자꾸만 어떤 특정 생각으로 돌아오는 이유는 그 생각이 아직 충분히 정신적 구조와 이어지고 그 안에서 제자리를 찾지 못했기 때문이다. 대답을 찾지 못하고 정보를 어떻게 써야 할지 모르면 불안할 수도 있다. 그렇지만 불안 때문에 답 없는 생각을 계속 곱씹게 되는 것만은 아니다. 어떤 이들은 끝없는 생각이 불안하고 반복적인 생각으로 이어지는 것이라고 주장한다. 내가 임상에서 살펴본 바로, 그 주장은 틀렸다. 실상은 오히려 그 반대다. 복잡한 뇌가 제대로 몰두할 거리를 찾으면 쓸데없는 생각을 곱씹느라 낭비할 시간이 없다. 어른들은 이 아이들의 '특수한 관심사'를 부정적으로 보곤 한다. 그 아이들은 적대적이거나 비능률적인 환경에서 벗어나려고 가치 있는 일에 골몰하는 것이다. 아무것도 놓치지 않고 끝까지 파고들어 자기 관심 분야에서 진짜 전문가가 되는 역량을 왜 그리 부정적으로 보는가? 때로는 부모까지 삐딱한 시선을 받는다. 아이를 똑똑한 원숭이로 키우고 싶어 하는 부모라고 생각하는 것이다. 애가 자기가 좋아서 방정식을 푸는 거라고? 부모가 애를 얼마나 잡았으면!

그러므로, 이상하게 들리겠지만 애가 불안해하고 잡념이 많을 수록 더욱더 생각거리를 - 양질의 것으로! - 많이 제공해야 한다. 배우고, 이해하고, 생각하고, 창조하고 싶어 하는 이 갈망을 채워 주자. 과열을 걱정할 필요는 없다! 정신적 과잉 활동인은 자기가 좋아하는 주제, 자기 뇌의 복잡성 욕구에 걸맞은 지적 자극에는 결코 물리지 않는다.

그런 만큼, 몇 가지 기준을 확인하고 넘어가자.

이 아이들은 창의성이 넘친다. 그들의 내면세계는 아주 풍요롭다. 공상이 풍부하고, 상상 속의 친구들도 많고, 아이디어와 계획이 무궁무진하다. 하지만 끝까지 하는 일은 별로 없다. 이 아이들은 남들에게 소리 내어 말하듯 생각하고 꿈을 꾼다. 추진하다가 팽개친 아이디어, 중도에 흐지부지된 계획이 하나둘이 아니다. 이 아이들은 나비처럼 이 꽃에 앉았다가 저 꽃에 앉았다가 부산스럽게 돌아다닌다. 일을 시작만 하고 끝맺지 못하는 습관이 자존감에 이로울 리 없다. 어른의 도움을 받아 아이들은 아이디어에서 계획으로, 계획에서 다시 실현으로 넘어가고 그 결과를 직시하는 법을 배운다. 이게 바로 '끈기'다. 스티브 잡스를 인용해 볼까. "위대한 아이디어와 생산품 사이에는 장인의 어마어마한 노동이 있습니다. 최종 산물은 절대로 처음에 상상했던 그대로 나오지 않지요. 타협을 해야만 합니다."

아이들에게 정신의 문을 닫는 법도 가르쳐야 할 것이다. 일단은 아이들의 왕성한 지적 욕구를 인정해 주자. "그래, 뭐든지 다 아는 척척박사가 된다면 참 좋겠다, 그렇지?" 그러고 나서 현실로 돌아오자.

1. 그런 앎은 불가능하다.

지금은 접근 가능한 정보가 많아도 너무 많다. 우리의 관심을 끌어당기는 것들이 지나치게 많다. 그러므로 정보에 선택적으로 접근하지 않으면 이도 저도 아니게 된다. 게다가 상술만 봐도 그렇다. 소비자는 공급이 많으면 자기가 왕인 줄 알지만 실은 상품을 비교하기가 더 어려워지고 선택은 난항에 빠진다. 선택지가 너무 많으면 진정한 선택이 어렵다!

2. 그런 앎은 불필요하다.

지금은 정보에 대한 접근과 활용이 상시 가능하다. 뭔가를 알고 싶으면 검색 엔진에 입력해 보기만 하면 된다. 컴퓨터가 그 주제에 대한 정보를 온 세상에서 끌어다 안겨 줄 것이다. 이런 상황에서 모든 정보를 머릿속에 저장할 필요가 있을까?

> 지식은 경험으로 얻는 것이고, 나머지는 다 정보에 불과하다.
> – 알베르트 아인슈타인

아이들이 정보와 지식을 구분하게 하자. 정보는 흔하게 널려 있지만 피상적이다. 지식은 시간을 들여 익히고 기억하고 사용하는 것이다. 실제로 스키를 타러 갈 수 없다면 전 세계의 스키 명소 이름을 줄줄 외워 봤자 무슨 소용이 있나? 차라리 가까운 스키장을 알아보고 그곳으로 떠나는 편이 낫지 않을까?

'포기'는 정신적 과잉 활동인 아이들에게 썩 달갑지 않은 단어다. 이 아이들은 뭔가를 선택한다는 것이 나머지를 포기하는 것이라고 생각한다. 그런데 이 아이들의 머릿속에는 선택지가 늘 너무 많기 때문에 굉장히 많은 것을 포기하게 되는 셈이다. 아이들에게 생각의 문을 닫아야만 자기가 쥔 것에 온전히 집중할 수 있다는 것을 수시로 일깨워 주자.

엄마나 아빠가 이 아이에게 뭐든 설명해 주는 백과사전 역할을 하려고 하면 금세 지친다. 여러분이 아이의 모든 질문에 답해야 할 의무가 있는 것처럼 생각하지 말라. 여러분은 답변 자판기가 아니다. "나도 몰라, 엄마 아빠라고 해서 뭐든지 다 알 수는 없단다"라고 대꾸해도 괜찮다. 여러분의 아이는 호기심을 다소 자제하는 법과 독서와 자료 검색을 통하여 스스로 호기심을 만족시키는 법을 차차 배워야 한다. 동네 도서관이 여러분의 든든한 우군이 되어 줄 것이다. (아이가 책을 반납하지 않겠다고 떼를 쓸 수도 있다.) 때로는 아이에게 "지금은 그럴 때가 아니야"라는 말도 해야 한다. 정신없이 북적대는 대기실에서, 다른 사람이 못마땅하다는 듯 빤히 보고 있는데, 굳이 당장 아기가 어떻게 생기는지 설명할 필요는 없다. 아이가 침대에 누웠는데 "엄마, 우주가 뭐예요?"라는 물음에 바로 대답해야 하는 건 아니다. 아이가 단지 부모와 떨어지기 싫어서, 나아가 부모를 독점하고 싶어서 질문을 퍼부을 때도 있다. 그런 함정에 넘어가 주지 말라. 진짜 질문과 질문을 가장한 떼쓰기를 구분하라. 엄마를 독차지하고 싶어서 괜히 질문을 하는 아이는 엄마가 대답을 해 줘도 잘 듣지 않는다. 그 주제를 깊이 파고들려 하지도 않고 금세 전혀 다른 질문을 던진다. 이때는 그만하라고 말하고 그 상황을 짚어 주자. "넌 물어보기만 하고 대답은 잘 듣지 않는구나." 아이에게 왜 그러는지 물어보고 마음을 달래 주자. 거창한 말도 필요 없고, 그냥 편하게 하면 된다. "엄마가 안아 줄까?"

아이에게 정신적 과잉 활동인이 어떤 사람이고 어떻게 기능하는지 설명했다면 그 후 아이의 변화를 눈여겨보아야 한다. 아이의 호기심은 한결 누그러질 것이다. 아이의 완벽주의는 사그라질 것이다. 알고, 이해하고, 장악하고 싶은 욕구도 예전처럼 걷잡을 수 없이 충동적이지는 않을 것이다. 불안은 사실상 사라질 것이다. 이제는 배움의 기쁨만 남을 것이다.

어린이를 위한 명상과 이완?

마음 챙김 명상의 선풍적인 인기는 이미 몇 년 전부터 시작되었다. 이 명상법이 정신적 과잉 활동인들을 진정시키는 기적의 해결책처럼 소개될 때가 많다. 실제로 마음 챙김 명상에서 좋은 효과를 보는 사람들이 있기는 하다. 나도 그중 한 명이기는 하나 매일 명상을 하는 것보다 가끔씩 하는 게 더 좋다. 내가 임상에서 만났던 정신적 과잉 활동인들 가운데 일부는 마음 챙김 명상에서 도움을 받았다고 했다. 그렇지만 나머지 사람들은 어떤 종류의 이완이나 명상도 도저히 참을 수 없었다고 호소했다. 그 이유는 단순하고도 당연했다. 명상도 소리를 지르고 싶을 만큼 지루했으니까. 이해할 만하다. 그러잖아도 이미 너무 비어 있는 것 같은 정신을 비워 보라니 그들로서는 불안해질 수밖에 없다. 운동, 정원 일, 하이킹 같은 활동도 명상만큼 이롭다. 무엇보다도, 원래는 수도승들에게나 적합했던 수양법이 — 다시 말해 어른들이나 하던 일이 — 아이들에게도 마찬가지로 적합할 거라는 생각은 어떻게 나왔을까? 학교에 도입된 명상은 교사가 아니라 학생을 대상으로 한다. 오히려 교사들에게 여러모로 이로울 수 있을 텐데 말이다. 학교가 편하지 않은 아이들을 '가만히 있지 못하고, 산만하며, 스트레스를 받는' 아이들로 간주한다면 명상이 그들을 진정시키고 그들에게 집중력을 가르치기에 적절한 도구일 수도 있겠다. 다시 말해, 이미 학교에서 장시간 입 다물고 가만히 앉아만 있어야 하는 아이들에게 더 얌전히, 더 조용히, 더 꼼짝 않고 있는 연습을 하라는 건가? 동일한 것을 더 강도 높게 연습해서 더 나은 결과를 얻어라? 아이는 움직이고, 뛰고, 소리 지르고, 놀아야 한다는 사실을 아직도 기억하는 사람이 있기는 한가? 오늘날 아이가 그 왕성한 생명력을 마음껏 발산할 수 있는 공간이 남아 있기는 한가? 언젠가 어른들은 아이들의 비만, 운동 부족, 전반적인 신체적·정신적 건강의 퇴보에 대하여 책임을 져야 할 것이다. 아동 명상의 효용이 조금씩 의문시되고 있기 때문에 하는 말이다. 오스트레일리아 연구진은 마음 챙김 명상의 효과를 한껏 떠벌린 연구들이 방법론적으로 문제가 있다고 보았다. 그들은 객관적 효과를 다시 검증해 보기로 했다. 그 결과, 마음 챙김 명상은 어린이들에게 긍정적 효과가 없었을 뿐 아니라 일부 어린이, 특히 남자아이들에게는 되레 불안을 자극하는 부정적 효과가 나타났다. 마음 챙김 명상은 청소년들에게도 긍정적 효과가 없었고 불안, 우울, 정신 질환 위험이 높아지는 부작용만 불러왔다. 명상 수련법이 실제 미치는 영향을 조속히 재고해야 했다. 영국을 위시하여 이 명상에 열광했던 여러 국가가 보통 학교 교과 과정, 즉 의무 교육에 명상을 포함하는 방안을 검토하고 있다. 런던에서만도 6000명의 아동이 이미 명상 수업을 받고 있다.

나는 아이들이 수업에 차분하게 집중하게 하는 것이 목적이라면 수업을 재미있게 진행하고 아이들이 자유롭게 에너지를 발산할 수 있는 공간다운 공간을 마련하는 것이 우선이라고 본다. 지구상의 모든 포유류 새끼들이 그렇듯 아이들도 달리고, 뛰고, 기어오르고, 페달을 밟고, 헤엄치고, 춤추고, 노래하고, 소리 질러야 한다. 그래서 나는 너무 어린 나이에 규칙과 구조가 정해져 있는 운동, 특히 클럽이나 리그 단위로 움직이는 운동은 좋지 않다고 본다. 아이는 운동을 하러 가서도 자기 차례가 오기를 기다리거나 코치의 지시를 들으면서 지루해하게 된다. 아이가 정말로 신나게 뛰어놀 수 있는 곳이 있으면, 조금 전까지 정신없이 놀았던 아이라도 15분 정도 책을 읽히면 충분히 차분해질 수 있다. 여러분의 아이는 하루에 몇 시간이나 밖에서 뛰어노는가?

마지막으로, 불안을 해소하려면 불안이 지루함에서 비롯되지만 감정의 잘못된 관리[1]에서도 비롯된다는 사실을 기억해야 한다. 자신의 감정을 해독하고, 명명하고, 온전히 살아 내는 법을 아이에게 가르치는 것은 어른의 일이다.

자, 이제 형이상학적 불안에 대해서 알아보자.

9장

영적 본능

정신적 과잉 활동인 아이들의 지적 갈증과 의미 탐색은 단순한 호기심을 – 결코 채워지지 않는 호기심조차도 – 훨씬 넘어선다. 이 아이들은 일찌감치 사회 문제, 환경 문제, 도덕 문제, 나아가 영성의 문제에까지 천착한다. 나이는 어리지만 위대한 현자들처럼 생각하고, 수준 높은 윤리 의식을 드러내고, 보편적인 인본주의적 가치를 표현한다. 이따금 우리가 이 아이들의 눈으로 세상을 바라본다면 우리 자신이 부끄러워질 것이다! 이 아이들에게는 존엄성, 성스러운 것에 대한 감각, 관용, 생명과 자연을 존중하고 배려하는 태도가 있다. 그들의 영성은 본능적이고 예로부터 있었던 것, 애니미즘(사물, 광물, 식물 등에 영혼이 있다는 생각)의 바로 그것이다. 가장 보편적이면서 우리의 선조들과도 이어져 있는 이 영성은 샤머니즘과 매우 흡사하다. 지구상의 모든 대륙과 소위 '원시적인' 모든 부족에게는 마법사와 샤먼이 있다. 그리고 그들의 제의는 희한하리만치 기본 토대가 같다.[1] 여러분의 아이도 요정과 정령을 보지는 않는가?

죽음에 대한 의식

모든 아이가 언젠가는 우리가 죽을 수밖에 없는 존재라는 것을 알게 된다. 그 때문에 아이들은 악몽을 꾸고 – 주로 부모의 죽음을 상상하면서 – 죽음에 대해서 이것저것 묻는다. 일반적으로 만 6~8세에 거치는 이러한 심리적 과도기는 성장의 일부다. 아이들은 자신의 독립성을 이러한 방법으로 무의식적으로 시험한다. '엄마 아빠가 오늘 죽는다면 나 혼자서도 잘 살 수 있을까? 내가 과연 살아남을 수 있으려나?' 그들은 자신이 자율적 존재가 아님을 알기 때문에 이러한 심리적 단계에서 빨리 어른이 되고 싶다는 욕망을 가진다. 때문에 흔히 만 7세 전후를 '철드는 나이'라고 한다.

하지만 정신적 과잉 활동인 아이들은 죽음을 더 일찌감치, 더 철학적인 뉘앙스로 의식한다. 《나는 생각이 너무 많아》에서 만 세 살 여자아이는 벌써 이웃집 할머니에게 이렇게 말할 수 있었다. "내가 어른이 되면 우리 엄마는 할머니랑 비슷해질 거예요. 그때쯤 할머니는 돌아가시고 없을 거예요!" 할머니는 "귀여운 아이야, 네가 벌써 인생을 아는구나!"라고 지혜롭게 대꾸했다. 이 일화는 실제 있었던 일이다. 만 세 살 꼬마는 흐르는 시간과 인생의 주요 시기들을 이미 이해하고 있었다.

이렇듯 정신 활동이 지나치게 활발한 아이는 어려서부터 어른들에게 죽음과 관련된 질문들을 예리하게 던지곤 한다. 어설픈

답변, 대충 둘러대기, 두려움이 묻어나는 대답으로 아이의 불안을 더 부채질하고 싶지 않다면 여러분 자신부터 이 주제를 분명히 짚고 가는 것이 좋겠다. 여러분 자신도 죽음이 두렵기만 하다면 마음을 편안하게 하는 책 두 권을 추천한다. 파트리스 반 에르셀의 《검은 샘》과 장자크 샤르보니에의 《아이에게 들려주는 죽음 이야기》를 읽어 보라.[2] 죽음 공포를 다스리는 작업은 여러분 자신에게도 이로울 것이다. 아이와 죽음이라는 주제를 두고 대화를 할 때는 열린 자세를 유지하는 것이 이상적이다. "우리가 전부 알 수는 없단다. 어떤 사람들은 이러이러하게 생각하고 또 다른 사람들은 다르게 생각해. 이건 내 생각이고, 너는 너 나름대로 생각할 수 있는 거야." 여러분이 특정 종교를 믿는다면 그러한 신앙을 아이에게 전해 줘도 물론 괜찮다. 그렇지만 당돌할 정도로 이치를 따지기 좋아하는 이 아이를 상대하려면 여러분은 노회한 신학자가 되어야 할 것이다. 어떤 정신적 과잉 활동인이 나에게 이런 말을 했다. "어렸을 때 성당 주일 학교에서 교리 공부를 하면서 난 딱 하나만 물어봤어요. '하느님은 사랑이라면서 왜 자기 아들을 십자가에 못 박혀 죽게 했대요?' 난 교리 수업에서 쫓겨났고 지금까지도 그 답을 궁금해하고 있답니다!"

아이에게 죽음에 대해서 설명하면서 사람들은 대부분 죽음에 대해서 깊이 생각하기보다는 그런 얘기를 불편해하고 불안해한다는 얘기도 꼭 덧붙이기를 바란다. 세상 모두와 허심탄회하게 대화할 수는 없다. 조심해야 할 때도 있다. 나는 정신적 과잉 활동인 어른들에게도 똑같은 충고를 한다. 그들은 저녁 모임이나 파티에서 토론의 물꼬를 트고 싶어 하곤 한다. 하지만 안락사, 완화 치료, 장기 기증에 대한 토론은 한껏 들뜬 분위기에 찬물을 끼얹을 확률이 농후하다.

스티브 잡스는 《성공을 위한 75가지 조언》[3] 에서 "죽음을 의식하라"고 말한다. 그는 이 의식이 우리가 영원한 현재에 안주해 잠들지 않도록 도와준다고 생각했다. 잡스는 덧붙여 이렇게 말한다. "죽음은 아마도 세상의 가장 위대한 발명품일 겁니다. 죽음은 위대한 행동을 하게 만드는 커다란 요인입니다. 죽음은 늙은 것을 폐기하고 젊은 것에 자리를 내어 줍니다." 자, 여러분의 젊은이들에게 꽤 흡족한 일 아닌가!

여러분은 이러한 생각의 길잡이들을 활용하여 아이가 죽음 개념을 평온하게 생각할 수 있도록 이끌어야 한다. 물론, 어느 정도까지 그래야 한다는 말이다. 우디 앨런이 말한 대로다. "인간은 자기가 죽는다는 것을 아는 한, 완벽한 느긋함을 가지지 못할 것이다."

꼬마 영매와 샤먼

"인간 조건은 유배다. 중독자와 예술가는 분리와 고립을 날

카롭게 감지한다는 공통점이 있다. 둘 다 그러한 감정을 초월하고 마음을 진정시킬 수 있을 법한 활로를 모색한다. 인간은 두 세계에 걸쳐 있으면서 그중 어느 한쪽에서도 자신을 온전히 구현할 수 없기에 고통스럽다. 우리는 육신을 지닌 존재로서, 저 높은 왕국에는 다다를 수 없다. 그 왕국은 신들의 것이다. 그러나 우리는 그곳을 잊지도 못한다. 우리는 직관을, 반쯤 사라진 기억을 외면할 수도 없건만……. 무엇에 대한 기억일까? 어쩌면 이 세상에 태어나기 전, 불멸의 존재들 혹은 별들과 더불어 살았던 기억일런가. 하지만 어이할거나, 우리네 팔자가 이 낮은 곳, 물질적이고 일시적인 영역, 동물적 본능, 정념, 증오, 욕망, 열망, 두려움이 판치는 유한한 시간의 차원에 머무는 것을. 우리는 저 높은 왕국의 부름을 느끼지만 감각의 왕국에서 아주 오랜 시간을 보내야만 한다. 결과적으로, 우리는 중간에서 이도 저도 아닌 채 우울해한다. 우리는 모두 육신의 배[船]에 갇힌 천사들이다."

– 스티븐 프레스필드[4]

나는 이 아이들이 – 흔히 '인디고 아이들'이라고도 부르는[5] – 스티븐 프레스필드가 묘사한 이 기억을 매우 직관적으로 간직하고 있다고 확신한다. 신들의 세상을 떠나 육신을 입은 것 자체가 고통이다. 2장에서 이미 살펴보았던, 자기 몸으로서 살아가는 온갖 어려움이 이로써 설명된다. 그렇지만 정신적 과잉 활동인의 영적·비의적(秘意的) 측면은 여전히 터부시되고 있다.

정신적 과잉 활동인 아이들은 감각이 지나치게 발달했기 때문에 통찰력도 비상하다. 이러한 혜안에 초자연적 성격은 전혀 없다. 단지 남들은 지나치는 정보, 지극히 미세한 부분까지 포착하기 때문에 '투시력', 말 그대로 꿰뚫어 보는 능력이 있는 것처럼 보일 뿐이다. 이 아이들은 천리안, 텔레파시 능력자, 나아가 영매 같다는 말을 듣는다. 집에 도착하기도 전에 집이 불타고 있다고 말한 소년은 그저 후각이 남달랐을 뿐이지만 무당으로 오해받을 만하다. 하긴, 그들이 정말로 정상적 영역 밖의 능력을 지녔다고 생각할 수도 있지 않을까?

어떤 과학자들은 과학으로 설명할 수 없는 현실을 부정하면서 스스로 합리적이라고 착각한다. 그렇지만 까마득한 태곳적부터 최면술사, 영매, 샤먼, 퇴마 의식이나 굿을 해 주는 인간은 늘 있었다. 더러는 이 사람들을 웃음거리로밖에 생각지 않으나 그들은 실제로 능력이 있고 지금은 경찰 수사나 병원 의료에도 협력할 만큼 인정도 받고 있다. 그런데 그들은 '채널' 역할을 하는 어른이기 전에 먼저 아이였다. 무속인들에게 직접 물어보면 확인할 수 있다. 그들은 아주 어릴 때부터 그러한 능력을 드러냈고, 집안 내력이 그쪽이라면 모를까, 대개는 혼자 그러한 능력을 다스리는 법을 익히느라 극심한 외로움을 겪었을 것이다.

생은 정말로 뇌파가 멈추는 순간 끝나는 걸까? 그렇게 보는 사람들도 있지만 사후 체험이 아주 오래전부터 연구된 것을 보면 이승에서 저승으로 넘어간다고 모든 것이 끝나지는 않는다는 증거를 찾으려 했던 것 같다. 요청에 의한 합리성은 점점 현실 부정에 가까워진다. 사실, 나는 상담을 하면서 정신적 과잉 활동인들의 초감각 경험에 대한 고백을 수없이 들었다. 파라노멀paranormal, 즉 정상을 벗어나는 것은 그렇게까지 낯설지 않다.

믿을 만한 사람으로 보이기 위해서 이성적으로 납득하기 힘든 것은 전부 부정해야 하나? 누구에게 믿을 만한 사람으로 보이고 싶은가? 남다른 혜안을 지닌 아이가 자신의 지각, 직관, 비전을 혼자 끌어안고 사는 기분이 어떨까? 여전히 그 애가 왜 그토록 '불안해하는지' 이해를 못하겠는가? 마리프랑수아즈 느뵈는 어둠 속의 등대가 모기를 불러들이듯 이 아이들의 순수한 영혼이 눈에 보이지 않는 개체들을 끌어당긴다고 말한다.[6] 쥐를 잡아들이는 초음파처럼 감추어진 존재들을 감지하는 이 능력을 부정해도 되는 걸까? 다음번에 아이가 "잠이 안 와요, 내 방에 어떤 아저씨가 있어요"라고 하면 그 말이 예사롭지 않게 들릴 것이다. 더구나 아이가 "그 아저씨가 바로 내 옆에 서 있어요"라고 말한다면? 애가 부모를 불안하게 하려고 공연한 말을 하는 게 아니다. 그보다는 아이가 어쩌면 맞닥뜨릴 수도 있는 초자연적인 측면을 부모가 한 번쯤 생각해 보아야 한다. 정신적 과잉 활동인 아이들이 좀비에 대책없이 빠져드는 것도 어쩌면 비슷한 이유에서일까?

어쨌거나, 아이가 혼자 있어도 누군가와 함께 있는 것 같다고 말한다면, 자기 침대 밑에 유령이 산다고 말한다면, 그 말이 사실이고 아니고는 그리 중요하지 않다. 아이에게 도움이 될 만한 몇 가지 간단한 팁을 소개한다. 아이에게 어떤 사람들은 실제로 이 세계 아닌 다른 세계, 혹은 다른 차원의 일을 감지할 수 있다고, 아무도 못 느끼는 것을 – 가령 엄마 아빠는 못 느끼는데 – 혼자만 느낀다고 해서 그 느낌이 잘못된 것은 아니라고 말해 주자. 아이는 아마도 '길을 잃고 헤매며 빛으로 향하는 길을 다시 찾는 영혼들'을 느꼈을 것이다. 이것은 내 식대로의 표현이다. 여러분에게 가장 잘 맞는 표현과 어휘를 찾아보라! 아이에게 그 영혼들을 떨쳐 버리고 싶다면 눈부시게 빛나는 미끄럼틀 혹은 황금 엘리베이터를 마음속에 떠올리고 이렇게 말하라고 하자. "자, 이걸 타고 빛으로 가!" 유령들이 미끄럼틀이나 엘리베이터를 타고 순식간에 떠나는 광경을 상상하게 하라. 그래도 아이는 밤에 누가 찾아온다는 둥 불안해하는 기미를 보일지 모른다. 그럴 때는 금빛 거품 방울이 아이를 감싸고 있는데 유령이나 다른 존재는 그 안으로 들어오지 못하는 광경을 상상하게 하라. (마리프랑수아즈 느뵈는 그 거품을 푸르스름한 전류가 감싸고 있는 모습으로 상상했다.) "자, 너희는 미끄럼틀을 타고 가!" 아이들은 상징을 매우 편안하게 받아들이기 때문에 이러한 심상 떠올리기와 암시가 비교적 잘 듣는다.

내가 비교적 열린 자세를 취한다고는 하지만 정신적 과잉 활동인들의 비의적 측면은 내 영역 밖에 있다. 게다가 그 분야에는 객관적으로도 미심쩍은 요소들, 요컨대 실제로 엇나가 버릴 위험 가능성이 충분히 있다. 그래서 나는 여러분에게 신중하게 접근하고 분별력을 우선시하라고 권한다. 이 주제에 처음 접근하려는 독자들에게는 이미 앞에서 추천한 파트리스 반 에르셀, 장자크 샤르보니에, 마리프랑수아 느뵈의 책들을 다시 한번 권한다.[7] 어쩌면 여러분 주위에도 정상에서 벗어난 능력을 지닌 이가 있어서 아이와 얘기를 나눠 보거나 아이를 힘들게 하는 존재들을 물리쳐 주지 않을까? 그리고 풍수(風水)[8]도 아이의 침실을 쾌적하게 다시 꾸미는 데 도움이 될 수 있다.

이 대목에서 마음 챙김 명상에 대한 내 생각을 좀 더 보충하고 싶다. 여러분의 아이가 무속인 기질이 있다면 아이가 명상을 하다가 아득하고도 전격적인 의식의 확장을 경험할지도 모른다. 오스트레일리아 연구진은 이러한 현상을 '정신병 발병 위험'으로 보았다. 이때는 진짜 샤먼을 만나 보고 아이가 이 힘을 다스릴 수 있도록 도움을 청하는 것이 좋다.[9] 나는 이러한 이유 때문에라도 명상에 너무 심취하는 것은 바람직하지 않다고 본다.

완벽주의에서 탁월성까지

권태와 의미 탐색 외에도 완벽주의는 정신적 과잉 활동인 아이가 느끼는 불안의 근원 중 하나다. 나는 이 완벽주의가 상당 부분 그들이 처한 몰이해와 관련이 있다고 본다. 그들은 여기저기서 쓴소리를 듣고 거부를 당하다 보니 자기가 부적절한 사람인 게 문제라고 생각한다. '내가 언젠가 완벽해지면 다들 비난을 거두고 날 사랑해 주겠지.' 정신적 과잉 활동에 대한 설명을 듣고 나면 완벽한 아이가 되어야 한다는 절박함도 한풀 꺾인다. 그렇지만 아이는 여전히 까다롭고 자기 자신에 대한 기준이 높은 면이 있을 것이다. 완벽주의자로 이름을 날린 사람이 세상에는 얼마나 많은가. 스티브 잡스, 미켈란젤로……. 디테일에 광적으로 집착하는 것도 훌륭한 자질일 수 있다. 하지만 그 정도가 너무 심할 수도 있다. 그렇다면 여러분의 재능 있는 새싹에게 '탁월성'과 '완벽성'의 차이를 가르쳐 주자. 아이가 시간과 에너지를 평생 절약할 수 있도록! 이때도 거창한 말보다는 간단한 그림이 더 효과적이다. 내가 상담 중에 그렸던 그림을 여기 그대로 실어 본다.

비록 어떤 완벽주의자로부터 이 그래프는 수학적으로 정확하지 않다는 지적을 받기는 했지만 내가 설명하고 싶은 내용은 이 안에 다 들어 있다. 우리는 무슨 일을 하든 시간과 에너지(신체적 에너지나 정신적 에너지, 혹은 그 둘 다)를 쓴다. 이 시간, 이 에너지로 결

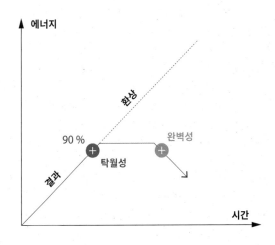

과를 얻어 낸다. 어느 수준까지는 프로젝트에 시간과 에너지를 많이 투입할수록 결과가 좋다. 완벽주의자는 시간과 에너지를 많이 쏟을수록 반드시 완벽에 가까워질 거라는 환상에 빠져 있다. 하지만 그건 착각이다. 어느 선을 넘어가면 되레 일이 어그러진다. 작업의 가치를 더는 상승시키지 못한 채, 쓸데없이 일을 붙들고 매달리는 것이다. 거기서 더 나아가면 오히려 작업을 망친다. 안 했으면 좋았을 한 겹 덧칠이 그림을 망치고, 지나치게 많이 읽은 원고는 더 혼란스럽다. 탁월성과 완벽의 차이는 멈춰야 할 지점을 아는 것, 추가 작업이 불필요해지는 시점을 깨닫고 그 직전에서 멈추는 것이다. 100퍼센트가 아니라 90퍼센트를 겨냥하기. 90퍼센트 수준에서 자신의 시간과 에너지를 최적의 수준에서 사용하기. 스티브 잡스는 가능성의 한계를 밀어붙여 범상치 않은 것들을 만들어 냈다. 하지만 그와 같이 일하는 사람들은 죽도록 스트레스를 받았고 애플사의 시간과 금전 손실도 만만치 않았다. 잡스는 공장 전체를 파란색으로 다시 칠하느라 마이크로프로세서에 치명적인 영향을 끼치는 분진을 잔뜩 끌어들이기도 했다. 컴퓨터 내부 부품 나사가 반드시 금빛이어야 할 필요가 있나? 스티브 잡스도 이 책의 그래프를 보았다면 본인의 스트레스와 요구 수준을 조금 낮추었으려나?

완벽주의는 성공 아니면 실패, 모 아니면 도, 항상 아니면 안돼, 지금 아니면 안 돼, 모두가 아니면 아무도 안 돼 등의 이원론에 갇혀 있다. 매사에 단계와 차이를 둘 줄 알아야 하고, 시간에게 시간을 돌려줘야 한다. 조금 어그러진 데가 있어도 그만하면 성공이라고 볼 수도 있지 않은가? 발전하고 개선될 수 있지 않은가? 이따금 사소한 흠이 보이면 어때서? 여러분의 작업이 0부터 10까지 있는 척도에서 어디쯤 와야만 성공이라고 할 건가?

완벽주의의 또 다른 문제는 이 세상의 그 무엇도 완벽하지 않다는 데 있다. 그런데 완벽주의자들은 불완전한 결과를 직시하느니 차라리 기권해 버리곤 한다. 권태에 대한 두려움과 완벽주의가 합쳐지면 늦장 부리는 버릇이 생긴다. 실패마저 두려워하면 이 기제는 완성된다. 완벽주의자는 머릿속으로만 바쁘고 완벽하지만 가상에 불과한 세계를 생각만으로 건설한다. 그렇지만 데커레이션케이크를 상상만 하는 것보다는 초콜릿에클레어 한 입이라도 실제로 먹는 게 낫다. 현실로 돌아오는 편이 낫다는 얘기다.

탁월성을 목표로 삼는 것은 좋다. 하지만 그러자면 이상주의에서 벗어나 현실주의자가 되어야 한다. 노력 의지가 재능과 운보다 성과가 좋다. '실행 능력'의 가치를 잊지 말자. 실행 능력은 질을 떨어뜨리면서 빨리 해치울 수 있다는 의미가 아니기 때문이다. 하지만 완벽주의를 탁월성에 대한 추구로 변화시키려면 뭐니뭐니해도 인내, 지구력, 끈기가 필요하다. 실패에도 중요한 가치를 부여해야 한다. 아기들은 실패를 좋아한다는 것을 아는가? 아기들은 자기 기대에 어긋나는 결과가 나타날 때마다 굉장히 흥미를 드러내고 이유를 알고 싶어 한다. 아기들은 깜짝 놀라면 웃음부터 터뜨릴 때도 많다. 원숭이들에게는 이 귀한 자질이 남아 있다. 어째서 인간은 이 자질을 잃고 말았을까?

여러분은 지나치게 까다로운 아이가 실패를 너무 심각하게 받아들이지 않게끔 보살펴야 한다. 사람은 반복을 통해(정신적 과잉 활동인 아이들은 반복 학습을 싫어하지만!) 혹은 시행착오를 원동력 삼아 배운다. 지는 것을 두려워해서는 안 된다. 실패 원인을 가급적 빨리 깨닫는다면 그것으로 충분하다. 그러므로 완벽주의를 벗어나려면 자신의 기준을 낮추고, 자기가 바라는 기준에 못 미친 성공도 그 나름대로 인정해야 한다. 여러분의 아이가 자신의 기준을 낮추려면 부모의 무조건적인 사랑이 필요하다. 아이에게 구체적인 예를 들어 주자. 나무가 곧게 자란다고 해서 더 사랑하게 될까? 우리 집 고양이가 완벽하기 때문에 가족 모두의 사랑을 받는 걸까?

이드리스 아베르칸은 실패도 일종의 학위라고 했다.[10] 실패를 심각하게 받아들이면 도전과 시도가 힘들어진다. 그렇지만 혁신은 학교에서 일등만 하는 사람에게서 나오지 않는다. 그런 사람은 적응을 너무 잘하기 때문에 혁신을 꾀하지 않는다. "자주 실패하라, 일찍 실패하라, 매번 실패하라." 이것이 실리콘 밸리의 슬로건이다.

내가 책의 이 단계에서 완벽주의를 다룬 이유는, 정신적 과잉 활동인 아이들의 완벽주의가 상당 부분 일종의 정신적 교만과 관계가 있기 때문이다. 이 아이들은 자기가 한낱 죽을 수밖에 없는 인간임을 좀체 인정하지 못하고 절대적 가치들의 체계에 입각해 있기 때문에 스스로 완벽해지기를 원한다. 그들은 천사가 아니라 인간으로서 살아가는 겸손을 찾아야 한다.

인내와 끈기

정신적 과잉 활동인 아이들은 깜짝 놀랄 만큼 배움의 속도가 빠르지만 어려움에 부딪히면 즉시 좌절하고 방향을 바꾼다. 늘 그렇듯 그들은 쉬운 일을 어렵게 만든다. 그러면서 자기가 바보가 아닐까 두려워한다. 이 아이들은 지루한 것이 죽기보다 싫기 때문에 귀찮고 지겨운 모든 것을 회피한다. 이런 것들이 어떤 일을 그만두게 하는 나쁜 이유로 작용을 한다.

아이에게 학습은 계단식으로 이루어지는 것임을 가르쳐 주자. 처음에는 진도가 빠르다. 그러다가 주제의 핵심으로 들어가면 그때부터 할 것이 많아지고 실제로 좀 지루해진다. 하지만 일단 그 단계를 통과하면 뭔가를 실제로 해 보는 재미가 쏠쏠하다. 그러다 또 다음 단계로 올라서기까지 제자리걸음을 하는 것 같은 느낌이 든다. 예를 들어 외국어를 배울 때 처음으로 읽을 수 있는 단어가 생기고, 짧은 문장을 해석할 수 있고, 외국인이 하는 말에서 단어 한두 개라도 알아들으면 공부가 참 재미있다. 그러다 어느 순간에 가면 문법도 잘 모르고 철자법도 잘 모르니 전혀 발전이 없음을 실감한다. 문법과 철자법 공부가 재미있는 경우는 드물다. 하지만 뼈 없는 사람이 춤을 출 수 없듯이, 문법과 철자법은 기본적으로 필요하다. 모든 배움에는 이처럼 골격 구실을 하는 기본이 있다. 음악을 하는 사람은 솔페주solfège를 알아야 하고, 운동을 하는 사람은 근력과 유연성을 키워야 하며, 고전 무용의 기초를 배워야 다른 종류의 무용도 할 수 있다. 심지어 요리에도 기본기가 필요하다.

챔피언과 다른 선수들의 차이는 기본기라는 제약을 얼마나 잘 받아들이느냐에 있다. 내가 아는 어느 가라테 사범은 제자들에게 이렇게 말한다.

"동작을 열 번 한 사람은 열 번 한 사람으로서의 경험을 갖추게 되고, 동작을 백 번 한 사람은 백 번 한 사람으로서의 경험을 갖추게 되며, 동작을 만 번 한 사람은 만 번 한 사람으로서의 경험을 갖추게 된다. 이게 전부다."

학습의 따분하고 반복적인 측면을 제대로 거치고 가는 사람일
수록 더 빨리, 더 멀리 갈 수 있다. 이게 바로 인내와 끈기다.

절대적인 것들로 이루어진 가치 체계

내가 이제 마지막으로 다루고 싶은 이 아이들의 영적 측면은 절대
적인 것들로 이루어진 가치 체계다. 이 아이들이 생각하는 진솔함,
우정, 정의, 존중은 대단히 기준이 높다.

내가 코칭에서 만났던 정신적 과잉 활동인 어른들은 대개 그
들의 생각을 구태여 반박하는(혹은, 그럴 수 있는) 사람을 만나지 못
한 채 성장했기 때문에 이 극단적인 가치 체계에 여전히 갇혀 있었
다. 그들의 신념은 그들의 정신적 복잡성 수준에 걸맞은 반박을 접
하지 못했으므로 상대화되거나 정도의 차이를 둘 수가 없었다. 이
때문에 그들은 현실을 모르는 순진한 사람 취급을 당하면서 불안
과 서러움을 느낀다.

유연한 가치관을 갖고 싶다면 관점을 달리하고, 반례를 찾아
보고, 가치를 극단적으로 추구한 나머지 부조리해지는 경우를 발
견하고, 가치들의 위계를 생각해 보아야 한다. 가령, 남에게 친절한
게 먼저인가, 내가 사는 게 먼저인가? 찬성 의견과 반대 의견, 이러

한 사고방식의 한계를 살펴보라.

그러자면 여러분의 사고방식도 돌아보고 내공을 키워야 한다. 약간의 도발, 풍부한 철학, 그리고 무엇보다 너무 심각해지지 않으려는 의지가 필요하다. 이 아이들은 인생을 너무 진지하게 생각한다. 아이의 태도가 조금 가벼워져야 여러분에게도 좋다. 아이들은 매사를 토론하고 함께 생각해 보기 좋아한다. 그렇더라도 아이가 생각이 어느 정도 정리된 상태로 부모에게 다가올 때까지 기다려라. 불완전한 이 세상에서 매사가 말처럼 간단할 수는 없다.

예를 들어 보겠다. 인간은 신이 아니므로 실수할 수도 있다. 인간에게는 두려움(방어 반응), 고통(잘못된 반응), 선험적 측면(원래 그런 부분), 쪼잔하고 비열한 짓(무의식적일 때가 많은), 에고이즘, 모순이 있게 마련이다. 이 모든 것과 타협해야만 한다. 발바닥에 가시가 박힌 사자가 사람이 다가오자 포효했다고 해서 비난할 수 있나? 만화 영화 〈키리쿠와 마녀〉[11]는 내가 지금 전하고 싶은 말을 절묘하게 표현해 주었다.

정신적 자극이 될 만한 도발을 내가 살짝 첨가한 몇 가지 토론의 길잡이를 여기서 제시한다.

거짓말. 거짓을 말하는 기술은 만 8세 전후에 습득되는 것으로 보인다. 거짓말도 인간들의 커뮤니케이션에 들어와 있는 일부분이다. 때로는 입을 다물고 침묵을 지킴으로써 거짓을 암시하거나, 핑계를 대거나, 듣기 좋은 인사치레를 하거나, 없는 말을 꾸며 낼 줄도 알아야 한다. 대수롭지 않게 지나갈 일을 들먹여 사이가 틀어지거나 미움을 산다면 너무 바보 같지 않은가! 여러분의 아이에게 의도와 행위의 차이를 가르쳐 주자. 거짓말이라는 행위에도 긍정적인 의도가 숨어 있을 수 있다. 자, 왜 거짓말을 했는가? 상처 주기싫어서, 골치 아픈 일을 피하려고, 스스로 보호하거나 자기가 비밀로 남기고 싶은 부분을 지키기 위해서, 깜짝 놀라게 해 주기 위해서 등 다양한 이유가 있을 수 있다. 가령, 상대의 머리 모양이나 외투가 영 마음에 안 들지만 대놓고 그렇게 말하기보다는 "네 스타일에는 어울려"라고 한마디 해 줄 수도 있지 않은가. '위선'과 '인사치레'의 차이는 의도에 있다. 정신적 과잉 활동인들은 애 어른을 막론하고 사람이 지나치게 투명하다. 그들은 자기만의 비밀의 화원을 가꾸고 자신의 내밀한 부분을 보호하는 법을 배워야 한다. 침묵을 지키는 법, 생각을 소리 내어 말하지 않는 법, 속에 있는 말이라고 다 내뱉지 않는 법 말이다.

친절. 친절은 사회가 필요로 하는 참다운 가치다. 그 이유는 친절이 지속 가능한 집단 지성이기 때문이다. 그렇지만 지금은 친절을 약하고, 어리숙하고, 미숙한 것처럼 생각하는 바보 같은 사람들이 너무 많다. 그러므로 친절을 베풀 때에도 분별력을 기해야 한다. 아무한테나 관계의 백지 수표를 끊어 줘서는 안 된다. 나의 친절은·제대로 가치를 평가받을 수 있을까? 어느 시점부터 친절이 바보짓, 복종, 비겁 행위로 전락할 위험이 있는가? 이 사람은 나의 친절을 누릴 만한가? 자기가 정신적으로 고고하다고 생각하는 사람은 세상에 악인과 악행이 존재한다는 현실을 부정하려는 경향이 있다. 실제로 악의에 피해를 입은 사람들에게 이 피상적인 천사병은 부당하고 폭력적이다. 그렇다, 세상 사람이 다 착하지는 않다. 심지어 몇몇은 아주 사악한 의도를 품기도 한다! 어른이라면 아이에게 그런 것도 가르쳐야만 한다.

개인주의. 작금의 개인주의가 문제라고 말하는 사람들이 많거니와, 그 말에도 일리가 있다. 하지만 개인주의에도 바람직한 면은 있다. 자기 자신과 자기 문제를 돌보면 그런 것들로 남들을 힘들게 하지 않는다. 자신을 돌본다는 것이 목욕을 즐기거나 마사지를 받으러 가는 것만은 아니라고 말해 두고 싶다. 자신의 문제를 용감하게 직시하는 게 먼저다. 통장 잔고를 들여다보고, 소비 계획을 세우고, 빚을 갚고, 거절하는 법을 배우고, 주거 공간을 깔끔하게 만들고, 자주 만나는 사람들을 선택하고, 필요하다면 이직을 하고, 경우에 따라서는 공부를 더 하기도 하고……. 각 사람에게 자신의 신체적·정신적 건강과 감정 관리, 자기가 하는 행동을 책임지게 할 수 있다면 모두가 자기 인생과 마음 상태를 더 잘 다스릴 수 있을 테니 개인주의도 하나의 미덕이 될 수 있을 것이다. 그러니 자신을 망각한 채 남들의 문제에 매달리기보다는 먼저 자신을 돌보고 그 다음에 행복하고 만족스러운 자신을 남들에게 내어 주는 것이 낫지 않을까? 이처럼 개인주의에도 이타주의적 요소가 있지 않을까?

돈. 미국 문화의 영향으로 우리는 돈이 많거나 적다는 사실 자체를 점점 더 편안하게 받아들이지 못한다. 부자가 되려면 스크루지 맥덕처럼 탐욕스럽게 양심을 외면해야 한다. 따라서 돈이 많다는 것은 악이다. 그러나 돈이 없다는 것은 도널드 덕처럼 바보스럽고 게으르다는 뜻이다. 그러니까 가난도 악이다. 고약한 이중 구속 아닌가! 이런 이유에서 나는 유발 노아 하라리가 《사피엔스》[12]에서 보여 준 객관적 접근이 마음에 든다. 그는 화폐를 인류가 고안한 가장 보편적이고 가장 효과적인 상호 신뢰의 체계라고 본다. 돈의 발명으로 인류는 거추장스러운 물물 교환 및 교환 비율 문제의 한계를 벗어났다. 사과 광주리, 기름 단지, 양 떼를 가지고 여기저기 다니는 것보다 주머니에 금속 조각 몇 개를 넣고 다니는 편이 훨씬 덜 거추장스럽다. 그리고 사과 몇 광주리를 내놓아야 양 한 마리를 가져갈 수 있는지 정하기도 쉽지 않다. 돈은 다양한 상품의 가치를 쉽고 빠르게 비교해 준다.

유발 노아 하라리는 이렇게 요약한다. 돈은 보편적인 두 원리에 입각해 있는데,

1. 전환성: 돈이 있으면 당신은 연금술사처럼 땅을 충성심으로, 사법을 건강으로, 폭력을 지식으로 변환할 수 있다.

2. 보편적 상호 신뢰: 서로 다른 두 사람이 화폐를 매개로 어떤 프로젝트에든 협력할 수 있다.

우리는 돈을 비방하기보다 고귀한 물자로 여기는 법을 배워야

할 것이다. 돈은 수단일 뿐, 그 자체로 목적은 아니다. 스크루지 맥덕처럼 금화로 가득 찬 수영장에서 희희낙락해 봤자 어리석은 짓일 뿐이다. 나는 상담에서 곧잘 돈은 우리네 삶에 에너지가 흐르는 방식을 투명하게 상징하는 중립적 에너지라고 말한다. 돈을 어디에 투입했는가? 돈을 어디서 낭비했는가? 결과적으로 누가 나의 에너지를 앗아 갔는가? 어쨌든, 내가 전하려는 메시지는 어른이라면 누구나 돈을 벌 수 있고 지혜롭게 관리할 수도 있어야 한다는 것이다. 자선가의 싹수가 보이는 아이들의 절대적 이타주의를 주의하라. 일을 했으면 돈을 받아야 한다. 샤머니즘도 알력 다툼을 피하려면 공정한 대가가 오가야 한다고 말한다. 공짜는 없다. 언제나 누군가는 돈을 낸다. 지나치게 싼 물건은 생산자를 등쳐 먹은 것이다. 공짜로 뭘 준다면 진짜 상품은 당신일 것이다!

불의. 정신적 과잉 활동인 아이들은 부당하다는 느낌을 유독 못 참는다. 평상시에는 그렇게나 순하고 화를 잘 내지 않는 아이들인데 불의를 감지할 때만큼은 자못 과격해진다. 그들은 불의를 목격하면 감정적으로 고문을 당하기라도 하듯 괴로워한다. 어떻게 하면 이 아이들의 신념에 상처를 주지 않으면서 불의라는 개념에 접근할 수 있을까? 사실, 불의는 까마득한 옛날부터 존재해 왔지만 불공평해 보이는 모습 이면에는 또 다른 사정이 있을 수 있다. 어떤 이들은 넋두리를 잘해서 다른 사람들보다 더 불행해 보인다. 그러나 그들의 불행이 꼭 사실이라는 법은 없다. 이 사람이 불공평하다고 느끼는 처사가 저 사람에게는 공평한 것일 수도 있는데, 가령 회사에서의 승진이 그렇다. 때로는 사정을 온전히 이해하기에는 발단을 잘 모르거나 다른 요소들을 놓치고 있을 수도 있다. 예를 들어, 어떤 이가 집주인이 갑질을 한다고 불평을 했다. 알고 보니 그 세입자는 오랫동안 집세를 내지 않았고 피해자라고 할 수도 없었다.

어떤 문제든 관점이 무엇이냐에 따라서 다르게 보인다. 교통 체증을 예로 들어 보자. 건물 로비에서 봤을 때는 차 세 대가 연달아 그 앞의 빨간색 차에 가로막혀 있는 모습밖에 보이지 않았다. 이때는 빨간색 차가 문제라고 생각할 수 있다. 4층에서 내려다보니 길모퉁이에 트럭 한 대가 정차한 채 상품을 내리고 있었고 빨간색 차는 그 트럭 때문에 오도 가도 못하고 있다. 드론을 상공에 띄워서 도로 상황을 내려다보고 통계를 내어 보니 고질적으로 차가 많이 막히는 시간대와 구역이 파악된다. 그러니 빨간색 차 운전자에게 달려가서 따지기보다는 도시 계획 담당 공무원에게 민원을 넣고 근본적인 대책을 촉구하는 편이 낫다. 세상 모든 문제가 이치는 다 이러하다. 국제적인 문제는 상위 수준에서, 가령 국가 수준에서나 해결할 수 있다. 그렇지만 벌새가 가르쳐 주었던 교훈대로 저마다 자기 몫의 할 일은 해야 한다.

의미를 찾는 아이가 그 의미를 구현할 수 있도록

나는 정신적 과잉 활동인 아이들이 자기가 처한 사정을 잘 모르고 있을수록 진리, 진실성, 선의를 절박하게 필요로 하고 거짓말이나 일관성 없는 태도를 극단적으로 싫어하게 된다고 생각한다. 정신적 과잉 활동에 대해서 알려 주면 새삼 이 모든 사정이 이해가 된다. 나는 이 아이들이 자기가 정신적 과잉 활동인이라는 사실을 알고 난 후로 불완전하고 비논리적인 우리네 인간에게 한결 관대해지는 모습을 자주 보았다.

그러나 불의에 대한 민감성과 완벽주의는 이 정신적 탐색의 일부이기도 하다. 여러분이 아이가 자기 자신을 다 다스릴 수 있도록, 인생을 너무 심각하게 바라보지 않도록 도와주어야 한다. 그렇다. 인간은 최악을 저지를 수도 있으나 최선을 끌어낼 수도 있는 존재다. 동물을 가학적으로 괴롭히고 죽이는 사람들도 있고, 말도 안 되는 위험을 무릅쓰면서까지 동물을 구조하는 사람들도 있다. 화약은 엄연히 존재하는 물건이다. 어떤 이는 사냥과 전쟁에 화약을 쓰고, 어떤 이는 불꽃놀이 쇼에 화약을 쓴다. 선과 악은 세상에 늘 공존해 왔다. 선과 악을 제대로 가늠하려면 둘 다 반드시 있어야만 하는 게 아닐까?

조니 할리데이의 노래 〈선망〉은 이러한 이원성을 잘 표현해 준다.

내게 미움을 주기를, 사랑을 좋아하게끔

고독을 주기를, 사람들도 좋아하게끔

나에게 허다한 말을 쏟아 주기를, 침묵을 좋아하게끔

비참에 맞닿아 돈을 존중하게 되기를

건강을 좋아하게끔 질병을 물리치고

낮을 사랑하게끔 내게 밤을 주오

밤을 사랑하게끔 내게 낮을 주고

오늘을 사랑하게끔 영원을 잊게 해 주오

앞에서 인용했던 스티븐 프레스필드의 말대로 인간은 육신의 배[船]에 갇힌 천사다. 정신적 과잉 활동인 아이들은 지나치게 발달한 그 감성 때문에 하루에도 몇 번씩 자기 주위에서 보이는 광경에 충격받고, 상처받고, 좌절한다. 하지만 그들은 특유의 과민한 감각을 누리는 법도 배우고 인생의 온갖 좋은 면, 가령 이제 막 꽃잎이 벌어진 장미의 기적과 쇼스타코비치 피아노 협주곡 2번을 한껏 누리는 법도 배운다.[13] 육신에 갇혀 있는 것도 썩 괜찮은 일일 수 있다.

10장

사회 규칙

인간은 무리를 이루어 사는 동물이다. 인간은 혼자 살 수 없다. 동굴에 처박혀 살았다는 전설의 은자(隱者)조차도 누군가가 먹을 것을 가져다주지 않으면 온종일 명상만 하고 있을 수 없었다. 우리는 모두 서로에게 기대어 산다. 개인주의의 승승장구는 환상이다. 사회적 관계는 인간의 행복에서 첫째가는 조건이다. 누구나 적어도 어떤 타인에게만큼은 중요한 존재이고 싶다. 신체적 접촉, 애정 표현, 미소, 칭찬이 가장 좋은 약이다. 서로 좋아하고 잘해 주는 관계만 있어도 삶 전반의 불행은 일찌감치 누그러질 수 있다. 그러나 인간관계를 만들기가 쉽지는 않다. 뇌 기능이 서로 전혀 딴판인 사람들의 경우는 더욱더 그렇다. 신경 전형인과 정신적 과잉 활동인은 관계에 대한 욕구도, 관계를 맺는 방식도 자못 다르다. 양측의 규범과 가치 체계가 서로 다르기 때문이다. 일례로, 정신적 과잉 활동인들은 생물 다양성, 신경 다양성을 적극적으로 옹호하고 차이가 우리를 더욱 풍부하게 한다고 생각한다. 그들은 모두가 계산 없이 베풀어야 한다고 생각하고 그렇게 행동하면서 그 와중에 제 잇속을 채우는 사람들을 이해하지 못한다. 반대로, 신경 전형인들은 합의와 절제에서 조화가 비롯된다고 생각한다. 그러므로 개인이 사회에 적응해야지, 사회가 개인에게 맞춰 주기 위해 잘게 쪼개어져서는 안 된다고 주장한다. 사회에 통합되고 싶으면 개인이 자기를 다수에게 맞추는 노력을 해야 한다는 것이다. 규범을 잘 지키면 걱정할 일 없다. 그 규범이 암묵적이어서 정신적 과잉 활동인들은 알아차리지 못할 때도 많지만 그래도 어쩔 수 없다.

정신적 과잉 활동인들은 적응하는 법을 몰라서 자주 비난을 받고 거부당한다. 일반적으로 사고하는 사람들의 규범에 자기를 맞춰 보려 안간힘을 쓸 때조차도 거기서 아무 유익을 찾지 못하고 남들과 연결되어 있다는 느낌도 받지 못한다. 그들은 파티에서 지루해하고 직장에서 자기만 따로 논다고 느낀다. 정신적 과잉 활동인 아이들도 다르지 않다. 다른 아이들이 같이 놀기를 거부하지 않더라도 자기가 같이 놀고 싶은 마음이 별로 없다. 나는 상담에서 이런 말을 많이 들었다. "친구들은 다 축구에 미쳤어요. 걔들은 모르는 선수가 없고, 모르는 경기가 없고, 포토 카드도 엄청 열심히 모아요. 그런데 나는 축구에 관심이 없어요. 쉬는 시간 내내 축구 이야기만 듣는 것도 이제 지겨워요." 여자아이들이라고 해서 사정이 다르지는 않다. 다른 여자아이들이 잘생긴 배우, 아이돌, 텔레비전 드라마, 패션 얘기로 수다를 떠는 동안 어떤 여자아이는 꿔다 놓은 보릿자루 같은 기분이 든다. 성차별적인 발언이 아니라 실제로 쉬는 시간에 아이들이 주로 하는 얘기가 그렇다는 거다. 중학교 졸업

전까지 남자아이들과 여자아이들은 서로 잘 섞이지 못하고 그들의 관심사는 매우 제한되어 있다. 나는 축구에 관심 없는 톰을 위로할 답시고 이렇게 말했다. "통계상으로 보면, 너희 반에도 정신적 과잉 활동인이 세 명쯤은 있을 거야. 너 말고 또 누가 있을지 한번 찾아 볼래? 그 아이들하고는 말이 좀 더 잘 통할 확률이 높거든." 톰이 난처하다는 듯이 이렇게 대꾸했다. "누구누구인지 벌써 알 것 같아요. 그런데 걔들은 다 여자예요!" 어떤 아이는 다른 아이들이 다 바보 같아서 별로 친해지고 싶지 않다고 과감하게 대놓고 말한다. 로이크의 아들이 겪었던 괴로움을 떠올려 보라. "아이는 이 대목을 읽고서 갑자기 울음을 터뜨리더니 한참을 통곡하다시피 했습니다. 그러면서 자기네 반 아이들에 대해서 속내를 털어놓았어요. '바보 같은 애들도 잘만 친구를 사귀는데 나는 왜 그게 안 돼?'"

나는 신경 전형인이 절대다수를 차지하는 이 세상에서 정신적 과잉 활동인이 느끼는 외로움과 좌절의 수준을 수시로 실감한다. 정신적 과잉 활동인은 사람들에게 둘러싸여 있어도 여전히 외롭고 주위의 이해를 얻지 못한다. 사교성을 키우려고 노력하느라 매사에 너무 신경을 곤두세우고, 그렇게 애쓰는데도 결국 실수하고, 이유를 뚜렷이 알 수 없는 부끄러움이나 어색함을 느낀다. 자기주장 워크숍을 진행하면서 이 외로움, 이 고통을 온전히 이해할 기회가 있었다. 내가 진행하는 워크숍이 늘 그렇지만 그때도 참가자는 전부 정신적 과잉 활동인들이었다. 그들은 모두 성인이었지만 어머니를 따라온 열네 살 소녀 마농과 열다섯 살 소녀 쥘리는 미성년자였다. 두 소녀 모두 거절하는 법을 꼭 배워야 할 필요가 있다고 생각해서 워크숍에 참여했던 것이다. 워크숍을 마무리하며 모두 돌아가면서 한마디씩 하는데 마농이 로이크의 아들이 그랬던 것처럼 오열을 했다. '자기와 비슷한' 사람을 이렇게 많이 만나는 것도 처음이고, 자기가 어떤 집단에 들어가서 환영과 호의만 느끼는 경험도 처음이라고 했다. 모두 마농을 둘러싸고 따뜻하게 위로해 주었다. 귀여운 소녀야, 알고 보면 너 같은 사람도 제법 많이 있어. 그런 사람들과는 한결 마음이 잘 맞을 거야. 좀 더 일찍 그들을 만나지 못한 게 안타까울 뿐이지!

이해해야만 적응할 수 있다

안됐지만 여러분의 아이가 현실 원칙을 직시하게 해야 한다. 신경전형인이 세상의 절대다수다. 그들이 전체 인구의 80~85퍼센트를 차지한다. 그들의 세상에서 개인은 사회에 적응해야만 한다. 하지만 적응을 하려면 먼저 그들의 논리를 이해해야 한다!

일반적으로 사고하는 사람들에게 가장 중요한 가치는 집단의 결속을 유지하는 것이다. 그들이라고 해서 이게 쉬운 일은 아니다. 그들은 집단의 결속을 도모하고자 저마다 아주 많은 것을 양보한다. 갈등을 촉발하고 집단을 와해시킬 법한 요소는 조심스럽게 피한다. 특히 지나치게 감정적인 주제라서 사이가 틀어질 법한 대화, 관계를 지나치게 좁힐 위험이 있는 아주 사적인 논의는 삼간다. 공허한 대화, 관습적인 활동, 피상적으로만 합의된 의견들도 무슨 수를 써서라도 집단을 지켜야 한다는 목표에 비추어 보면 대단히 지혜로운 처사다. 신경 전형인들은 쓸데없이 분란을 일으키지 말라고, 공연한 도발은 하지 말라고 요구한다.

정신적 과잉 활동인들은 진리, 진실성, 진정성을 추구하지만 그런 건 소용없다. 인간은 원래 과오를 범하고, 변덕스러우며, 모순적인 존재다. 타인의 허물을 찾아내기는 쉽다. 허물을 들추어내는 것은 비생산적이다. 지적질은 모욕적이고, 결국 원한과 미움만 산다. 마찬가지 맥락에서, 모든 문제를 철저히 들추어 봤자 성과는 없고 모두가 피곤해한다. 삶은 문제투성이다. 하나를 해결했다 싶으면 언제나 그 뒤에서 또 다른 문제가 있다. 어차피 끝은 없다. 그러니 진정하라! 문제를 하나하나 지적하는 것보다는 문제들 속에서 사는 법을 배우는 게 낫다. 이러한 시각에도 나름의 지혜가 있다.

마지막으로, 여러분이 알아야 할 것이 있다. 마음을 터놓고 소통하고 싶은 욕구, 속을 다 꺼내서 보여 주고 싶은 욕구가 신경 전형인들을 질리게 한다. 그들은 그 정도 수준의 친밀함을 바라지 않는다. 간략히 말해, 일반적으로 사고하는 사람들은 변화를 요구할 이유가 별로 없다. 그들에게는 이 세계가 잘 맞는다. 그들은 이 세계에 풍파가 일어나기를 원치 않는다.

정신적 과잉 활동인 아이에게 이러한 사정을 잘 설명하려면 어른이 먼저 말로 표현되지 않은 쟁점과 목표를 – 한쪽은 암묵적으로 다 알지만 다른 한쪽은 이해하지 못하는 것들을 – 파악하고 말로 옮겨 줄 수 있어야 한다.

사회의 묵시

정신적 과잉 활동인 어른들도 아이들과 똑같은 문제들 속에 갇혀 있다. 감각 과민, 감성 과민, 감정 과잉……. 본인도 건전지처럼 금방 발끈하는 사람인데 어떻게 아이에게 침착한 태도를 보여 준단 말인가? 무엇보다도, 어른이 되어서도 사회가 암묵적으로 전달하는 메시지들을 파악하기 힘든데 어떻게 아이에게 그런 것을 가르친단 말인가? 의미를 따질수록 사회적 규칙을 이해하기는 까다로워진다. 정신적 과잉 활동인들은 어떻게 아무 생각 없이 "안녕하세요"라고 말할 수 있느냐고, "어떻게 지내세요?"라고 물어 놓고서 대답은 듣지도 않을 수 있느냐고, 서로 따져야 할 것이 많은데 의견 일치를 본 척할 수 있느냐고 분개하곤 한다. 이따금 나는 부모가 규칙에 동의를 못 하는데 아이가 규칙을 배우지 못하는 것도 당연하지 않을까 생각한다! 자, 기본으로 돌아가자. 집단으로 놀 때는 반드시 공통의 규칙이 있어야 한다. 그러한 규칙은 늘 다소간 임의적이다. 축구공을 왜 발로만 차야 하는가? 테니스공은 왜 한 번만 땅에 닿아야 하나? 보드게임에서 왜 다른 사람의 말이 이미 차지한 칸에 들어가면 원래 있던 말은 출발점으로 돌아가야 하는가? 블롯게임을 할 때는 왜 으뜸 패의 색깔을 정하는가? 단지 함께 놀기 위해서다. 다른 이유는 없다.

집단생활도 마찬가지다. 사회의 암묵적 규칙들은 불완전하고 문제의 소지가 있지만 우리가 더불어 살게 해 준다. 요즘은 꼰대 소리를 들을까 봐 아무도 '예의범절'을 들먹이지 않는다. 그렇지만 이 같은 예의범절의 부재가 사회 전반의 무례하고 막나가는 분위기를 조성했다. 정신적 과잉 활동인들은 의미를 필요로 하기 때문에 아이들에게 여기서 소개하는 가장 기본적인 네 가지 인사치레의 의미를 알려 주면 좋을 것 같다.

안녕하세요/안녕히 가세요. "안녕하세요"나 "안녕히 가세요"는 타인이 있음과 없음의 차이를 인정하는 말이다. 그러므로 이 말은 인간으로서의 타인에게 중요성을 부여한다. 인사를 하지 않으면 사람을 사물 취급하는 것이다. 사물화된 사람에게는 자기가 필요할 때만 말을 거는 법이다. 그러므로 "안녕하세요"는 상대가 정말로 안녕한가를 물어보는 것이 아니라 그저 상대에게 '나는 당신을 인간으로서 인정합니다. 나는 당신을 한낱 가구처럼 여기지 않습니다' 라고 말하는 것이다.

부탁드립니다/고맙습니다. 당연히 얻은 것과 선물로 받은 것, 취함과 받음, 부탁과 요구를 구분하는 데 이 인사치레는 빠질 수 없다. 부탁할 줄도 알고 고마워할 줄도 아는 사람은, 뭐든 손가락만 튕기면 뚝딱 얻을 수 있는 게 아니라는 현실을 이해한다. 예의 바르게 부탁하는 법을 배우지 못한 채 유아적인 전능 환상에 머물러 있는 사람들도 많다. 그들은 거저 주어진 선물에 아무런 가치를 부여하지 못한 채 영원한 불만족과 좌절 속에서 살아간다.

잠시 실례해도 될까요?/들어가도 될까요? 세상에는 세 종류의 공간이 있다. 나의 사적 공간, 타인의 사적 공간, 공용 공간. 아래 그림으로도 설명되는 이 공간은 물리적 영역과 심리적 영역을 모두 가리킨다. 우리는 소통의 시간과 고독의 시간 양쪽 모두를 필요로 한다. 때로는 친구를 원하지만 금세 또 자기 영역을 침범당한 기분이 들기도 한다. 이러한 예의범절의 표현은 공간들의 차이를 인정하고 나와 타인 사이의 거리를 관리할 수 있도록, 다시 말해 상호 침범 없이 함께하는 시간을 가질 수 있도록 도와준다.

소통은 자기 세계의 한 조각을 나눠 갖는 것이다.

죄송합니다. '죄송합니다'라는 말은 일상어에서 그 무엇으로도 대체될 수 없는 기능을 담당한다. 이 말은,

- 자신이 끼친 피해의 실상을 인정한다는 뜻. (사실과 결과를 인정함.)
- 자신이 책임을 진다는 뜻. (비록 의도적으로 한 일이 아니었다고 해도.)

이 표현은 의도와 결과가 본질적으로 구분되도록 한다. "죄송합니다"는 자존감에 가장 이롭게 작용하는 표현들 중 하나이기도 하다.

예의범절의 표현을 단순한 빈말로만 생각해서는 안 된다. 이 말들이 인간관계에서 아주 근본적이고 중요한 의미 작용을 담당하기 때문이다. 예의는 상호적이고, 예의의 본보기 역시 상호적이다. 그러므로 어른이 먼저 본을 보여야 한다. 내가 여러분에게 이 암묵적인 규칙들의 토대를 잘 납득시켰기를 바란다.

다른 사람들과의 소통

아이가 다른 사람들과 잘 소통하고 살려면 다음과 같은 요소가 계발되어야 한다.

- 아이가 기준으로 삼는 어른과의 안정적 관계.
- 협조적 행동.
- 사회적 자질.
- 사회 문제에 대한 해결 능력.

아이에게 기준이 되는 어른과의 관계는 아이에게도 어느 정도 달려 있으나 어른이 크게 좌우한다. 앞에서 살펴보았듯이, 자기가 남들과 다르다고 느끼고 허구한 날 꾸지람을 듣는 아이가 어른들과의 관계를 안정감 있게 느끼기란 쉽지 않다. 어른은 아이에게 가르치고 싶은 행동의 본보기가 되어야 한다. 셀린 알바레즈는 《아동의 자연법칙》에서 자신과 보조 교사가 아이들에게 가르치고 싶은 침착하고 참을성 있는 행동의 본을 보이고 늘 바르고 고운 말을 쓰려고 각별히 신경을 썼다고 말한다.[1] 알바레즈와 보조 교사는 서로 의견이 맞지 않을 때 지혜롭게 갈등을 관리하는 모습을 보여 주었다. 이 평화로운 교실 분위기에서 아이들도 자연스럽게 사교적이고 협조적인 행동을 계발할 수 있었다.

정신적 과잉 활동인 아이들에게 협조적 행동은 당연한 것이 아니다. 협조는 '양보'를 해야 한다는 의미인데 '양보'가 그리 달가운 말이던가! 유머 작가 프랑크 뒤보스크는 인터뷰에서 자기는 어렸을 때 남들이 자기 규칙을 따라 주지 않아서 남들과 노는 게 싫었다고 말했다. 예를 들어 기사 놀이를 할 때 프랑크 뒤보스크는 상상 속의 군마에 그럴싸하게 오르는 흉내를 내고 싶어 했다. 그렇지만 다른 아이들은 엉터리로 말 타는 흉내를 내고 정신없이 뛰어다니기 바빴고 뒤보스크는 약이 올라서 놀이고 뭐고 집어치워 버렸다!

여럿이 하는 놀이나 단체 스포츠는 사회적 상호 작용의 건전한 요소들을 가르쳐 준다. 아이들은 이런 활동을 하면서 페어플레이, 자기 차례 기다리기, 자리 양보하기, 친구를 격려하거나 칭찬하기 등을 배운다. 또한 승리와 패배도, 따로 또 같이 배운다. 같은 팀 친구들과 힘을 합치는 것도 배운다. 무엇보다, 여럿이 노는 재미가 혼자 노는 재미보다 더 크다는 것을 배운다. 가족이 함께 어울려 노는 시간이 별로 없다니, 참으로 안타까운 일이다! 화면(텔레비전, 스마트폰, 태블릿 등)이 사람을 고립시키고 사회적 어려움을 악화한다는 것을 반드시 기억하라. 게다가 이러한 기기의 최면 효과가 정신적 과잉 활동인들에게는 몇 배로 강력하게 나타난다.

'협조'라는 단어가 어른과 아이의 상호 작용이라는 맥락에서는 또 다른 의미를 지닌다. 우리 어른이 아이에게 기대하는 '협조'는 사실상 복종과 유순함이다. 어른의 지시가 어떤 식으로 주어지든, 직접적이든 간접적이든, 빈정대는 말이었든 좋게 구슬리는 말이었든, 그 안에는 명령이 숨어 있다. '너는 따라야 해. 넌 내가 한 말을 이유도 묻지 말고 토 달지 말고 그대로 따라.' 일반적 사고를 하는 아이는 이 무언의 지시를 찰떡같이 알아듣기 때문에 이 지시를 못 알아듣는 정신적 과잉 활동인 아이는 무례하고 당돌하다는 오해를 받는다. 마찬가지 맥락에서, 지시의 의미를 파악하려는 욕구가 불복종의 핑계로 오해받기도 한다. 복도에서 미끄럼을 타다가 교장 선생님에게 혼났던 아이 파벨을 기억하는가? 신경 전형인 아이라면 고개를 숙이고 다시는 그러지 않겠다고 해야 한다는 것을 누가 일러 주지 않아도 안다. 그걸로 다 해결된다. 그럼, 파벨 같은 아이에게는 어떻게 해야 하나? 대놓고 말해 줘야 한다. "담임 선생님, 교장 선생님, 급식실 선생님은 네가 선생님들이 하는 말에 군소리 없이 따르기를 바라. 네가 이유를 몰라도, 네가 그러기 싫어도, 무조건 따라야 하는 거야. 축구를 할 때 심판의 판정에 무조건 따르는 것처럼 말이야. 선생님이 어떤 식으로 말하든, 그 말에 어떤 지시가 숨어 있는지 네가 알아내서 따라야 해."

일곱 살인 엠마는 이걸 몰랐기 때문에 담임 선생님과 마찰을 빚었다. 아이는 울면서 집으로 돌아갔다. 담임 선생님은 엠마에게 버릇없고 잘난 체하며 자기밖에 모르는 아이라고 했다. 엠마의 어머니는 담임 선생님에게 면담을 요청했다. '선택' 교외 수업을 하게 되어 있는데 엠마가 자기는 관심 없다면서 수업을 거부한 것이 문제였다. 담임 선생님의 머릿속에서 선택 교외 수업은 결코 학생이 '선택'할 수 있는 사안이 아니었다. 하지만 엠마는 '선택'이라는 단어의 함정에 빠져 자기에게 선택권이 있다고 생각했던 것이다.

아이가 '숨은 합의' 개념을 이해하기 쉽게 지시 알아맞히기 놀이를 해 볼 수도 있겠다. 어른이 명확하고 간단하게 지시하지 않는 경우가 참 많다. 교장 선생님도 "학교 복도에서 미끄럼을 타서는 안 돼"라고 말해도 될 것을 "파벨! 너 선생님이 학교에서 미끄럼 타는 거 봤냐!"라고 했다. 꼬아서 하는 말 아닌가? 자, 내가 여러분에게 목욕을 하라고 지시하는 입장이라 치자. 이 입장에서는 어떤 식으로 말을 꼬아서 할 수 있을까? "벌써 시각이 이렇게 됐네……. 네 발에서 냄새나는 것 같지 않니?" "너는 목욕을 좋아하는 아이잖아?" "세상에 비누가 있어서 참 다행이다, 그렇지?" "아이고, 나 같으면 지금 당장 욕실로 뛰어갈 텐데!" 등등. 이 놀이의 목표는 즐겁게 웃으면서 메시지를 해독하고 암묵적 의미를 찾는 반응을 익힐 수 있도록 도와주는 것이다. 아이는 지시를 금방 알아낼 뿐 아니라 여러분에게 절묘한 문제를 들이밀 것이다! 그러면서 여러분도 발전하게 될 것이다.

사회적 자질

이른바 '사회적 자질'을 정신적 과잉 활동인들은 당연하게 갖추고 있지 않다. 그 자질에는 어떤 것들이 있는지 알아보자. 생각만큼 까다로운 자질도 아니다. 사람들이 사회성이 괜찮다고 보게 되는 자질은 다음과 같다.

- 인사, 미소, 적절한 시선 맞추기. (눈을 피하지 않되 지나치게 눈을 오래 맞추지 않는 정도.)
- 관찰, 칭찬, 질문.
- 말없이 경청하기, 특히 상대의 말을 잘 듣고 있다는 표시 보여 주기.
- 자기 차례 기다리기, 나눠 갖기, 승리 혹은 패배를 겸손한 자세로 받아들이기.
- 철학적 자세로 거부를 받아들이기. 모두의 마음에 드는 사람이 될 수는 없다.

'더불어 사는 삶'에서 비롯되는 몇 가지 보완적 규칙도 있다. 우리는 세상을 혼자 살지 않는다. 그러므로 타인의 공간과 평정심을 지켜 줘야 한다. 도서관에서 소리를 내면 안 되고, 열차 안에서 큰 소리로 전화 통화를 해서는 안 되며, 폐쇄된 공간에서 냄새를 풍겨서는 안 된다.

외모에도 신경을 쓰자. 우리의 겉모습 또한 피해 갈 수 없는 규범들에 속해 있다. 정신적 과잉 활동인들은 으레 남들의 눈에 자기가 어떻게 보이든 상관없다면서 어깨를 으쓱한다. 그들은 외려 외모를 중시하는 사람들을 약간 깔보는 경향이 있다. "수사복을 입는다고 수도사가 되지는 않는다"라는 말이 꼭 들어맞는 것은 아니다. 수도사가 해수욕장에서 끈 팬티 같은 수영복만 입고 있으면 누가 그 사람이 수도사인 줄 알까! 복장은 그 사람에 대해서 많은 것을 말해 준다. 복장에도 규칙 체계가 있다. 웨딩드레스를 입고 장을 보러 가지는 않는다. 각 사람은 자기가 돋보이게끔 머리 모양, 신체의 청결, 의복 등에 신경을 써야 한다는 사회의 암묵적 지시가 있다. 이러한 사회적 자질을 아이에게 길러 주는 것은 부모 소관이다. 정신적 과잉 활동인 아이들에게는 이런 부분도 명시적으로 설명하고 다소 훈련시키듯 해야 한다.

심리 조종자 어른들

정신적 과잉 활동인 아이들은 일관성과 정확성에 집착한다. 어른들이 어림짐작으로 하는 말, 앞뒤가 안 맞게 하는 말에 이 아이들은 혼란스러워한다. 그래서 껄끄러운 부분을 붙잡고 전체적으로 일관된 답이 나올 때까지 집요하게 파고든다. 불완전한 우리 인간들은 그 모습을 대하며 기가 죽는다. 이처럼 지치지도 않고 늘 근본부터 뒤집어 보려는 태도를 받아들이려면 어른이 건실하고 체계가 잘 잡힌 사람이어야 한다. 본인의 심리가 불안정하고 삶이 불만족스러울수록 진실성을 추구하는 아이 앞에서 평정심을 잃기 쉽다. 지나치게 명석한 이 아이들에게 반감을 드러내는 어른이 많은 이유도 여기에 있다.

심리 조종자들은 진실성과 일관성이 없기로는 누구에게도 지지 않는다. 그들은 그때그때 기분에 따라 거짓말을 하고, 허세를 떨고, 위협하고, 겁주고, 유혹한다. 그들은 병적인 전능 환상을 행사할 뿐, 어떤 논리도 없다. 그러니 통찰력이 있고 매사에 논리를 따지는 정신적 과잉 활동인 아이는 그들에게 몹시 거추장스럽다. 심리 조종자들은 호감형 가면으로 그들의 진짜 얼굴, 음울하고 미움 많은 민낯을 감춘다. 그런데 이 아이들은 겉으로 보이는 모습에 쉽게 속지 않는다. 그들은 가면 너머를 보고, 심리 조종자들도 자기 진짜 얼굴이 들켰다는 것을 안다. 이 때문에 심리 조종자 어른들은 이 아이들을 원수 삼고 못 잡아먹어 안달한다.

엠마의 담임 선생님은 '의무적인 선택' 수업이라는 핑계로 엠마의 남다른 통찰력에 벌을 주었다. 이 교사는 늘 긴 머리, 하이힐, 미니스커트, 진한 화장을 고수했고 남들 눈에 예쁘게 보이는 데 집착하는 여자였다. 그 반 여자아이들은 살아 있는 바비 인형 같은 담임 선생님을 선망의 대상으로 삼았다. 하지만 엠마만은 그렇지 않았다. 그 애는 자기 엄마에게 이렇게 말한 적도 있었다. "나는 선생님이 별로 예쁘다고 생각하지 않는데 선생님은 그게 싫은가 봐!" 어른이 아이를 유혹하는 입장에 있으면 아이는 아부를 하든가 꿈쩍도 하지 않든가 한다. 그런데 정신적 과잉 활동인 아이들은 아부를 할 줄 모른다. 그들이 꿈쩍도 하지 않은 대가를 비싸게 치르는 이유다. 심리 조종자들은 자기 앞에서 설설 기지 않는 사람은 다 자기에게 반항하는 거라고 생각한다. 여러분의 아이가 심보가 삐뚤어진 교사에게 괴롭힘을 당한다면 해결책은 없다. 그저 조금 덜 당하는 방법들이 있을 뿐이다. 아이에게 세상에는 미성숙한 어른들도 있다고 설명해 주자. 전학은 아이가 (몇 없는) 친한 친구와 생활지표를 갑자기 잃게 되므로 생존 전략이라고 하기 어렵다. 어쨌든 부모가 아이 옆을 지키고 보호하면서 긍정적인 기운을 불어넣어야 한다. 문제는 심리 조종자이지, 아이가 아니다!

정신적 과잉 활동인 아이들은 친절이 천성인지라 심리 조종자들이 이유 없이 부리는 심술을 이해하지 못한다. 아이들은 이 심술에 속수무책으로 당하고(그들은 상대가 힘들고 불행해서 그러는 거라 생각한다) 잔인성과 악의의 분출을 이해하지 못한다. 그들은 상대가 공격적으로 나오는 이유를 고민하다가 결국은 자기를 문제시할 수밖에 없고 가해자에게 핑계를 찾아 주기에 이른다. 세상에는 나쁜 사람도 엄연히 있다고, 일탈 행동은 어떤 경우에도 용납하지 말라고 어른이 아이에게 가르쳐야 한다. 그리고 괴롭힘으로 볼 수 있는 행동을 지적하고 고발하는 것 역시 어른이 해야 할 일이다. 그렇지만 기준은 간단하다. 내가 나 자신에게 절대로 허용할 수 없는 일은 남들에게도 허용하지 말라.[2] 학교 폭력 문제는 뒤에서 다시 한 번 다루겠다.

자기주장은 바람직한 소통의 첫걸음

협조성과 사회적 자질 외에도 정신적 과잉 활동인 아이가 꼭 배워야 할 것이 바로 자기주장이다. 과잉 적응이 이 아이의 발목을 잡는다. 우리는 거짓 자기를 다루면서 그러한 사정을 이미 살펴보았다. 여러분이 직접 본보기를 보인다는 조건에서, 아이에게 다음과 같은 얘기를 해 주자. 여러분 자신도 다시 한번 마음에 새기면 좋을 얘기다!

싫다고 말하는 것은 나의 영역이 침범당하지 않게끔 선을 그어 주는 것이다. 소중한 정원이나 텃밭을 함부로 짓밟히는 일이 없도록 울타리를 치는 것처럼 말이다. "남들이 멈춰 줬으면 싶은 때, 그 사람들은 그때를 모르기 때문에 네가 말해야 하는 거야." 그렇지만 선을 정하려면 자기가 먼저 그 선을 알아야 한다. 자신의 목소리를 듣고, 자기를 존중하고, 자신이 '예스'인 영역과 '노'인 영역을 파악하고, 의심을 박차고 나와야 한다.[3] 아무 보답도 하지 않는 이에게 전부를 내어 주는 인간관계는 절대 금물이다. 그러한 관계는 공정하지 않다. 관계가 상호적인지 반드시 확인해야 한다. 당신이 뭔가를 준다는 이유로 당신을 좋아하는 사람은 당신을 일종의 공급자로서 좋아하는 것이다. '노'라고 말한 적 없는 사람의 '예스'는 아무 가치가 없다. 여러분에게나, 다른 사람들에게나, 넘어서면 행동이 부적절해지는 선은 정해져 있어야 한다. 지나치게 친절하다,

영 친절하지 못하다, 관계에 너무 에너지를 쏟는다, 관계에 성의가 없다 등 뭔가가 너무 심하거나 너무 부족하다고 말하려면 선이 있어야 한다.

조화의 추구와 거절에 대한 두려움에도 선을 그어야 한다. 모든 사람의 마음에 들 수는 없다. 모든 사람과 뜻이 잘 통할 수는 없다. 우리에게는 자주 만나고 친하게 지낼 사람을 스스로 선택할 권리가 있다. 그리고 내가 정말 좋아하는 사람하고도 싸울 일이 없으란 법은 없다. 아이에게 사람에게 실망하지 않는 가장 좋은 방법은 너무 기대하지 않는 것이라고 말해 주자. "네가 사랑이나 우정을 너무 대단하게 생각하면 분명히 실망하고 상처받을 거야. 게다가 기대가 적으면 너에게 주어지는 것을 더 감사히 여기게 되고 소중히 할 수 있을 거야."

갈등을 관리하는 법

싫다고 말하기는 자신의 권리를 존중받기 위해 반드시 내디뎌야 할 첫걸음이다. 그러나 때로는 거부를 표시하는 것으로 충분치 않다. 세상 모두가 타인의 권리와 공간을 존중하며 살지는 않기 때문이다. "싫습니다"라고 한번 말하면 알아듣는 사람이 있는가 하면, 어떤 사람은 한번으로 못 알아듣고 또 다른 사람은 기어이 선을 넘는다. 이 경우 과감히 갈등에 뛰어들어야 한다. 하지만 갈등을 건설적으로 돌파하려면 노하우가 필요한데, 어른들도 이러한 노하우를 구사할 줄 모르는 경우가 많다.

애들 싸움은 애들끼리 해결해야지 어른이 끼면 안 된다고 생각하는 사람들이 너무 많다. 이건 비극이다. 애들이 자기네끼리 싸워서 배우는 거라고는 제일 사납게 달려드는 놈이 이긴다는 것밖에 없다. 실제로 공격은 효과가 좋다. 만 5세 이하 아이들의 경우, 공격 행위의 80퍼센트는 보상을 얻는다. 공격을 당하는 아이가 공격하는 아이의 뜻에 따라 주든가, 어른이 '그래, 네 맘대로 해라' 식으로 봐주는 것이다. 게다가 부모와 교사가 남자아이의 공격 행위는 좀 더 너그러운 눈으로 보는 경향이 있다. 반대로, 여자아이에게는 복종과 참을성을 권하는 경향이 있다. 어느 연구 조사에 따르면 어머니가 여자아이에게 놀이에서 양보를 하라는 식으로 말하는 비율은 남자아이에게 그렇게 말하는 비율보다 세 배나 높다고 한다. 그러므로 남자아이, 여자아이 가리지 않고 자기주장을 가르쳐야만 남자아이들의 과도한 공격성과 여자아이들의 부적절한 복종을 바로잡을 수 있다. 게다가 우리 아이들이 타인의 압력에 지지 않고 버티기를 원한다면 자기주장은 필수적으로 가르쳐야 한다.

알력 관계를 금지하고 갈등을 평화적으로 해결하는 법을 보여주는 것은 어른의 몫이다. 셀린 알바레즈는 유치원 교실에서 이 몫을 훌륭하게 해냈다. 사실, 그렇게까지 어려운 일도 아니다. 어른들도 갈등 관리의 기법을 배우고 익히면 크게 도움을 얻을 것이다.

아이의 문제 해결을 돕고 싶다면 일단 잘 들어 주고 다정하게 대해 주자. 한창 흥분해 있을 때는 갈등을 건드릴 생각도 말라. 문제를 다른 각도에서 볼 수 있을 만큼 차분해질 때까지 기다려야 한다. 그다음에는 이 각도에서는 어떤 행동이 부적절했고 저 각도에서는 또 어떤 행동이 부적절했는지 돌이켜 보라. 그러고 나서는 다른 사람 입장도 되어 보아야 한다. 만 5세 이상의 아이는 충분히 남의 입장에서 생각해 볼 수 있다. 그 후, 아이가 스스로 해결책을 제안하게 하자. 우리는 자기 입에서 나온 해결책을 가장 좋아하게 마련이므로, 아이가 가급적 여러 가지 해결책을 스스로 내놓게 하라.

일반적으로, 안전하게 발언할 수 있는 공간에서 건전하고 진실한 대화를 나누는 습관을 들이면 무력과 위협이 지배하는 관계에서 벗어날 수 있다. 가정과 학교를 막론하고, 저마다 솔직하게 발언할 수 있는 자리가 수시로 생기면 학급 집단이나 가족 집단에 긍정적인 시너지가 일어날 것이다. 학교 폭력을 다루는 장에서 이 얘기를 좀 더 해 보기로 하자.

스위스 워크숍에 참여했던 아이들은 정신적 과잉 활동에 대해서 알게 된 후로 자연스럽게 재사회화되었다. 자신이 어떻게 다른지 알고서 자기답게 살기로 하는 것이 인간관계에서 가장 중요하다. 그리고 나면 소통에 '불협화음'이 발생해도 왜 그러한 오해가 생겼는지 이해할 수 있으니까 덜 심각하게 받아들인다. 정신적 과잉 활동인도 일반적으로 사고하는 사람들의 규범 체계를 배울 수 있다. 인류학자도 토착민 부족의 규범 체계를 공들여 연구하면 현지에서 그들에게 실수하지 않는다. 그 규범 체계를 알아야 한다. 알고서 실제로 따르느냐 마느냐는 각자의 자유지만, 일단 알고는 있어야 한다.

현재, 신경 전형인들의 세계는 정신적 과잉 활동인들이 자기네 규범 체계를 익히고 자기네 관점을 따라서 일방적으로 적응해 주기를 기대한다. 그렇지만 정신적 과잉 활동인 문화라고 부를 수 있는 것도 있다. 모든 문화는 다른 문화에서 많은 것을 배운다. 그러므로 신경 전형인 문화와 정신적 과잉 활동인 문화도 서로를 배려하고 존중하면 좋겠다.

영혼의 가족

그렇긴 해도 정신적 과잉 활동인들끼리는 좀 더 마음이 잘 통한다. 마농이 경험했듯이 나만 이런 게 아니다, 나처럼 머리가 돌아가는 사람들이 더 있다라는 발견은 굉장히 행복한 것이다. 그리고 나면 인간관계가 쉽고 분명해진다. 영재 학교, 영재반은 점점 늘어나는 추세다. HP(높은 잠재력) 아이들끼리 모아 놓으면 아이들이 한결 편하게 지낸다. 정신적으로 조숙한 아이들과 그들의 부모를 위한 만

남의 장이나 야유회를 알아보는 것도 좋다. 건설적이고 도움이 되는 말을 많이 듣고 재충전도 할 수 있을 것이다. 그렇지만 아이가 '영재' 판정을 받지 않았다면 그러한 모임에 참석하기 어려울 수도 있다. 전형적이지 않지만 '영재' 딱지가 없는 아이는 불명확한 지대에 머물러 있다. 그렇기 때문에 부모가 아이가 자신과 비슷하게 두뇌에서 불꽃이 튀는 다른 아이들을 만나려면 어떻게 해야 하는지 고민해야 한다. 여러분이 먼저 블로그나 인터넷 카페를 개설해 보면 어떨까?

11장

오늘날의 학교, 모두가
다 아는 이야기

나는 교사 집안에서 태어났다. 아버지가 교사였고, 할아버지는 교장까지 지내셨다. 어릴 적 할아버지께 받은 축하 카드를 아직도 몇 장 가지고 있는데 활자로 찍어 낸 것처럼 완벽한 보라색 손글씨가 정말 교사의 그것 자체다. 나는 어릴 때 학교를 참 좋아했다. 마르셀 파뇰*의 열렬한 애독자였던 나는 교육과 종교의 분리를 중시하고 교직을 세속의 성직처럼 여기는 강직한 교사 조제프 파뇰에게 반했다. 그 시절의 아름다운 향수에 젖어 바칼로레아를 통과한 후 바로 초등 교원 학교 입학시험을 봐서 합격했다. 그 시절에는 초등 교원 학교가 2년제였다. 초등 교원 자격을 얻고 나서 2년간 교사로 근무하고는 완전히 질려서 학교를 떠났다. 나의 소명, 나의 환상을 다 접고 도망치듯 나왔다! 내가 초등 교원 학교에 다니던 시절에는 68혁명 이후 신(新)교육학 이데올로기가 대세였다. 나는 그 교육학자들의 이론이 말만 번지르르하고 알맹이가 분명치 않다고 생각

---

* 프랑스의 국민 소설가 중 한 사람으로 초등학교 교사였던 부친 조제프 파뇰을 모델로 삼아 쓴 소설 《마르셀의 여름》 연작으로 큰 사랑을 받았다. (옮긴이)

했다. 그들은 우리에게 '다 만들어져 있는 처방전'은 주지 않겠다고 했다. 그럼, 그들이 우리에게 뭘 가르쳐 주었느냐고? 그들의 가르침의 핵심은 교사가 가르쳐야 할 것을 아이가 스스로 발견해야 한다는 것이었다. 현대 교사의 모토는 "나도 몰라, 하지만 우리 함께 알아 보자꾸나"가 되어야 했다. 콜뤼슈가 주연을 맡아 열연했던 영화 〈담임교사〉¹가 딱 그 시절에 나왔다. 그 영화는 일종의 풍자화로 여겨졌다. 하지만 풍자화라니, 천만의 말씀이다. 영화 속에서 어떤 교사 컨설턴트가 콜뤼슈의 교수법 개선을 돕겠다고 나선다. 컨설턴트는 하지 않으니만 못한 일을 자꾸 벌이고 결국은 꼴이 우스워진다. 그 영화는 웃겼다. 하지만 나는 절대 웃을 수 없었다. 초년 교사 시절, 우리 반에도 그런 컨설턴트가 있었고 내가 직접 영화보다 더 불쾌한 경험을 했으니까.

학교를 떠나고서도 몇 년 동안은 새 학년이 시작되는 철마다 자유와 행운을 만끽했다. 난 이제 학교 관계자가 아니었다! 나는 지금도 일 중독자 소리를 들을 만큼 일을 많이 하지만 교직에 있으면서 학기 말마다 느꼈던 그 특수한 성격의 무시무시한 피로는 어디서도 느껴보지 못했다. 당시 나는 이십 대 초반이었다. 지금도 교사들의 용기가 감탄스럽다. 정말이지, 교사들에게는 방학이 꼭 있어야 한다! 나는 교직을 떠났지만 교육, 연수, 강연, 워크숍 등으로 학교를 드나들 기회는 많았다. 학부모와 학생은 물론, 교사도 자주 만나 봤다. 내가 만난 학부모와 학생 들은 대부분 배움에 열의가 있고 매우 협조적이었다. 반면, 교사들은 나를 적대시하곤 했다. 특히 학교가 나를 외부 인사로서 초빙하게 되는 원인을 제공한 교사들이 그랬다. 이 경우, 나는 교사들이 얼마나 밑도 끝도 없이 불쾌하게 굴 수 있는가를 실감했다. 모 학교 교사 위원회는 내가 진행하는 워크숍을 망치려고 꼼수를 부리다가 그날 행사를 마칠 즈음에는 괜히 그런 것 같다고 허심탄회하게 고백하기도 했다. 교사들을 모아 놓고 '사이코(심리)–' 운운해서 기분이 나빴는데 내가 구체적이고 호의적인 태도로 진행을 해서 마음이 풀렸다나. 그들은 만약 내가 올 줄 알았더라면 질문을 미리 준비했을 것이다. 스테판 퓌리나도 교사들을 두고 '애들보다 더 큰 문제!'라고 결론 내리지 않았던가.[2] 그나마 다행인 것은, 내가 만난 교사들도 대다수는 자기 일에 매우 헌신적이었고 몇몇은 개방적인 정신의 소유자였다. 나는 그런 모습을 발견하면 무척 기뻤다. 교직을 힘들어하는 교사를 개인적으로 코칭할 기회도 여러 번 있었다. 기업은 직원이 심리 치료나 상담을 받으면 더러 비용을 부담하지만 교육부는 절대 그러는 법이 없다. 교사들이 교실에서 겪는 일이나 과도한 업무, 일방적으로 부과된 교수법, 제도 기관의 무시에 얼마나 힘들어하는지 상상도 못할 것이다. 어떤 프랑스어 선생님은 라틴어와 그리스어를 가르치면 안 된다는 지시가 내려오자 허탈해서 어쩔 줄을 몰랐다. 새 학년이 시작되기 직전에 스스로 목숨을 끊은 교사도 있었다. 학교 당국은 이 여교사가 심리적으로 매우 힘든 상태에 있다는 것을 알면서도 네 개 학년의 수업을, 그것도 띄엄띄엄 조각난 시간표로 맡으라고 강요했다. 그녀는 나에게 도저히 그 수업과 시간표를 감당하지 못할 것 같다고 털어놓은 적이 있었다. 지금도 수많은 교사들이 자기 일의 의미를 실제 업무 속에서 잃어 가고 있다. 유머 작가 안 로마노프가 말한 대로다. "예전에는 교사가 천직이라고 했지요. 지금은 교사 일을 하려면 진짜 신앙이라도 있어야 해요!"

사람들에게 교직에 대해서 물어보면 대부분 선생님은 되고 싶지 않다고 대답한다. 그렇지만 지금 프랑스는 이토록 보상 없는 일에 묵묵히 헌신하는 교사들을 칭찬하고 고마워하기는커녕 교사들은 방학이 길어서 좋겠다, 그런데도 걸핏하면 병가나 휴직을 쓴다 하며 흉보기 바쁘다. 한때는 학생이었던 그들에게 어떤 고통, 어떤 트라우마, 어떤 원한이 있기에 교사들에 대한 증오에 가까운 비방이 끊이지 않는 걸까?

나는 교직을 그만두면서 '이 썩어 빠진 교육 제도에 맡길 바에는' 아예 아이를 낳지 않겠노라 결심했다. 하지만 그 결심을 지키지 못했고, 나 역시 학부모가 되었다. 아이의 유치원 입학에서 고등학교 졸업까지 학부모 입장에서 경험한 교육부는 교사로서의 경험은 양반이었다 싶을 만큼 최악이었다. 많은 학부모가 그렇듯 나도 내 아이가 학교에서 힘들어하는 것을 알면서도 아무것도 할 수 없는 무력감을 느꼈고 학교에 경고를 하려 할 때마다 현실 부정과 어리석은 처사를 접했다. 나와 교사들의 관계는 갈수록 나빠졌다. 내 아이가 다녔던 중학교 교장은 내가 '정말 사람 질리게 하는 여자'이고 '자기 학교 교사 중에서 내 아이를 위해 사소한 일이라도 해 주는 사람은 한 명도 없을 거라고' 소리를 지르기까지 했다. 내가 학교 폭력이 의심된다고 – 거의 매년 응급실을 가야 했을 정도였으니까 – 세 번이나 알렸지만 학교가 인정하지 않아서 학기 중간에 전학을 시킨 적도 있다. 사립 학교로 전학시킨 후에는 학비도 많이 들었고 공립 학교에서 제대로 배우지 못한 부분을 보충하느라 과외비도 엄청나게 썼다. 나는 아직도 교사 면담 트라우마가 있다. 학교에 찾아갈 때면 늘 속이 불편하고 목에는 뭐가 걸린 것 같고 다리가 후들거리고 손이 떨렸다. 면담을 마치고 철철 울면서 나온 적도 한두 번이 아니다. 수많은 어머니와 몇몇 아버지가 나에게 자기들도 지금 그렇게 산다고 말해 주었다. 정말 희한한 노릇은, 교사들끼리도 서로를 두려워한다는 것이다. 교사도 학부모 입장에서 자기 아이 담임을 만나러 갈 때는 그렇게 두렵고 떨린다나?

한 사람 한 사람 개인으로 놓고 보면, 간혹 예외가 있기는 하나 학생들은 잘해 보려는 의지가 있고, 교사들도 그러한 의지가 있으며, 학부모들도 의지라면 빠지지 않는다. 그런데 어쩌다가 그들은 이토록 껄끄럽고 비생산적인 관계로 맺어졌을까? 역설적이게도 공교육 체계가 낳은 고통이 그들의 공통점이다. 공교육이라는 공룡이 우리 모두를 짓누른다.

국민을 바보로 만들려고 작정했나?

학교가 학생의 정신을 열어 주고 자유로운 사고의 실마리를 제공해야 한다고 생각하는 사람은 영화 〈죽은 시인의 사회〉[3]를 다시 보기 바란다. "캡틴, 오 나의 캡틴"이라는 외침이 학교에 울려 퍼진다. 이런, 내가 결말을 미리 말해 버렸다! 학교는 개인이 장차 사회에서 잘 살아가도록 준비시키는 기관이다. 아이들은 학교에서 주로 복종하는 시민이 되는 법을 배운다. 학교에서 '좋은' 학생은 하라는 대로 하는 학생, 질문이고 뭐고 없이 잘 외우고 반복하는 학생이다. 반면, 정해진 절차를 따르지 않고 스스로 생각하고 말하는 학생은 당장 벌을 받는다.

장폴 브리겔리는 교사이자 에세이스트다. 그는 오랫동안 교과서 집필진으로도 일했다. 그의 책 《바보 제조소》[4]는 산업이 저급 노동력을 필요로 하니까 학교가 책임지고 중졸 학력자의 수를 늘렸다는 의견을 내놓았다. 저자는 5학년에서 4학년으로 넘어가는 과정[*] 형식만 복잡해지고 내용은 없다고 비판했다. 실제로 영재 소리를 듣던 아이, 정신적 과잉 활동인 아이들이 희한하게도 바로 이 단계에서 학업에 흥미를 잃고 성적이 떨어지기 시작한다. 이 아이들의 복잡한 뇌가 형식에 미혹되어 비교적 쉬운 내용을 파악하

---

[*] 한국 기준으로는 중학교 2학년에서 3학년으로 넘어가는 과정. (옮긴이)

지 못하는 건 아닐까?

엘리자베트 뉘츠는 《일루셔니시트 학교》[5]에서 한 걸음 더 나아간다. "세계적으로 학업을 중단하는 학생들이 늘고 있다. 결국 어떤 아이들이 그렇게 됐을까? 통합 교육의 틀에 자신을 끼워 맞추기에는 지나치게 분석적인 15~25퍼센트의 개인들이 점진적으로 전쟁터를 떠나는 추세다. 분석적인 사람은 민주주의의 효모 역할을 한다. 분석이 없으면 주도적 정신도 없고, 주도적 정신이 없으면 민주주의도 없기 때문이다."

국민을 바보로 만들려는 정치적 의지라도 있는 걸까? 그럴 가능성도 배제할 수 없지만 길게 보아 그 계산은 글러먹었다. 어리석고 조종당하기 쉬운 군중은 그들을 꽉 잡고 있다고 생각하는 이에게도 쉽사리 등을 돌리기 때문이다. 게다가 기계에 의한 자동화로 저급 노동력의 수요는 낮아졌으나 엔지니어, 컴퓨터 공학자, 의사 등의 전문 인력은 곧 모자랄 것으로 보인다.

현재 프랑스 교육의 파행에서 그 기원의 영향을 부정할 수는 없다. 68혁명 이후 신교육학파 학자들은 기존의 모든 것을 끊어 내고 완전히 새로운 교육학을 만들기 원했다. 이 이데올로기는 더 나은 교육학 전략을 객관적으로 연구한 결과가 아니라 사춘기 청소년처럼 단순히 기성세대를 거부한 결과였을 뿐이다. 우리는 초등교원 학교에서 이 이데올로기를 주입받으며 우리가 케케묵은 학교에 쌓인 먼지를 털어 낼 새로운 바람이 될 거라 믿었다. 얼마나 많은 동문이 – 내가 그랬던 것처럼 – 이 임무에 자기가 투입됐다고 생각했을까? 학교 현장에 가 보고 내 열의는 확 식었다! 새로운 방법론이 서서히 현장에 적용되었다. 후퇴는 불가능했다. 신교육학자들은 발톱을 곤두세우고 으르렁대며 자기네 방법론에 의혹을 제기하는 사람은 죄다 '꼰대' – 이보다 심한 욕은 없었다! – 취급했다. 이 때문에 교육부 장관이 여러 번 바뀌었지만 그들은 모두 이 방향으로 계속 나아가는 정책들만 취해야 했다. 클로드 알레그르 장관은 '개혁이 불가능한 매머드'라는 표현까지 썼다. 이 사춘기의 질풍노도가 지금도 우리네 학교 교육의 근간에 있다. 그 결과는 참담하다.

교육부가 열등생이다

슬슬 들통나기 시작했다. 지금의 프랑스 학교는 재앙이다. 쥘 페리 장관 시절의 프랑스 학교는 문맹을 타파했다. 지금은 글을 못 읽는 인구의 40퍼센트가 학교에서 나온다.[6] 최근 PISA[7] 보고서에 따르면 프랑스 학생의 학력 수준은 72개 국가 중 26위다.

PISA는 순전히 학교에서의 학습 결과만 따지는 게 아니라 젊은 두뇌를 과학 분야에 집결시키는 프랑스의 역량에 대해서도 의문을 제기한다. OECD 회원국은 평균적으로 대학 졸업장이 필요한 학문적 분야에 진출할 생각을 하는 비율이 학생 네 명 중 한 명꼴이지만 프랑스로 오면 이 비율이 다섯 명 중 한 명꼴로 떨어진다. 게다가 프랑스 학생들은 과학 공부를 덜 좋아하는 것으로 나타났다. 여학생과 남학생의 과학에 대한 흥미도는 큰 차이가 있었다. 프랑스는 과학 교육에 있어서 성차별적인 면이 있을뿐더러 사회적 불평등을 재생산하는 경향도 다른 나라들보다 두드러졌다. 만 15세 학생의 학업 성취도에서 학생의 사회 경제적 환경이 학력에 미치는 영향이 OECD 평균은 13퍼센트였으나 프랑스는 무려 20퍼센트 이상으로 나타났다.

최근 PIRLS[8]도 2001년부터 2016년까지 프랑스 초등학생의 읽기 능력이 계속 떨어지기만 했음을 보여 주었다. 프랑스는 14점 감점으로 조사 대상국 중 34위였다. 만 10세 프랑스 아이는 유럽 다른 나라의 – 벨기에 프랑스어권은 제외하고 – 또래 아이들에 비해 읽기 능력이 떨어진다. 러시아와 싱가포르는 이 조사에서 최상위권을 차지했다. 이 두 나라는 전체 아이의 4분의 1이 '매우 뛰어남' 수준에 도달해 있었다. 프랑스에서 이 수준에 들어가는 아이는 전체의 4퍼센트에 불과했다.

현 교육청소년부 장관 장미셸 블랑케는 이 조사에서 교훈을 얻은 듯 보인다. 그는 '우선 교육 지대' 초등학교 1, 2학년을 수준에 맞게 분반하고 음절 중심 읽기 수업으로 돌아갈 것을 촉구했다. 또한 문화부와 손잡고 아동 및 청소년의 독서를 진작시키고 있다. 이번만은 음절 중심 읽기로 돌아간다고 해도 아무도 호통을 치지 않왔다. 68혁명 이후 신교육학파는 이제 현역에서 물러났기 때문이다. 이 모든 노력이 결실을 맺기를 바라자.

해결책은 있다

프랑스 교육부는 반항밖에 할 줄 모르는 사춘기 청소년 같은 교육학자들을 상대하느라 지난 40여 년간 발전을 할 수가 없었다. 그래서 그간의 긍정적 시도들이, 비록 드물고 잘 알려지지 않았을지언정, 더욱 소중하다. 몇 가지 소중한 시도를 짚고 넘어가고 싶다. 소피 가르고위치는 인구가 500명밖에 안 되는 마을[9]의 젊은 면장이다. 그녀는 교육부가 학력을 인정하는 최초의 몬테소리 공립 학교를 설립하기 위해 열과 성을 다했다. 이 프로젝트에는 마을 학교를 폐교 위기에서 구해 내고, 부모들에게 대안 교육의 선택지를 제공하며, 새로운 주민을 유인할 수 있는 요소를 만든다는 삼중의 목표가 있었다. 캉 옆에 붙어 있는 마을 에루빌생클레르도 1977년부터 셀레스탱 플레네*의 교육 이념으로 운영되는 공립 유치원과 공립 초등학교를 ― 공립이니까 무상 교육이다 ― 주민들에게 제공했다.

---

* 프랑스의 교육학자. 자유로운 학습과 글쓰기를 중심으로 하는 대안 교육을 제안했다. (옮긴이)

마지막으로, 셸린 알바레즈는 젠빌리에[10] 유치원에서 혁신 프로젝트를 이끌었지만 교육부가 이 실험을 더는 지원하지 않기로 했기 때문에 안타깝게도 끝을 보지 못했다. 그렇지만 그녀는 분명히, 너무 확실하게 결과를 보여 주었다. 아이들의 행동 면에서나 인지 능력과 학습 능력 면에서나 눈부신 성과가 나타났다. 셸린 알바레즈는 이 실험에서 '아동의 자연법칙'을 끌어냈고 같은 제목으로 책을 냈다. 이 책이 큰 성공을 거두었음은 결코 부인할 수 없다.[11]

그러나 이렇게 아름다운 시도는 여전히 드물다. 공교육의 퇴보를 확인하고 대안 학교로 눈을 돌리는 부모가 점점 늘어나고 있다. 대안 학교는 사립이기 때문에 학비 부담이 있다. 어떤 사립 학교는 정말로 돈이 많이 든다. 사설 교육 단체 기관은 국가의 지원을 전혀 받지 못한다. 그래서 이러한 기관은 결사의 자유를 보장하는 1901년 법이나 학부모들의 자발적 모임으로 유지된다. 인간관계나 세력 다툼에 좌우되기 쉬운 소규모 단체의 특성상, 이러한 교육 기관은 매우 불안정하다. 그렇지만 대안 학교는 지금 잘나가고 있다. 통계 수치가 말해 준다. 현재 프랑스에서 교육부의 지원과 감독을 받지 않는 학교는 1168개가 있다. 매년 이런 학교가 100여 개 새로 생긴다. 대안 학교 및 유치원에서 공부하는 아이는 이미 6만 명이 넘는다. 대안 학교는 교수법을 자유롭게 선택할 수 있다. 대안 학교의 유일한 의무는 고등학교를 졸업할 때까지 공교육을 받은 학생과 동일한 수준의 교과 지식을 갖추게끔 교육해야 한다는 것뿐이다. 대안 학교의 43퍼센트는 몬테소리 학교, 29퍼센트는 프레네 혹은 발도르프 학교, 나머지 28퍼센트는 특정 종교를 가르치는 학교나 에스페랑스방리외* 같은 특수 학교다. 마리아 몬테소리가 개발한 교육법은 북미와 전 세계에 퍼졌다. 몬테소리 학교는 126개국에 2만 5000여 개가 있다. 몬테소리 교육의 국제적 성공은 경쟁과 점수 매기기를 거부한 데서 비롯되었다. 게다가 이 교육은 구체적이고 직관적으로 이해 가능한 교구 활용에 바탕을 둔다. 마지막으로, 몬테소리 교육은 상호 모순되는 것처럼 보이는 요구들을 조화시켰다. 아이들이 어려서부터 학구적인 활동을 재미있게 자율적으로 하게 한 것이다. 몬테소리는 '엘리트' 교육법으로 간주되지만 누구나 접근 가능하고 형편이 열악한 아이들에게서도 우수한 성과를 낸다. 하지만 무엇보다 중요한 것은, 이 교육법이 아이와 그 아이의 개인적인 학습 기제를 중심에 두고 교사는 아이 한 사람 한 사람을 호의적으로 경청하는 위치에 둔다는 것이다.

---

* 슬럼화되기 쉬운 교외 지역의 청소년들에게 양질의 교육을 제공하는 것을 목표로 하는 프랑스 단체 (옮긴이)

현실 원칙을 받아들이기를

아이와 부모가 모두 정신적 과잉 활동인이라면 부모도 아이 못지않게, 아니 그 이상으로 감성이 예민하게 발달한 완벽주의자이자 이상주의자일 것이다. 부모는 세상의 불완전함, 다시 말해 그의 눈에 차지 않는 학교와 교사 때문에 속이 상하고 화가 치민다. 그는 아이가 완벽한 세상에서 자라는 모습을 보고 싶다. 그래서 자신의 이상적 기준에 못 미치는 부분을 조목조목 집어내고 수시로 격분할 것이다. 하지만 부모가 아이의 학교생활에 감정적으로 동요하고 분노하는 모습을 보이면 아이의 감정도 증폭된다. 아이는 속상해하는 부모를 보면서 죄책감을 느끼고 그다음부터는 힘들다는 말을 하지 않을지도 모른다. 그와 동시에, 부모가 그런 감정으로는 교사나 학교와 소통하기 힘들게 되고 상황은 더욱 악화될 뿐이다. 내가 이 방면으로는 잘 알아서 하는 얘기다. 나는 교사들의 감정을 상하게 하고 그들과 원수지는 데 선수였다. 나는 너무 늦게야 깨달았다. 하지만 여러분을 돕기 위해서, 내가 학부모였을 때 누군가 나에게 말해 주었더라면 좋았을 얘기들을 해 보겠다.

부모가 할 일은 상황을 상대화하여 너무 심각하지 않게 나타내고 아이가 공상에서 벗어나 현실을 직시하게끔 하는 것이다. 5C의 법칙을 아는가? C'est Con, mais C'est Comme Ça(바보 같지만 사실이 그런걸)! 단호하지만 친절한 길잡이와 함께 현실 원칙을 직시한 아이는 부모의 생각 이상으로 잘 적응을 한다. 우리에게 필요한 거리를 두는 법을 알아보자.

우리는 저마다 초등학교에서 상처를 입거나, 권력 남용을 목격하거나, 모욕을 당했거나, 교사가 일기 검사나 생활 통지표에 농담 같지만 상처가 되는 말을 써 주었다거나 한 기억이 있다. 아프고 쓰라린 기억이지만 그 기억과 거리를 두고 좀 더 성장해야만 한다. 프랑스 교육 시스템에서 만 12세부터 15세까지 중학교 4년 동안 - 유급은 치지 않더라도 - 아이들은 교사, 대체 교사, 그 외 선생님 역할을 하는 어른들을 100명 가까이 만난다. 어떻게 껄끄러운 일이 한 번도 없을 수 있겠는가? 어떻게 모든 선생님이 상냥하고 마냥 좋기만 하겠는가?

교사는 평균 35년을 학교에서 일한다. 다들 그렇듯 교사도 매사가 잘 풀릴 때가 있고 개인적 문제, 사별, 질병 등으로 유독 힘들 때가 있다. 교사라는 직업은 우리가 흔히 생각하는 것보다 업무 강도가 높다. 퇴근 후에도 수업 준비, 채점 등에 많은 시간을 들여야 한다. 교직 서열은 짜증스럽고 유치하며, 동료 교사들과의 관계가 늘 원만한 것도 아니고, 선생님을 우습게 보는 학생과 진상 학부모는 심심찮게 등장한다. 교사가 어떻게 짜증 한 번 안 낼 수 있겠는가? 잘못된 판단이나 실언이 어떻게 한 번도 없을 수 있겠는가? 선생님의 한계를 시험하는 학생들 때문에 진이 빠지고, 부모는 자기애가 어른들을 싸움 붙이고 노는 걸 빤히 보면서도 모른다. 나는 강연에서 부모들에게 강력하게 말한다. "그런데요, 부모님들이 정말 알고 계시는지 모르겠어요. 학교에서 가르치지 않은 개념을 시험 문제에 내는 선생님은 없어요. 교사들이 그렇게까지 바보는 아니거든요! 그런데 애들은 배우지도 않은 게 시험에 나왔다고 막 그러잖아요? 애가 수업 시간에 자느라 못 들었는지도 몰라요." 그러면 어떤 부모는 몹시 당혹한 표정을 짓는데 실제로 그런 경험이 있었나 싶다. 저 부모가 시험 문제를 따지러 갔을 때 교사는 또 얼마나 난처했을까.

부모가 현실을 제대로 보라는 뜻에서 더 세게 말할 때도 있다. "교사는 유모나 베이비시터가 아닙니다. 엄마를 대신하는 사람은 더욱더 아니고요. 교사는 심리 상담사나 사회 복지사도 아닙니다. 가끔 일시적으로 그런 역할을 맡아 주기도 하지만 그게 교사의 일은 아니에요. 교사는 주어진 교과 및 교재, 교수법을 활용해 학생을 가르치는 사람입니다. 교사는 교과 내용을 정해서 완벽하게 숙지하지요. 아이가 교과 내용을 잘 배우고 숙제를 잘해 가면 교사하고는 아무 문제가 없는 겁니다."

물론 내가 하는 말도 어느 선까지만 맞다. 그래도 여러분이 압박 수위를 낮추는 데에는 도움이 될 것이다. 부모부터 학교 문제를 너무 심각하게 생각하지 않아야 아이가 학교생활을 덜 고역스럽게 받아들인다.

셀린 알바레즈의 실험은 대단한 화제가 되었다. 그녀의 책은 베스트셀러다. 수많은 교사가 각자의 자리에서나마 알바레즈를 본받으려 했지만 그녀처럼 교육부에서 자유 재량권을 받지 못했다. 부모들도 그러한 성과를 압도적으로 지지했다. 그들은 알바레즈의 가르침을 적용하고 싶었지만 자기네 힘만으로는 경쟁과 공격성이 팽배한 교육 현실에서 그럴 수가 없었다. 나는 프랑스도 이제 변하기를 바란다. 언젠가는 실현될 학교 개혁을 기다리면서, 그때까지 여러분의 정신적 과잉 활동인 아이가 학교에서 살아남는 데 도움이 될 몇 가지 구체적인 팁을 제시해 보겠다.

12장

성공적인 학교생활의 팁

이 장에서는 정신적 과잉 활동인 아이가 교육 체계를 이해하지 못해서 좌절하는 일 없이 학교생활을 잘할 수 있도록 몇 가지 실마리와 팁을 소개하겠다. 어떤 오해는 치명적일 수 있다는 점을 부모와 교사가 아는 것이 중요하다. 서로 상대의 입장에 설 수 있어야 소통의 어려움을 타개할 수 있다. 학교가 이해하고 포용할 수 없을 만큼 이 아이들의 욕구가 많고도 유별난 것은 아니다. 몇 가지 간단한 개량만으로도, 지시의 본질을 잠시 짚어 주는 것만으로도 아이들은 심리적으로 훨씬 편안해지고 학교생활을 잘할 수 있다.

전체에서 부분으로 진행하려는 욕구

아이에게 "자, 엄마랑 가자!"라고 해 보라. 대부분의 아이는 엄마를 따라나선다. 정신적 과잉 활동인 꼬마는 바로 일어나지 않고 목적지부터 묻는다. "어디 가는데요?" 이 아이는 공부를 할 때도 목적지를 알아야 한다. 그래서 교사들이 학년 초에 전체적인 교육 과정을 설명해 줘야만 이 아이들은 자기가 배우는 단원이 전체 맥락에서 어디쯤 해당하는가를 알 수 있다. 그러한 수고는 힘이 많이 들지 않으면서 아이에게 큰 도움이 된다. 교사가 이렇게 해 주지 않으면 부모가 아이와 함께 교과서를 들춰 보고 단원 목차를 짚으면서 큰 그림을 파악할 수 있다. 전체에서 출발해서 부분으로 들어가기, 학년 초에 전체 얼개를 파악하기, 그날 배운 것이 전체에서 어느 부분에 해당하는지 그때그때 확인하기, 일상에 구체적으로 적용해 보기 등. 아이를 학습에 집중할 수 있도록 하는 이 요구들이 과연 지나친가?

의미에 대한 욕구

정신적 과잉 활동인 아이들에게 교육 과정은 너무 이론적이고 너무 세분화되어 있다. 이 아이들은 자기가 배우는 것이 의미가 있기를 원한다. 이유를 모르거나 이해하지 못하는 상태에서 뭘 배운다는 것이 이 아이들에게는 거의 불가능하다. 이들은 또한 자기가 배운 것을 다른 개념들과 연결하기 좋아한다. 이론과 구체적 적용을 연결 짓기가 그렇게 어렵지만은 않다. 가령, 서번트 증후군 작가 대니얼 태멋은 《너른 하늘 껴안기》[1]에서 수학적 사고에 한 장 전체를 할애했다. 그가 가진 수학에 대한 애정은 전염성이 있고, 수학이 얼마나 우리의 일상 속의 축복이 될 수 있는지 구체적으로 보여 준다. 기회가 되는 대로 학습을 현실과 연결해 주자. 가령, 읽기 연습을 제품 설명서나 레시피로 해 보는 것도 하나의 방법이다. 인테리어 상점에 가면 1제곱미터당 마루판 가격이 얼마나 되는지 함께 알아보자. 집에 돌아가서 방 하나의 바닥을 새로 깔려면 비용이 얼마나 드는지 실제로 방 크기를 재어 보고 함께 계산해 보자. 과학과 역사를 영화, 책, 박물관 및 명소 견학으로 더 가깝게 배우자. 교육 과정의 연장과 연결을 돕는 활동이라면 다 좋다. 이러한 활동이 배움을 정신적 구조에 통합하려는 욕구를 채워 준다.

교실에서 일어나는 배움이 의미를 가지려면 아이가 교사의 교육 목표를 신뢰하도록 만들어야 한다. 선생님이 왜 이런 식으로 접근을 할까? 모두 이해시키기에 가장 좋은 방식이니까 그러시겠지. 연습 문제는 왜 풀라고 하실까? 충분히 익히기 위해서, 다 이해했다는 것을 보여 주기 위해서 그래야 하겠지. 선생님이 낱말들을 베껴 쓰고 첫 글자가 자음인 낱말에 동그라미를 치라고 했다고 치자. 선생님은 몇 가지 목표를 염두에 두고 그런 지시를 내린 것이다. 낱말 베껴 쓰기는 쓰기 훈련이다. 손 글씨는 쓰면 쓸수록 좋아진다. 낱말의 철자법도 익힐 수 있다. 자음으로 시작하는 낱말에 동그라미를 치라고 했다면 낱말의 첫 문자를 알고 자음, 모음을 아는지 확인할 수 있다. 이러한 활동이 여러분에게는 시시해 보일지 모르지만 매우 어려워하는 아이들도 있다.

파벨은 '단어들을 배치하여 문장을 만드시오' 유형의 문제를 왜 풀어야 하는지 몰랐다. 아이는 일부러 엉터리 문장을 만들어 놓고 재미있어했다. '고양이가 물약을 준비한다.' '마녀는 고양이 밥을 배운다.' '아이가 공부를 먹는다.' 얼마나 재미있는가! 담임 선생님은 파벨의 답안을 못마땅하게 여겼다. 아이에게 학교에서는 실제로 있을 법한 내용을 담은 문장을 써야 한다고 이해시키려면 어떻게 해야 했을까?

하지만 학교에서 배우는 것에서 늘 의미를 찾기가 쉽지는 않다. 이때는 이 배움을 더 큰 프로젝트와 연결시켜야 한다. 예를 들면 이런 식이다. '나는 나중에 세계를 무대로 일하고 싶어서 영어를 공부해.' '나중에 내가 가고 싶은 명문대에 들어가려면 수학 점수를 잘 받아야 해.'

때로는 아이를 현실 원칙 앞에 세워야 한다.[2] "사람이 재미있는 일만 하고 살 수는 없어. 가령, 세금 신고는 귀찮지만 생략할 수 없어. 안 하면 문제가 생기는 일이니까 하는 거지, 의욕이나 동기가 있어서 하는 일이 아니야. 너에게 모든 일을 늘 설명하고 진행할 수는 없어. 그냥 원래 그런 거야. 너는 그런 게 어디 있느냐고 할지 모르지만 아무도 네 의견은 묻지 않아. 그냥 하라는 대로 해야 할 때도 있어. 그러지 않으면 골치 아픈 일이 생기거든."

하지만 정신적 과잉 활동인 아이가 굉장한 장난꾸러기일 수도 있다. 나는 가끔 아이들에게 컴퓨터 게임은 의미를 따지지 않고도 잘만 하지 않느냐고 놀리듯 말하곤 한다. 마법의 검이나 생명의 물약 아이템, 혹은 점수를 얼마 획득하면 다음 단계로 올라간다는 규칙은 무조건 받아들이지 않는가. 학교에서도 사회 점수가 마법의 검이고 수학 점수가 단계 승급으로 가는 생명의 물약이라고 생각해 보면 어떨까. 아이들의 웃는 얼굴을 보면 우리가 말이 통했구나 싶다.

영양가 있는 내용에 대한 욕구

우리는 앞에서 이 아이들이 배움의 욕구가 크지만 교실에서는 울고 싶을 만큼 지루해하는 것을 보았다. 학업 중단이나 학교 공포증을 방지하려면 이 뜨겁게 돌아가는 뇌를 차지하고 채워 줘야 한다. 월반도 부분적으로는 해결책이 될 수 있다. 아이가 같은 반 친구들과 나이 차이가 나더라도 자기 또래 아이들과 한 반에서 내처 죽도록 지루해하는 것보다는 낫다. 월반만으로 아이가 학습에 매진하게 되지는 않는다. 하지만 정신적 과잉 활동인 아이들의 집중력을 자극하는 것은 생각만큼 어렵지 않다. 예를 들어, 팔짱을 끼고 듣기만 하면 지루하고 힘들다. 그 점은 어른들도 마찬가지다. 정신적 과잉 활동인들은 손으로 낙서를 하면서도 수업에 집중을 잘 한다. 나는 교사들이 아이가 수업 시간에 그림을 끼적거리는 정도는 허용해야 한다고 생각한다. 하지만 정신이 딴 데 팔리는지 오히려 가만히 있을 때보다 집중하는지 알 수가 없으니 현실적으로는 그렇게 하기가 어렵다. 한편, 아직 그럴 나이가 안 됐어도 수업을 필기해도 좋다고 하면 이 아이들은 좀 더 편하게 받아들인다. 교사는 자기가 수업을 진행하는 동안 아이가 뭘 썼는지 확인해도 좋다. 지루함을 덜어 주는 또 다른 팁으로, 수업 중 과제를 (제대로) 마친 아이들은 교실 한쪽 구석에서 자기가 읽고 싶은 책을 읽게 해 보라. 혹은 함께 살펴본 주제를 좀 더 깊이 있게 다룰 기회를 주어도 좋겠다. 심화 문제 풀기, 백과사전 찾아보기, (재미로) 더 알아보기, 발표 준비하기 등의 선택지도 있다.

사실 정신적 과잉 활동인 아이들은 - 이 주장에는 논란의 여지가 있겠지만 - 타고난 선생님들이다. 이 아이들이 문제를 금방 해치우고 심심해하거든 수업 내용을 진도가 조금 늦은 아이들에게 설명해 주라고 하자. 그들은 친절한 성품, 끈기, 독창적인 두뇌를 한껏 발휘하여 친구들의 공부를 잘 도와줄 것이다. 그렇지만 몇 가지 유의해야 할 점은 있다.

- 쉬는 시간에 정신적 과잉 활동인 아이를 괴롭히는 아이의 공부를 도와주라고 해서는 안 된다.
- 아이는 어디까지나 학생의 위치에 머물러야 한다. 아이가 선생님의 조교 역할을 하는 작은 어른이 되어서는 안 된다.

- 아이가 의욕을 가지고 즐겁게 하는 일이 아니면 시키지 말라.

- 도움을 받는 아이가 원치 않으면 시키지 말라.

아이가 선생님의 '귀염둥이'로 찍혀서 반 아이들에게 은근히 따돌림을 당할 위험은 걱정하지 않아도 된다. 만약 그런 정황이 보인다면 그 아이는 이미 전부터 따돌림을 당하고 있었을 것이고 그런 임무를 맡지 않았어도 마찬가지 입장이었을 것이다. 아이가 끈기 있게 공부를 도와준 친구들은 아이를 좀 더 친절하게 대할 것이다.

정서적 욕구

정신적 과잉 활동인 아이는 선생님을 좋아해야만 공부를 열심히 한다. 이건 확실하다. 담임 선생님이 우둔하고 진실성이 없거나 아이를 밉상으로 봤다면 그해는 물 건너간 거다. 선생님에게 애정을 쏟고 싶은 이 욕구는 어른이 똑똑하고 논리적이고 진실하기를 바라는 욕구이기도 하다. 교사가 교실 문을 닫고 지각생들을 들어오지 못하게 하면서 "학교는 중요한 거야!"라고 말하면 정신적 과잉 활동인 아이는 그 모순적인 처사에 충격을 받고 반감을 느낄 수밖에 없다. 어떤 중학생은 나에게 원래 친절하지만 학생들에게 관심이 없는 선생님과 원래는 엄하지만 학생들이 잘되기를 진심으로 바라는 선생님을 확실히 구분할 수 있다고 말했다. 내가 바칼로레아에 응시했던 해에 물리·화학 선생님은 우리와 함께 시험 결과가 나오기를 기다려 주셨다. 선생님은 합격생들을 축하해 주시면서 자기 일처럼 기쁨의 눈물을 흘리셨고, 낙방생들은 따뜻하게 위로해 주셨다. 그 시절에, 그렇게 시험 결과 공고가 날 때 학생들과 함께한 선생님들이 몇 명이나 있었던가?

티투앙은 중학교 1학년이다. 그 애는 '영재' 판정을 받았지만 수학 점수가 형편없어서 상담을 받으러 왔다. 티투앙이 굉장히 똑똑한 아이라는 것은 확실했다. 눈에 총기가 있고, 묻는 말에 속사포처럼 대답했으며, 추론은 흠잡을 데가 없었다.

내가 아이에게 물었다. "뭐야, 티투앙, 너 정말 똑똑한 아이로구나. 그 점은 틀림없어! 너 같은 아이가 왜 수학 점수를 이렇게 받아오는 거야?" 티투앙이 눈살을 찌푸리고는 이렇게 대꾸했다, "선생님이 꽝이에요!" 나는 대화를 더 끌고 나갔다. "그래, 선생님이 꽝일 수도 있지. 하지만 너처럼 우수한 두뇌를 가진 아이는 선생님이 잘못 가르쳐도 수업 내용을 다 이해할 수 있잖아. 학교 수학 시험 정도는 너에게 식은 죽 먹기야. 그러니까 다시 한번 물을게. 어떻게 수학 점수를 이렇게 받아올 수가 있어?" 티투앙은 약간 충격받은 얼굴을 하고는 대답했다. "아니, 내가 수학 점수가 좋으면 그 선생님은 자기가 잘 가르쳐서 그런 줄 알잖아요!" 갑자기 아이의 생각이 이해가 갔다. "선생님이 스스로 꽝이라는 걸 깨달으라고 일부러 좋은 점수를 안 받는다고?" 티투앙은 당연한 걸 왜 묻느냐는 듯 어깨를 으쓱했다. "네, 맞아요!"

자기 성적을 희생해서라도 교사의 개선을 촉구하고 싶었다니, 티투앙이 측은하지 않은가!

그렇다. 아이는 '자신을 위해' 공부하지 않는다. 아이는 교사와 부모를 만족시키고 싶어서 공부한다. 사랑받고 싶어서 공부를 열심히 하는 아이는 미성숙하지 않다. 그건 단지 인간적이다. 어떤 아이들은 교육과 인간적 정을 별개로 생각할 수 있게 된다. 하지만 나는 그 아이들도 삭막한 교육에 고통받기는 마찬가지라고 생각한다. 정서적 관계는 가장 기본이다. 어른들도 사람 사는 정을 느낄 수 없는 직장은 힘들다. "고맙습니다" "정말 수고하셨어요" 같은 말이나 상사의 흡족해하는 기색 등, 우리 모두 이런 것들이 있어야 발전할 수 있다. 정신적 과잉 활동인 아이들이라고 해서 왜 그런 게 필요하지 않겠는가?

아이가 교사와의 정서적 관계에 영향을 조금 덜 받기 원한다면 그 교사의 인생에서 제자는 자기 한 명이 아니라는 사실을 이해시킬 필요가 있다. 제자 한 명만 붙잡고 전력을 다하는 멘토 역할을 교사에게 바라서는 안 된다. 아이도 선생님 입장에서 생각해 보게끔 하라. 선생님이 반드시 지켜야 하는 교육 과정, 시간표, 연간 학습 계획표, 부모들과의 면담, 수업 준비, 숙제 검사와 시험지

채점, 학급 운영과 지도……. 게다가 매년 학급이 바뀌고 한 반에는 서른 명 내외의 학생들이 있다. "네가 선생님이라면 네가 기대하는 만큼 너에게 시간을 내어 주고 신경을 써 줄 수 있을까? 한번 생각해 보렴."

당연한 생각으로 돌아가라

복잡성 사유를 하는 뇌는 쉬운 일을 어렵게 하고 어려운 일은 쉽게 한다. 주의력을 잘 끌고 가려면 충분한 자극이 필요하다. 일반적으로 학교 수업은 정신적 과잉 활동인의 집중력을 촉발할 정도의 자극이 안 된다. 아이의 '주의력 결핍'은 이렇게 이해할 수 있다. 부모들도 이 설명을 확증해 준다. 아이가 집에서 자기가 좋아하는 활동을 할 때는 어찌나 집중을 하는지 시간 가는 줄도 모른다. 그런데 학교에서는 내처 딴생각만 하다가 선생님이 질문을 하면 그제야 달나라에서 지구로 돌아온다. 복잡한 뇌의 소유자는 너무 쉬운 답을 못 찾는다. 아이는 머릿속이 하얗게 되어 입도 벙긋 못 하고는 자신이 바보 같다고 느낀다. 그러다 '정답'을 듣고 나면 그 답이 너무 시시해서 실망한다. 아이는 그렇게 빤한 답을 생각하지 못한 자기 자신이 한층 더 바보처럼 생각된다.

나는 상담을 진행하면서 이렇게 설명한다. "너는 머리가 좀 복잡하게 돌아가. 음, 너만 4층에서 내려다보는 거랑 비슷해. 그런데 교실에서는 주로 2층에 있는 것들을 배워. 문제는 네가 뭘 모르겠다 싶을 때마다 2층으로 내려가야 하는데 반대로 계단을 올라간다는 거야. 눈높이를 너무 위에 두니까 너무 어렵다, 도저히 못하겠다, 난 바보라서 안 돼, 이런 생각이 드는 거지. 하지만 네 뇌는 다 이해할 수 있단다. 이해를 못 한다면 네가 너무 멀리 가서 그래. 너는 다시 2층으로, 아니 1층까지도 내려가야 해. 한번 너 자신에게 물어봐. '답이 너무 시시하잖아? 하지만 1학년 수준이 이게 맞다면 나는 뭐라고 답해야 할까?' 그런 식으로 생각하면 답을 찾기가 좀 수월할 거야. 그리고 우리끼리 하는 얘기지만, 기억을 더듬어 보렴. 네가 답을 말하지 못했는데 나중에 답을 듣고는 '에게, 겨우 그거야?'라고 김빠진 느낌이 들었던 적 많았지?"

아이들은 열렬하게 동의를 표한다. 그러면 나는 개인적인 일화를 들려준다. 나는 검게 칠해진 칸이 없는 십자말풀이를 좋아한다. 검은 칸이 있으면 너무 쉬워서 재미가 없기 때문이다. 하루는 십자말풀이를 하다가 힌트가 '이집트의 왕'인 문제를 만났다. 이집트에 왕이 345명이나 있었는데 이걸 어떻게 풀라고! 케옵스, 투트모시스, 람세스……. 내가 아는 왕 이름을 다 떠올려 봤지만 답은 아닌 것 같았다. 여러분은 이 문제의 답을 알아차렸는가? 답은 '파라오'였다! 내가 이 일화를 얘기해 주면 애들도 꼭 나처럼 자기가 아는 이집트 왕 이름을 열거하기 바쁘다! 정신적 과잉 활동인 아이가 답을 잘 찾게 하려면 수시로 이런 말을 해 줘야 한다. "당연하다고 생각되는 것으로 돌아가! 그게 너무 쉽고 뻔한 것 같아도 답일 수 있잖아?"

박사 논문을 쓰는 학생들에게도 같은 말을 해 주고 싶다. 지도 교수를 뒤로 나자빠지게 할 만큼 파격적이고 신선한 논문을 쓰려고 하지 말고 주제를 심화하여 상세하고 온전한 연구를 하려고 노력하기 바란다. 문외한이 내 논문을 읽는다고 상상해 보라. 그 주제에 대해서 잘 모르는 사람에게는 처음부디 일일이 설명을 해 줘야 한다. 교수는 다 아는 이야기라는 사실은 잊어라.

학교 측의 지시를 해독하는 법

나는 교사들의 인터넷 카페에서 이런 일화를 보았다.

선생님이 "수학 익힘책 2, 3, 4번을 연필로 푸세요"라고 했다. 선생님의 한마디에 아이들은 별의별 질문을 다 한다. "파란색 볼펜 써도 돼요?" "1번도 풀어요?" "숫자 카드에 써요?"

원글 게시자는 아이들이 수업 시간에 얼마나 산만한가를 말하고 싶었던 것 같다. 어느 정도까지는 맞는 말이다. 그렇지만 이 글은 아이들에 대한 참을성이나 친절이 부족하다는 인상도 준다. 아이들이 교실에서 이런 종류의 태도를 반복적으로 보인다는 것은 여러 개의 지시가 한꺼번에 주어졌다는 증거이기도 하다. 그리고 지시들의 순서가 명확하지 않은 점도 아이들이 혼란에 빠지기 쉬운 이유다. 교사가 이렇게 말했더라면 좋았을 것이다. "수학 익힘책을 꺼내세요." 아이들이 책을 꺼낼 시간을 잠시 주고 나서 "이제 연필을 드세요"라고 하자. 그리고 또 잠깐 기다렸다가 "2, 3, 4번을 풀어 보세요." 우리끼리 하는 얘기지만 1번은 왜 건너뛰었을까? 정신적 과잉 활동인 아이라면 이 질문을 안 하고는 못 배긴다. 아이들의 질문 공세는 행여 실수할까 봐 불안해하는 심리, 분명히 확인하고 넘어가고 싶어 하는 심리도 드러낸다. 게다가 열차 역, 공항, 행정 업무 창구에서 다 알 만한 일이어도 굳이 물어보고 확인했던 경험은 누구나 있지 않은가? 누구나 안내 직원이 심드렁하니 "방금 말씀드렸잖아요. 한 층 내려가서 오른쪽으로 가세요"라고 대꾸하는 말을 들어 본 적 있지 않은가?

파벨의 어머니는 억장이 무너졌다. 파벨의 담임이 매몰찬 태도로 이렇게 말한 것이다. "이 연령대 학급에서는 다 이렇게 합니다. 저는 누구나 분명히 알아듣게 말했어요. 문제는 아이의 행동이라고요." 이 선생님에게 파벨이 분명히 알아들을 수 있는 말은 아니었다고 어떻게 설명할까? 정신적 과잉 활동인 아이들은 학교의 암묵적 지시를 알아서 읽어 내지 못한다. 이 아이들에게는 모든 것을 말로 풀어서 자세하게 설명해야 한다.

나는 학교가 내리는 지시들의 원리를 정신적 과잉 활동인 아이들이 이해할 수 있도록 이렇게 풀어서 말한다. 내가 볼펜을 내밀고 이게 뭐냐고 물어보면 대부분 곧바로(다시 말해, 생각 없이) "볼펜"이라고 대답한다. 하지만 바로 대답을 하지 않고 생각에 잠기는 사람도 더러 있다. '이 사람이 이게 뭔지 몰라서 묻는 건 아닐 테고, 내가 모를까 봐 묻는 것도 아니겠지. 고로, 이 질문에는 뭔가 함정이 있을 거야!' 이런 사람은 엉뚱하게 "플라스틱이죠"라고 대꾸하거나 "이걸로 뭘 쓰라는 건가요?"라고 되묻는다. 그러면 나는 그 사람에게 묻는다. "볼펜이라고 대답해야 하는 거 아니에요?" 상대는 장난꾸러기 같은 미소를 지으면서 "아뇨, 왜요?"라고 말한다. 나는 이 예에서 출발하여 그들이 학교에서 겪는 어려움, 그들이 그토록 자주 '주제에서 벗어나는' 이유를 설명하곤 한다.

나는 아이들에게 선생님 입장이 되어 보라는 말도 한다. 선생님은 자기가 몰라서 학생들에게 질문을 하는 게 아니다! 학생들이 배운 내용을 이해하고 기억하는지 확인해야 하니까 질문을 하는 거다. 질문 말고는 달리 확인할 방법이 없지 않은가! 선생님이 학생들에게 기대하는 답은 정해져 있다! 따라서 선생님의 질문에는 수업 시간에 배운 내용대로만 대답해도 그것으로 충분하다. 선생님도 그 이상은 바라지 않는다! 선생님이 깜짝 놀랄 만큼 지식이나 논리를 자랑할 필요가 없단 말이다!

내 결론은 이렇다. "표현이 어떻든, 심지어 표현이 매우 꼬여 있을지라도, 선생님의 지시는 늘 '배운 대로 읊어 봐라'라는 뜻이야.

심지어 '……에 대해서 어떻게 생각하는지 말해 보시오'라는 표현도 진짜 뜻은 '배운 대로 읊어 봐라'란다! 예를 들어 철학 시험 답안을 쓰면서 너의 개인적인 견해를 설명할 일은 절대 없어. 네가 공부한 철학자들을 인용해서 답안을 작성해야 해. 이 철학자는 이렇게 말했고, 또 누구는 반대로 저렇게 말했고, 세 번째 철학자는 이러이러한 견해를 내놓았다라는 식으로 다양한 견해를 종합해서 제시하면 되는 거야. 이 점을 명심하면 학교에서 골치 아픈 일은 이제 없을 거야!" 나는 아이들을 위로하고 차후를 대비하는 뜻에서 이렇게 말한다. "있잖아, 정신적 과잉 활동인 어른들도 면접에서 그와 비슷한 어려움을 겪는단다. 면접관은 구직자들의 특기, 자격, 적성을 궁금해하지만 그건 어디까지나 업무 능력과 관련해서야. 구직자가 자전거를 좋아하거나 클라리넷을 잘 분다는 얘기는 관심도 없다고! 이때도 표현이 뭐가 됐듯 숨겨진 의미는 '당신의 프로필이 어떤 면에서 이 일에 적합합니까?' 외엔 없어. 그런데 정신적 과잉 활동인들은 면접을 보러 가서도 주제에서 벗어나는 얘기를 늘어놓곤 한단다."

생각의 흐름을 설명할 수 있어야 한다

결과가 있고, 과정이 있다. 결과와 과정은 둘 다 중요하다. 러시아 아이들은 이 점을 좀 더 잘 납득하는 것 같다. 러시아어는 어떤 행위든지 동사가 두 개 있고 결과를 강조하느냐 과정을 강조하느냐에 따라 그중 하나를 골라 쓰기 때문이다. 예를 들자면 내가 책을 즐겨 읽는다고 말할 때와 내가 책 한 권을 다 읽었다고 말할 때는 동사가 달라진다.

정신적 과잉 활동인 아이들의 도전 과제는 이렇게 요약된다. '답은 이미 찾았다. 이걸 어떻게 찾았는지 알아보고 설명할 수 있으면 돼!' 이 아이들의 커다란 실수 중 하나가 결과만 중요시하는 것이다. 이때도 역시 답만 말하면 질문의 50퍼센트만 맞춘 셈이라고 일부러 설명을 해야 한다. 아이의 생각이 어떤 식으로 전개되었는지 어른이 말로 풀어 주어야 아이는 추론 과정이 결론 못지않게 중요하다는 것을 안다. 이때도 선생님의 입장을 생각하라. 선생님은 충분히 혼자 생각할 수 있지만 아이들이 어떤 식으로 생각했는지 알아야만 한다. 그래서 풀이 과정을 설명해 보라고 하는 것이다. 청소년들에게는 이런 예를 들어도 좋겠다. "네가 페이스북 동영상 자동 재생 기능을 해제한다고 치자. 어떻게 하는 게 좋을까? 대충 아무거나 눌러 봐? 아니면 페이스북 앱을 열고, 오른쪽 상단 바를 누르고, '설정과 공개 범위'로 넘어가고……, 이런 절차를 알아내서 그대로 실행할래? 선생님들은 네가 아무거나 누르다가 동영상 자동 재생 기능을 해제하기를 원치 않아. 선생님들은 네가 과정도 잘 알고 있는지 확인하고 싶어 해."

정신적 과잉 활동인 아이들은 이미 아는 것을 왜 설명해야 하는지 이해를 못한다. 그러므로 아무리 강조해도 지나치지 않다. "풀이 과정을 쓰라고 하면 선생님이 아무것도 모르는 바보라고 상상하고 어떻게 하면 그런 답이 나오는지 자세히 써야 해." 아이들은 이런 말에 재미있어한다. 그래서 나는 굳이 부연을 한다. "너랑 나는 선생님이 바보가 아니란 걸 당연히 알지. 하지만 선생님을 바보로 상상하고 풀이 과정을 설명해야만 선생님이 원하는 답안을 쓸 수 있단다."

글쓰기

정신적 과잉 활동인 아이들은 글쓰기를 매우 어려워하는 경향이 있다. 당연하다! 복잡성 사유는 생각의 갈래를 여기저기로 뻗는데 글쓰기는 직선적이기 때문이다. 글을 쓰려면 깔때기에서 파이프로 넘어가야만 한다. 이러한 전환에 도움이 되는 간단한 팁이 두 가지 있다. '마인드맵'은, 뒤에서 또 언급하겠지만, 첫 번째 중간 단계다. 마인드맵은 생각을 매우 시각적으로 전개하고 끌어내기 때문에 복잡성 사유에 특히 잘 맞는다. 마인드맵은 주제를 중심에 놓고 출발하기 때문에 사실상 생각이 주제에서 이탈하지 않게 하는 유일한 방법이다. 중심에서 뻗어 나가는 갈래들이 균형이 잘 맞는지 그렇지 않은지가 한눈에 보인다. 구술은 생각을 직선화하는 두 번째 여과 장치다. 마인드맵의 구조와 논리를 떠나지 않고 자신이 글로 쓰고 싶은 내용과 그 이유를 큰 소리로 말해 보기만 하면 된다. 이 물음을 염두에 두자. '내가 다루는 주제에 대해서 아무것도 모르는 사람에게 설명을 해야만 한다면 어떻게 말해야 할까?' 그다음에는 글을 쓴다. 구술 단계가 훈련이 잘 되면 나중에는 누가 불러 주는 말을 받아쓰는 것처럼 글쓰기가 술술 풀린다. 세 번째 중간 단계는 구술을 하면서 자기 입에서 나오는 말을 기억하는 것이다. 내가 책을 몇 권이나 썼다는 걸 어떻게 생각하나?

규정은 있는 그대로 준수할 것

지시를 너무 성급하게 읽을 때도 주제를 이탈하기가 쉽다. 속독은 정신적 과잉 활동인들의 특기다. 그들은 지시나 설명을 철저하게 따르는 법을 배워야 한다. 그들에게 도움이 될 만한 일화가 있다. 함정이 아주 많은 신입 채용 시험이 있었다. 시험은 일반 교양과 관련된 30개 문항으로 이루어져 있었다. 유럽 국가의 수도를 세 곳 쓰라든가, 간단한 계산을 하라든가, NATO나 UN 같은 약어의 뜻을 쓰라든가 하는 식이다. 문제는 뒤로 갈수록 어려워졌고 나중에는 아예 말이 안 되는 문제도 나왔다. 어느 순간, 이상한 일이 시험장에 일어났다. 지원자들의 일부는 문제를 풀지 않고 팔짱만 끼고 있었고, 나머지 지원자들은 미친 듯이 문제에 매달렸다. 사실 이 시험의 1번 문항은 '이 시험지에 있는 문제를 일단 모두 다 읽으시오'였다. 그리고 25번 문항은 '1번에서 5번까지만 지시에 따르고 나머지 문항은 풀지 마시오'였다. 그러니까 이 시험의 숨은 뜻은 (1번의 지시 사항이 시험지 전부 읽기였으므로) '5번 이후의 문제는 풀면 안 됩니다'였던 것이다. 나는 이 일화를 들려주고 아이들에게 묻는다. "어때? 솔직히 말해 봐. 너도 이 시험을 치렀다면 완전히 낚였을 것 같지 않니? 실은, 나도 그랬을 것 같아!" 성급하게 일단 달리고 봐서는 안 된다. 천천히, 집중해서, 여러 번, 무엇보다 '그림을 참조하여' '밑줄 그은 부분에서' 같은 지문에 유의하면서 읽을 줄 알아야 한다. '설명하라' '묘사하라' '종합하라' 등의 핵심 단어를 감지하고 연습이 요구하는 방법을 준수해야 한다. 수학 문제, 논술문, 보고서에 이르기까지 어디에나 통하는 기본은 있다. 그리고 당연한 얘기지만 과제나 논술은 그날, 혹은 일주일 전에 배운 내용과 확실히 관계가 있어야 한다.

교사들 쪽에서도 지시를 정확하고 상세하게 전달하려는 노력을 해야 한다. 또한 교사가 기대한 답은 비록 아닐지라도 아이의 답이 맞을 때는 인정을 해 줘야 한다. 문제와 답이 애매한 경우는 꽤 자주 있다. '점 A와 점 B 사이에 선분을 그어 보세요'가 '점 A와 점 B를 연결하세요'와 완전히 똑같은 뜻일까? 두 점 '사이에' 그은 선분은 길이와 상관없이 문제의 조건을 충족했다고 봐야 하지 않을까? '눈제의 수가 얼마인지 쓰시오' 같은 문제는 답을 '열일곱'으로 썼든 '17'로 썼든, '열둘'로 썼든 '12'로 썼든 다 맞게 해야 한다.

성적을 끌어올리는 몇 가지 핵심 사항

학교의 성적 체계는 완벽주의 체계다. 100점이라는 만점에서 출발하여 점수가 계속 깎인다. 이러한 점수 매기기는 학생들의 의욕을 꺾기에 딱 좋다. 따라서, 교실에서도 골프처럼 점수를 매겨야 한다. 골프 선수들에게는 각자 자기 수준에 맞는 핸디캡 인덱스가 있다. 초보자는 숙련자보다 배려를 많이 받는 상태로 시작을 한다. 각자의 수준에서 출발해도 늘 최선을 다하고 자신의 발전에 만족할 수 있다. 게다가 골프에서 완벽은 선수에게 비싼 대가를 요구한다. '홀인원'을 친 골퍼는 몇 명이 라운딩을 하든 간에 그날의 비용을 전액 부담한다. 완벽을 추구하기 싫어질 만하지 않은가! 심지어 보험 업계에 홀인원 보험이 따로 있을 정도다.

정신적 과잉 활동인 아이들은 바보가 아니기 때문에 중간 이

상만 하면 진급에 문제가 없다는 것을 잘 안다. 5미터만 넘어가면 되는데 뭐 하러 굳이 10미터를 뛰겠는가? 그래서 이 아이들은 무의식적으로 그냥 평균보다 조금 나은 수준만 하려고 한다. 이래서는 아이들에게 발전이 없고, 부모들은 스트레스를 받으며, 교사는 '더 잘할 수 있는 아이'라는 근거 있는 믿음을 갖게 된다. 그러므로 골프에서처럼 점수를 따면서 자신의 핸디캡 인덱스를 개선해 나가는 쪽이 재미가 있다. 그 구체적인 방법을 알아보자.

관습적 사고로 돌아가기

학교는 집단 소속감을 계발하는 역할도 한다. 학교는 독창적으로 뛰는 학생보다 주어진 상황에 열심히 참여하는 학생을 좋아한다. 창의성과 독창성은 개인 생활을 위해서 남겨 두라. 학교에서는 하라는 대로 하는 게 최고다. 더하지도 않고 덜하지도 않게, 무엇보다 삐뚤어지지 않게 하라. 학교의 규칙은 하나를 끝내고 다음으로 넘어가고, 그런 식으로 모든 과제를 순서대로 해내는 것이다.

혁신을 추구하지 말 것

퍼즐 조각은 모두 상자 안에 있다. 조각들을 딱 들어맞게 배치하기만 하면 퍼즐은 완성된다. 선생님은 학생이 이미 가진 것을 바탕으로 아예 새로운 조각을 만들어 내라고 요구하지 않는다. 여러분이 짐작해야 할 퍼즐의 난이도를 상상해 보라! 시험을 보거나 과제를 수행할 때도 마찬가지다. 아무것도 새로 만들어 내지 말라. 수업에서 이미 받은 것들만 활용하라. 창의성을 발휘하고 싶다면 퍼즐 대신 조각보를 만들어도 좋지만 그 조각보 안에도 배색이나 모양의 조화는 지켜야 한다. 그리고 어떤 선생님들은 자기가 가르친 내용을 거의 토씨까지 그대로 재구성하기를 원한다. 이 경우, 답안에서 창의성을 발휘했다가는 점수만 깎인다.

선생님에게 불편을 끼치지 말 것

이번에도 선생님 입장에서 생각해 보자. 글씨는 괴발개발, 줄은 삐뚤삐뚤, 직직 그어서 지운 흔적, 낙서까지 들어 있는 답안을 채점하려면 진이 빠지고 짜증이 난다. 선생님은 무의식적으로라도 이 답안에는 점수를 짜게 줄 가능성이 농후하다. 깔끔하지 못한 답안은 일단 1점을 제한다는 원칙이 있는 선생님들도 있다. 같은 내용을 깔끔하게 정서하지 못해 점수를 깎인다면 억울하지 않은가! 그러니 읽는 사람을 배려해서 글씨를 예쁘게 쓰고 답안을 알아보기 쉽게 작성하라. 예쁘지만 흐릿한 연보라색, 하늘색 펜은 친구에게 편지 쓸 때나 쓰자. 선생님의 시력을 쓸데없이 혹사하고 싶지 않다면 흰 종이에는 검은색 펜을 써라. 그리고 누구나 그렇듯 선생님에게도 소소한 집착이 있다. 그 부분을 알아내고 염두에 두어야 한다. 선생님이 "이건 특별히 중요해!"라고 여러 번 말한 부분에는 형광펜으로 표시를 하고 다음번 시험 공부 때 꼭 확인하라. 선생님에 따라서는 반, 번호, 이름을 꼭 오른쪽 상단에 쓰라든가 하는 식으로 답안의 형식을 강조하기도 한다. 왜 꼭 그래야 하는지 모르겠어도 선생님이 하라는 대로 하라. 힘드는 일도 아니지 않은가? 선생님이 그렇게 하라고 할 때는 이유가 있는 거다. 답안지를 한데 묶어 놓고 오른쪽만 들추면 학생 이름을 바로 확인할 수 있어서 편리하다든가.

정신적 과잉 활동인 학생은 교과서적이지 않다. 그렇지만 자신의 고유한 두뇌 기능을 다소 자제하고 새로운 기능을 습득한다면 교과서적인 학습도 잘할 수 있다. 단, 암묵적인 지시를 명시적으로 풀어 준다는 조건에서만 가능하다. 이 과정이 있으면 아이에게 지시를 이해하는 열쇠가 생긴다. 그러면 교사가 채점을 하면서 '더 잘할 수 있습니다' '더 깊이 들어가세요' 같은 언급을 남길 일이 없을 것이다.

아이의 학교생활 내내, 염불 외듯 강조해도 지나치지 않은 말은 이런 것들이다. "당연한 생각으로 돌아가렴!" "네가 배운 것만 쓰면 돼!" "네가 어떻게 추론했는지 과정을 설명해 봐!" "다 이해하려고 하지 마!"

이 아이들은 형식을 해독해야 한다는 부담에서 벗어날 때 비로소 교육 과정의 내용으로 들어갈 수 있다.

공부법
·············

나는 수년간 모 고등학교에서 졸업반 학생들을 대상으로 '수험생의 개인적 체질과 스트레스 관리'라는 워크숍을 진행했다. 개인적으로 코칭하는 학생들에게 이 기법들을 알려 줄 기회도 많았다. 지금까지 내가 이 주제로 상담했던 학생들만 해도 250명이 넘을 것이다.

내가 워크숍을 여는 말은 대략 이렇다. "선생님과 부모님에게 오래전부터 이런 말 많이 들었을 거예요. 학교는 공부하는 곳이야, 공부를 열심히 해야 성적이 잘 나오지, 넌 왜 이렇게 공부를 안 하니, 너 공부 좀 해라 등등. 어때요? 내 말이 맞아요?" 아이들 표정을 보니 죄스럽기도 하고 짜증스럽기도 한 것 같다. 나는 바로 이렇게 묻는다. "그런데요, '공부'가 도대체 뭔가요? 공부를 한다는 건 무슨 뜻인가요?" 교사나 부모라면 왜 이렇게 당연한 걸 물어보나 황당해하겠지만 아이들은 내가 이 질문을 던질 때마다 묵묵부답이다. 어른은 '공부'라는 말의 의미가 너무 당연해서 굳이 아이가 알아들을 때까지 자세하게 풀어 줄 필요를 못 느낀다('방 정리를 하다'라는 개념도 사정이 비슷하다). 나는 공부가 뭔지 아는 학생들은 내가 진행하는 워크숍에 올 필요가 없었을 거라 생각한다. 하지만 실제로 자기가 뭘 해야 하는지 모르는 학생들이 정말 많다. 그러므로 아이가 '공부'의 의미를 아는지 확인하는 것은 결코 쓸데없는 일이 아니다.

나의 워크숍은 이 기본으로 돌아간다. '공부'라는 것은,

1. 수업 시간에 필기한 것을 바탕으로 학습 내용을 되짚어 보고 교과서나 선생님이 나눠 준 프린트 자료로 보충하는 것이다. 이정도는 그리 오랜 시간이 들지도 않는다.

2. 학습 내용을 종합하고 기억하는 것이다. 핵심 개념, 수학 공식, 중요한 수 몇 가지는 암기해야 한다.

3. 연습 문제가 있으면 풀어 본다.

4. 필요에 따라서는 더 읽을 자료를 찾아보면서 이해를 보충하고 심화해야 한다.

자, 이거면 됐다. 이해하고, 익히고, 문제를 풀었다면 공부를 한 것이다. 아이들 눈이 휘둥그레진다. "그게 다예요?" "응! 이게 다야! 여기서 뭘 더 하려고?" 나는 몇몇 아이들의 얼굴을 보면서 도대체 쟤들 머리가 '공부'를 얼마나 거대한 산처럼 상상했기에 저렇게 안도하는 표정이 나올까 생각한다. 다른 한편으로, 아이들은 자기들에게 그 이상을 요구하지 않는다는 사실에 좀 실망한 눈치다. 나는 얄밉게도 그러니까 수업 시간에 집중해야 한다, 수업을 잘 들으면 공부에 시간이 별로 들지 않는다, 나머지 시간을 확보해서 각자 좋아하는 일을 하라고 말한다. 정신적 과잉 활동인 아이는 공부를 제대로 하고 있다면 복습을 금방 해치운다. 심지어, 수업에 집중하고 학습 내용을 이해하고 기억하려는 의지만 있다면 집에서 따로 복습할 것도 없다. 공부할 게 없다는 사실이 유감이라고 생각할지도

모르겠지만.

그다음에는 학습 내용 '기억하기'로 넘어간다. 나는 아이들에게 짓궂게 물어본다. "여기서 컨닝 페이퍼 만들어 본 사람? 컨닝 페이퍼가 뭔지는 다 알지요?" 아이들은 서로 얼굴만 마주보고 아무 말도 하지 않는다. 그러면 내가 좀 더 세게 나간다. "아, 요즘은 그런 말 안 쓰나요? 그럼 뭐하고 부르지? '족보'는 시험 전에 보는 거고……. 하여간, 여긴 선생님도 안 계시고 부모님들도 안 계시니까 자유롭게 말해 봐요. 일러바치지 않을 테니까." 그래도 학생들이 손을 들고 뭐라고 말을 하는 경우는 드물다. 하지만 아이들의 미소가 대신 답한다. 나는 이어서 이렇게 말한다. "그런데 컨닝 페이퍼를 열심히 만들다 보니 내용이 다 외워져서 시험 시간에 굳이 찾아볼 필요가 없지 않던가요?" 아이들이 정곡을 찔린 듯 놀란 얼굴을 한다. 심지어 방금까지 입을 닫고 있던 몇몇이 순순히 맞장구를 친다. "맞아요! 주머니 속의 컨닝 페이퍼를 꺼낼 일이 없더라고요. 페이퍼를 만들면서 내 손으로 쓴 내용이 다 생각났거든요." 나는 웃으면서 그 말을 받아 준다. "바로 그거예요! 그 내용이 어떻게 외워졌을까요? 직접 정리해 봤기 때문이에요. 그러니까 시험 전에 컨닝 페이퍼를 만들어 보세요. 단, 나는 컨닝 페이퍼를 만들어 보라는 말만 했지 진짜로 시험 시간에 쓰라는 말은 하지 않았어요!" 나는 말이 나온 김에 시험에서 부정행위를 하는 게 공부를 하는 것보다 더 어렵고 시간을 많이 잡아먹는다고 지적한다. 부정행위가 학습 내용을 정리하고 외우는 것보다 까다롭고 스트레스도 크다. 여기까지 얘기를 끝내고 나는 아이들에게 정리의 기술을 가르쳐 준다.

메모지나 카드에는 문장이나 동사의 활용형을 쓸 필요가 없다. 핵심어만 딱딱 적어 놓고 그 단어를 상상 속에서 클릭하면 내용이 떠올라야 한다. 잘 만들어진 정리장은 일종의 설계도. 설계도는 몇 부분으로 나뉘고 부분은 다시 하위 부분들로 나뉘는데 이 하위 부분들이 핵심이다. 이 설계도의 모양새를 기억해야 한다. 그래서 정리장은 색깔 펜을 잘 써서 한눈에 들어오게 하는 것이 중요하다. 복잡성 사유를 하는 뇌에게는 이러한 마인드맵이 특히 더 효과적이다.[3] 이렇게 복잡성 사유에 잘 맞는 도구는 사용법을 익혀 둘 가치가 있다. 인터넷에서 마인드맵에 대해서 아주 잘 만들어 놓은 동영상 강의와 컴퓨터와 태블릿에서 사용 가능한 소프트웨어를 찾아볼 수 있다. 워크숍에 와서 태블릿에 마인드맵으로 필기를 하는 사람들도 여럿 봤다. 그들이 이 도구를 매우 숙련된 수준으로 활용하는 모습이 인상적이었다. 그들이 작성한 카드는 간결하면서도 알록달록 보는 재미가 있고 놀랄 만큼 정리가 잘 되어 있었다. 과목별, 혹은 챕터별로 카드를 만들어 보자. 시험 기간에는 범위에 포함되는 카드를 전부 꺼내어 준비 기간에 따라서 하루에 몇 장이나 복습할 건지 나눠 놓는다. 일 년 동안 꾸준히 정리해 놓으면 나중에 카드들만 쭉 훑어도 그 학년 공부 복습이 끝난다. 카드 만들기를 빨리 시작할수록 공부에 할애해야 하는 시간이 줄어

든다. 늦장 부리다가 발등에 불이 떨어져서 허둥지둥하느니 이 편이 훨씬 만족스럽다. 하지만 우선 어떻게 체계를 잡는지 배워야 하고 작업 중에도 마음 편하게 즐길 수 있어야 한다. 그러니 부모가 옆에서 숙제해라, 공부해라, 잔소리를 해서는 안 될 것이다.

집중력을 유지하는 법

장필립 라쇼는 《줄타기하는 뇌》*에서 주의력의 작용을 아주 재미있게 설명한다. 우리가 어떻게 생각하든 간에, 우리는 모두 일종의 주의력 결핍 장애를 안고 있다. 뇌 과학은 인간의 지각적 주의력이 환경의 안전 여부를 살피기 위해 늘 곤두서 있다고 말한다. 그래서 우리도 모르는 사이에 감각 체계는 수시로 순찰에 나선다. 어디서 타는 냄새가 나지 않는지, 멧돼지는 없는지, 땅이 울리는 소리나 짐승 우는 소리가 들리지는 않는지, 뭔가 수상한 움직임이 시야에 걸리지는 않는지 확인하는 것이다. 그런데 문제가 없다 치자. 환경이 평화롭고 안정적이면 이 자동 순찰이 내 집중력을 방해하지 않는다. 스쿠터가 지나갔다? 스쿠터 소리를 들었고, 익숙한 소리임을 확인했고, 그렇게 받아들였다. 스쿠터 소리가 수상쩍게 집 밖에서 계속 나지 않는 이상, 나에게 그리 방해되지 않는다. 장필립 라쇼는 환경을 감시하면서도 집중력을 유지하게 하는 이 사소한 조정을 '미소 인지micro-cognition'라고 부른다. 교실 환경은 사정이 좀 더 까다롭다. 관리하고, 통합하고, 조정해야 하는 정보가 훨씬 더 많기 때문이다. 같은 반 친구가 장난치는 모습이 시야에 딱 걸리는데 수업에 집중하려면 엄청난 노력이 든다. 그러나 현대인의 주의력을 딴 데로 끌어당기는 온갖 것들에 비하면 그 정도는 아무것도 아니다. 가령 음성 메시지가 도착했다는 신호음이 띠링 울리면 눈앞에서 날아다니는 파리를 쫓듯 자연스럽게 휴대 전화를 들여다보게 된다. 일단 메시지의 성격이라도 확인하려면(중요성, 심각성, 긴급성 등) 내용을 보지 않을 수 없다. 그 과정에서 집중력은 분명히 흐트러진다. 그렇기 때문에 공부나 일을 효율적으로 하려면 알람을 꺼놓고 메신저도 하지 않아야 한다. 청소년 자녀가 반발하거든 집중을 할수록 숙제나 공부를 효율적으로 마치고 자유 시간을 최대한 확보할 수 있다는 사실을 일깨워 주자. 자녀가 자신의 뇌는 멀티태스킹에 더 적합하다고 주장하면 공부하면서 음악을 듣게 하라. 음악은 리듬과 자극을 제공하면서도 메신저 채팅처럼 집중력을 허물어뜨리지는 않기 때문에 '귀로 듣는 리탈린' 역할을 할 수 있다.

집중력을 흐트러뜨리는 원인이 하나 더 있다. 장필립 라쇼는 이 원인을 '팜PAM: Propositions d'Action Immédiate'(즉석 행동 제안)이라고 부른다. '당장 코랄리에게 전화를 해야지! 참, 이번 달 보험료 안 냈다! 아, 지금 바로 달콤한 핫초코 한 잔이 필요해……' 이러한 잡념들이 메일함에 날아들어오는 스팸 메일처럼 지금 하고 있는 일에 집중하지 못하게 훼방을 놓는다. 이러한 팸 속에는 지금 당장 다른 일로 넘어가라는 제안이 있다. '그만하면 많이 읽었네. 이제 밖에 나갈까?' 그러므로 우리는 하던 일을 계속할 것인가 그만둘 것인가를 수시로 다시 결정해야만 한다. 집중력 유지는 계속해서 다시금 다잡아야 하는 선택이다. 이 난관을 잘 이겨 내는 팁이 몇 가지 있다.

- 팸을 알아차리고 물리쳐야 한다. 그러지 않으면 팸이 계속해서 머릿속을 맴돌며 더욱더 완강하게 우리를 유인한다. 확고한 '해야 할 일' 목록이 도움이 된다!
- 해야 할 일을 평균 10분, 아무리 길게 잡아도 30분 이상 걸리지 않는 하위 과제들로 쪼개어 보자. 짧고 쉬운 과제일수록 이것부터 끝내겠다는 결심을 다잡기가 더 수월하기 때문이다.
- 하나를 끝내 놓고 다음 과제로 넘어간다. 한 건을 해치웠다는 만족감을 규칙적으로 느낄 때 의욕이 살아난다.
- 하기 싫은 일을 먼저 하라. 가장 힘든 일에서 해방된 기분에 나머지 일은 수월해진다.
- 스마트폰으로 시간 확인을 하려면 항상 켜 놓아야 한다. 차라리 눈에 보이는 곳에 시계를 두는 편이 낫다.

기억력을 증진하는 법

정신적 과잉 활동인 아이들은 기억 프로세스를 잘 관리하지 못한다. 일단 이 아이들은 뭔가를 암기해야 한다는 사실을 못 받아들인다. 그들의 기억력은 주로 연상에 힘입어 작동하기 때문에 새로운 것을 다른 것과 연결해서 되새기는 방법이 효과적이다. 유머가 특히 이 아이들에게 잘 먹힌다. "자, 역사 시간에 똥 같은merdique 전쟁 배웠지? 아, 미안, 메디아médique 전쟁이야! 메, 디, 아! 메디아 전쟁!" 아이는 킬킬대고 웃으면서 이 명칭을 머릿속에 새긴다.

이미지, 은유, 노랫말 만들기도 아주 잘 먹힌다. 교사였던 우리 아버지는 문법 규칙이나 단어의 철자를 외우는 기법들을 아주 많이 알고 계셨다. 그 기법들을 다 기록해 두지 못한 게 아쉬울 따름이다. 지금도 몇 가지는 생각난다. 2018년 월드컵에서 활약한 킬리안 음바페 덕분에 새로운 암기법이 생겼다. 'm, b, p 앞에는 n을 쓰지 않는다'라는 규칙을 '음바페 미워하지 마Pas de haine pour Mbappé*로 쉽게 기억할 수 있다. 아이의 연상 작용과 기억력을 자극하는 것이면 무엇이든 좋다. 아이가 스스로 암기 요령을 개발하게끔 독려할 수도 있겠다. "어떻게 하면 이걸 절대 까먹지 않고 확

---

* 음바페라는 이름에 들어가는 자음들(m, b, p)과 n과 haine(미움, 증오)의 동일한 발음을 활용한 문장이다. (옮긴이)

실히 기억할 수 있을까?"

나는 스위스 워크숍에서 이런 팁까지 다룰 시간적 여유가 없었다. 그렇지만 아이들이 자신의 뇌, 자신이 남들과 다른 점을 아는 것만으로도 수업 태도와 성적에는 변화가 일어났다. 이 장에서 다루는 학습 요령은 유치원생에서 고교 졸업반까지 모두 적용 가능하다. 내가 여기 쓴 내용은 전혀 어렵지 않아서 아이들에게도 충분히 일러 줄 만하다. 아이들이 학교 시스템을 일찍 이해할수록 성적 관리가 수월해진다. 또한 학교생활에서 좌절, 실패, 심하게는 학교 공포증을 겪을 위험이 그만큼 줄어든다. 여러분이 이 책을 때맞춰 만났기를 바란다.

13장

학교 공포증

'학교 공포증'이라는 단어가 점점 더 많은 이들의 입에 오르내린다. 나는 학교 공포증 자체는 예전에도 있었다고 생각한다. 단지 50년 전에는 체벌이 그 중심에 있었다는 것이 다를 뿐이다. 그때는 어린 학생들의 심리 상태까지 고려하는 분위기가 아니었다. 학교를 싫어하는 학생들은 엄벌을 받을 각오로 저지르는 '땡땡이'가 유일한 탈출구였고, 그들은 일찌감치 직업 교육으로 전향하곤 했다. 그러나 직업 교육도 탈출이라고 하기는 뭐했다. 삶의 조건이 달라졌을 뿐, 힘들기는 마찬가지였다. 괴롭힘, 신고식, 폭력 행위가 으레 통과해야 하는 과정이었다. 수많은 학생이 사회의 무관심 속에서 고통받았다. 지금은 학생들의 말에 좀 더 귀를 기울이는 분위기이고, 이는 큰 진전이다. 강연에서도 자기 일에 애정이 없는 젊은이들을 이해하려고 노력하는 어른들을 많이 본다. 세상이 달라졌다. 도제나 수습사원 들도 가만히 당하고만 있지 않는다. 수습으로 일하는 중이어도 부당한 대우나 모욕을 당하면 바로 시정을 요구하고 그만둔다. 이것도 착취 공포증의 또 다른 형태다. 전통적인 학교와 직업 교육 사이에 농촌 가족원MFR: Maison Familiale Rurale이라는 중도가 있다. MFR과 여러 차례 협업을 한 사람으로서, 말이 난 김에 이 기관에 크나큰 경의를 표한다. MFR은 전통적인 코스를 따라가기 힘들어하는 학생들에게 훨씬 더 호의적이고 교육적인 접근을 제공함으로써 학업을 중단한 수많은 젊은이를 구했다.

학교 공포증은 학교에 간다는 생각만 해도 온몸이 마비될 것처럼 끔찍한 기분이 드는 중증 불안이다. 학교 공포증은 학령 인구의 1~2퍼센트에 해당하고, 학생들이 소아 청소년 정신과를 찾게 되는 동기의 5퍼센트를 차지한다. 학교 공포증이 있는 아이는 비이성적인 이유를 들어 등교를 거부한다. 억지로 학교에 보내려고 하면 매우 불안해하고 심한 경우에는 공황에 빠진다. 대개 복통, 구토, 빈맥, 실신 등의 신체적 이상도 동반한다. 아이는 떼를 쓰거나 변덕을 부리는 게 아니며 진짜로 미친 것도 아니다. 일종의 임계점에 다다랐다고 할까. 학교 공포증은 문제 상황이 차곡차곡 쌓여서 돌이킬 수 없는 지점까지 왔다는 표시다. 직장 내 괴롭힘에도 똑같은 현상이 있다. 괴롭힘을 당하던 사람이 어느 날 갑자기 더는 억지로 출근할 수 없는 지경이 된다. 스트레스가 너무 쌓여서 몸이 '스톱'을 외치기에 이른 것이다. 이때부터는 머리로 몸을 설득할 수가 없다. 뱀 공포증, 거미 공포증이 있는 사람을 대할 때도 마찬가지다. 독이 없으니 겁내지 않아도 된다는 이성적 설득은 그 사람에게 통하지 않는다. 그런 말은 머리에 들어오지도 않는다. 몸은 도망친다. 어쩔 수 없다.

이 장을 쓰려고 마음먹었던 오늘 아침, 친구의 페이스북에서 우연히 재미있는 일화를 봤다. 출근길에 학교 앞에서 방황하는 초등학교 3학년 여자아이를 봤다는 것이다. 그 아이는 지각을 했는데 담임 선생님에게 혼날까 봐 겁이 나서 학교에 못 들어가고 있었다. 친구는 그 아이의 손을 잡고 학교에 들어가 교장 선생님을 만났다. 지각을 한 건 잘못이지만 아이가 이렇게까지 벌벌 떨고 무서워하는 건 문제가 있고, 이 연령대 아이의 지각은 학생 본인보다 부모님 책임이 더 큰데 왜 애를 잡느냐며 따졌다고 했다. 학교 측에서 내 친구가 한 말을 새겨들었기를 바란다. 친구가 그렇게 하지 않았으면 그 여자아이의 학교 공포증은 더 심해졌을 것이다. 시간 개념이 투철하지 못한 부모가 잘못이건만(나는 그런 부모들을 꽤 알고 있다!). 담임 선생님은 애한테 매일같이 스트레스를 주니 그 조그만 몸뚱이가 어떻게 한 해를 버틸까.

학교 공포증의 주된 요인은 다음과 같다.

- 모든 것이 부조리하게 보이는, 의미 상실.
- 학생, 교사 그리고/혹은 부모의 지나친 압력.
- 또래 친구들과의 원만하지 못한 관계. 나아가 높은 확률로 괴롭힘을 당하고 있을 가능성.

그렇다면, 학교 공포증을 어떻게 막을 것인가? 의미를 다시 부여하고, 압력을 낮추고, 아이를 괴롭힘에서 지켜야 한다.

의미를 다시 찾을 것

앞장에서 보았듯이 정신적 과잉 활동인 아이는 의미가 없으면 학습이 불가능하다. 학교를 왜 다녀야 하나? 이 물음에 어떤 설득력 있는 답을 내놓을 수 있나? 여러분이 하는 말에 논리적으로 일관성이 있는지도 돌아보기 바란다. 청소년 자녀를 둔 부모 대상 강연에서 내가 곧잘 드는 비유가 있다. 어떤 아버지가 텔레비전 축구 중계를 보면서 계속 구시렁댄다. "어휴, 축구 선수들은 왜 다 저렇게 바보 같지? 반바지에 축구화 신고 공만 졸졸 따라가는 꼴락서니하고는! 심판은 또 어떻고! 뒤로 돈이나 받아먹을 줄 알지! 돈만 주면 페널티도 날조해 주잖아! 코치도 마찬가지야, 마피아가 따로 없지! 돈 받고 특정 선수만 키워 주는 경우가 널리고 널렸어!" 아버지는 신나게 욕을 하다가 문득 자기 아들을 보고 이렇게 말한다. "아, 맞다, 너 시립 축구 클럽에 등록했다. 실력을 키워서 스타 선수가 되어 보렴! 우리 아들, 할 수 있지?"

　이러한 태도가 모순적이라고 생각하지 않는가? 아버지가 축구를 볼 때마다 빈정대고 흉보기 바쁜데 어떻게 아들이 축구선수가 되겠다고 전력을 다할 수 있나? 그런데 자녀가 보고 듣는 데서 학교, 교육 과정, 교사를 신랄하게 비판하면서 정작 자녀가 성적은 잘 받아오기를 바라는 부모도 똑같지 않은가? 어떤 부모는 애 앞에서 자기도 학교 다닐 때 수학은 빵점이었다, 철학 선생님하고 원수지간이었다 등의 얘기를 하면서 몹시도 즐거워한다. 부모의 말과 행동에는 일관성이 있어야 한다.

- 아이가 어른으로 성장하는 과정에 학교가 필수적이라고 생각하는 부모는 학교를 그만 비방하기 바란다. 현 상태가 어떻든, 학교는 분명히 존재 의의가 있다. 아이가 학교라는 가교를 통하여 미래의 자신에게 투자할 수 있도록 도와주자.
- 학교 자체를 재고하는 부모는 통신 학교나 홈스쿨링 같은 대안 교육을 알아보라. 우리가 흔히 생각하는 것보다는 어렵지 않은 길이다. 그런데, 아이의 학습 의욕을 자극하기 위해서 어떻게 접근할 것인지 생각해 봐야 한다.

압박을 낮출 것

학교 공포증은 학생이 더는 현재의 압력 수준을 견딜 수 없다는 표시다. 스트레스는 코르티솔과 아드레날린 분비를 촉진한다. 이 호르몬들이 과다 분비되면 신체가 망가진다. 그래서 어느 순간 몸은 '스톱'을 외친다. 교류 분석은 스트레스를 다섯 가지 '드라이버 driver'로 요약하는데, 이것은 내면에서 절대적인 명령으로 작용한다. '완벽해져!' '강해져!' '열심히 해'(더 노력하라는 다그침) '서둘러!' '마음에 들게 굴어!'[1] 학교 공포증에 시달리는 아이에게 주어지는 지나친 압박도 본질은 이 다섯 '드라이버'다. 그러므로 이 다섯 가지 명령을 해제해야 한다. 우리는 이미 완벽주의 버리기, 지시의 단순화, 감정 관리라는 측면을 살펴보았다. 그러므로 여기서는 '서둘러!'와 '마음에 들게 굴어!'를 살펴보겠다.

'서둘러!'는 교육에 독이 되는 말이다. 이 말은 아이를 가로막고 아이가 깊이 생각하지 못하게 방해한다. 부모로서 꼭 그래야 하는 상황이 아닌데도 하루에 몇 번이나 아이를 재촉하는지 세어 보라. 그런 말을 듣고 아이가 서두르기는커녕 더 어쩔 줄 몰라 하던 때는 또 몇 번인지 세어 보라. 시간 압박은 이 시대의 부조리하면서도 전염성 강한 병폐다. 아이가 스트레스를 덜 받도록 부모가 앞일을 예측하고 시간 여유를 충분히 두자.

'마음에 들게 굴어!'도 아이에게 해서는 안 될 말이다. 그 이유는 이 말이 공갈 협박이기 때문이다. "너 엄마를 좋아하면 마늘도 먹어야지!" 이 문장은 파울 바츨라빅[2]의《자기 불행은 자기가 만든다》의 장(章) 제목이자 사람을 정말로 불행하게 만들기 딱 좋은 말이다. 남을 기쁘게 하려고 뭔가를 하는 사람들은 자기 자신을 온전히 존중할 수 없게 된다. 아이는 절대로 부모를 기쁘게 하거나 안

심시키기 위해 억지로 음식을 먹거나, 괜찮지 않은데 괜찮은 척해서는 안 된다. 정신적 과잉 활동인 아이들이 일단 거짓 자기와 과잉 적응에서 자유로워지면 병적으로 주위 사람들의 비위를 맞추며 살지 않아도 된다. 이 아이들은 원체 정이 많고 가까운 사람들을 기쁘게 해 주고 싶어 한다. 게다가 유독 발달한 지각과 감정 이입 덕분에 부모가 표현하지 않은 감정, 심리 상태, 기대까지 파악하고 있을 때도 많다. 요컨대, 이 아이들은 부모의 걱정이나 실망을 아주 날카롭게 포착한다. 내가 부모들의 감정 관리를 누누이 강조하는 이유도 여기에 있다.

압력을 낮추려면 학교나 성적을 너무 심각하게 생각하지 않아야 한다. 아이는 걸어 다니는 성적표가 아니다. 아이들과 공부 얘기 말고 다른 얘깃거리로 풍부한 대화를 나눠 보자.

교사들도 압력, 비방, 위협으로 아이들의 의욕을 자극하려 들지 않았으면 좋겠다. 내가 만나는 중학생들은 학교 선생님에게 얼마나 심한 말까지 들어 봤는지 솔직하게 털어놓는다. 정말 부끄럽다. 만약 녹음을 해서 들려주면 그 선생님들은 절대 자기가 한 말이 아니라고 펄쩍 뛸 거라 확신한다. 넌 어떻게 잘하는 게 하나도 없냐, 넌 미래가 없다 같은 말이나 듣는데 학교에 가고 싶어 하는 아이가 있을까?

부모와 교사 관계의 회복

부모와 학교가 긴밀하게 협력하지 않고는 학교 공포증이나 괴롭힘 문제를 해결할 수 없다. 이 협력 관계를 수립하려면 각 사람이 어른답게 서로를 존중하고 호의적으로 대하는 모습을 보여야 한다.

앞에서 나는 부모와 학생에게 선생님 입장에서 생각하라는 말을 많이 했다. 여기서는 교사들에게 부모를 이해해 달라고 말하고 싶다. '여는 글'에서 어느 여교사는 나의 강연에서 중대한 깨달음을 얻었다고 편지를 써서 알려 주었다. "어제 강연을 듣고서 제가 학부모들을 바라보는 시선도 조금 달라졌습니다. 안됐지만 교사들이 대개 그렇듯 저 역시 학부모들을 이러쿵저러쿵 판단하는 경향이 있었지요. 그런데 강연에서는 아이들이 집에서처럼 학교에서도 잘 지내기를 간절히 바라면서도 그게 쉽지 않을 때가 많아서 어쩔 줄 몰라 하는 부모님들의 모습이 보였습니다. 부모님들은 자기 아이가 어떻다는 것을 이해했기 때문에 교사들도 자기처럼 아이를 이해해 줬으면 하는데 그분들이 늘 요령 있게 교사에게 다가와 설명하지는 못한다는 것을 알았습니다. 그리고 우리 교사들도 늘 요령 있게 학부모를 맞아들이고 경청하는 것은 아니지요."

그래서 교사가 부모의 괴로움을 이해하는 데 도움이 될 만한 요소들을 다루어 보겠다.

성적과 성공이 밀접하게 이어지는 경우가 많은 이 세상에서,

자녀의 학업 실패와 사회 편입의 난관은 부모를 몹시 불안하게 한다. 학생과 부모 입장에서 학업 성패는 학생의 미래가 달린 일이다. 학교가 아무리 학생들을 위하고 진심으로 대한다 해도 학생과 부모만큼 절박하지는 않다. 아이가 학교생활을 힘들어한다고 느끼는 부모는 스트레스를 심하게 받는다. 부모가 자식을 보호하려는 경향은 생물학적인 것이다. 인간도 포유동물이니만큼, 어머니는 더 그렇다. 자기 새끼가 괴롭힘 당하는 꼴을 가만히 보고 있을 어미 셰퍼드가 어디 있겠는가? 그 개가 내 새끼를 건드리지 말라고 점잖게 말부터 건넬 것 같은가? 그러나 부모들은 늘 점잖게, 부드럽게 말하라는 소리를 듣는다! 물론, 부모가 어릴 적의 안 좋은 기억 때문에 자녀의 학교생활에 과몰입할 수도 있다. 하지만 부모가 받는 스트레스의 대부분은 자식의 안위를 별로 관심도 써 주지 않는 듯한 사람에게 맡겨야 한다는 데서 온다. 교사가 문제를 부정하거나 축소할수록 부모는 공포에 사로잡힌다.

도미니크 뒤파뉴는 《사공의 복수》[3]에서 웹 2.0에 힘입은 병자들의 '역량 강화'를 이야기한다. 이제 환자들은 질병을 수동적으로 대하지 않는다. 그들은 기사를 찾아보고, 최신 정보를 구하고, 인터넷 게시판을 들락거리고, 질문을 나누고, 각자의 치료 성과와 정보를 공유한다. 인터넷이 집결시킨 정보와 능력을 바탕으로, 개인의 지성을 훌쩍 뛰어넘는 집단 지성이 출현한다. 도미니크 뒤파뉴는 이렇게 '역량이 강화된' 환자가 자기 병에 대해서는 전문가보다 더 잘 알 수도 있다고 본다. 그 병을 치료하는 의사는 짜증이 나고 환자 본인은 (의사가 아니므로 자기가 취할 수 있는 조치에 제약이 많기 때문에) 좌절감이 드는 상황이다. 내가 보기에는 정신적 과잉 활동인 자녀를 둔 부모도 사정이 비슷하다. 부모는 아이의 문제를 해결하느라 정보와 자료가 많아졌다. '역량이 강화된' 부모는 자신의 앎이 널리 퍼져 모두에게 이롭게 쓰이기만을 바란다. 부모가 교사에게《바보들을 위한 대안 교육》⁴ 같은 책을 건네주는 이유는 교사가 바보라고 말하고 싶어서가 아니라 대안 교육의 접근법을 말하고 싶어서다.

나도 점잖고 부드럽게 말하는 사람은 아니다. 나를 잘 아는 사람들은 나의 '단도직입적으로 들이받는 불도저' 같은 면을 주로 지적한다. 교육 심리학자 브뤼노 옴베크는《아이의 학교생활 돕기》⁵에서 부모-교사 관계 회복에 도움이 되는 팁을 여러 가지 제시했다. 그는 절대로 해서는 안 되는 말(혹은, 타인에게 허용해서는 안 되는 말) 목록을 작성했다. 말이 아이를 죽이기도 하고 살리기도 한다. 간략히 말하자면, 부모는 교사에게 부모 역할을 가르치려 하지 않아야 하고 교사는 아이의 집안 사정을 함부로 판단하지 않아야 한다. 그렇지만 부모와 교사는 학교 갈 생각만 해도 배가 아픈 아이가 중간에 있음을 기억하고 서로를 긴밀히 감시하는 역할도 해야 한다.

자녀의 성적이 나쁘다고 비관하지 말 것

학교가 의무가 아니라 교육이 의무다. 아이가 제도 교육을 받지 않았어도 또래 아이들과 동일한 수준의 교육을 받았다면 문제가 되지 않는다. 통신 교육을 받을 수도 있고, 교육 과정에 포함되는 학습 내용으로 홈스쿨링을 할 수도 있다.

작금의 제도 교육이 정신적 과잉 활동인 아이의 지성과 감성에 심히 부적절하고 폭력적으로 작용하므로 아이에게 학교 공포증이 생겨도 놀랍지 않다. 과거의 교실은 차분한 면학 분위기가 있었다. 감각적 방해 요소는 그리 많지 않았다. 셀린 알바레즈는 유치원 교실을 이런 분위기로 운영했다. 무슨 기적을 부린 게 아니라 기본에 충실했다. 스마트폰이나 텔레비전을 덜 보게 할 것, 설탕과 식품 첨가제를 덜 먹게 할 것, 잠을 충분히 재울 것, 예의범절을 철저하게 가르치고 흥미로운 활동을 제안할 것. 이러한 기본을 지키자 아이들은 차분해졌다. 하지만 일반적으로 요즘 교실은 그악스러운 감각 공격의 연속이다. 고교 졸업반 아이들과의 워크숍 분위기도 매년 더 나빠지는 것을 느낀다. 작년 워크숍은 벌집을 쑤셔 놓은 것 같은 분위기였다. 아이들은 지나치게 붕 떠 있었다. 감각이 과민한 사람에게는 악몽이 따로 없다.

서로 다른 아이들이 함께 공부하는 학교를 만들어야 한다는 얘기가 많다. 나 개인적으로는 그러한 조치가 늘 최선인지 잘 모르겠다. 정신적 과잉 활동인 아이들은 영재 학교 같은 곳에서 좀 더 만족스럽게 학교생활을 하는 듯 보인다. 공립 학교에서는 어떤 아이가 남다르다 싶으면 바로 친구들에게 따돌림이나 괴롭힘을 당한다. 우리 아들이 다녔던 초등학교에는 시각 장애인 반이 따로 있었다. 그 반 아이들은 쉬는 시간에 운동장에서 일반 학급 아이들에게 봉변을 당하곤 했다. 그 반 학부모들이 학교에 몇 번이나 항의를 했다. 그런데 학교는 그 부모들이 자녀의 장애 때문에 불안해서 과잉보호를 한다는 식으로 나왔다. 마침내 눈이 안 보이는 아이 하나가 심하게 구타를 당해 이틀간 입원을 하는 사태까지 발생했고, 그제야 학교 측은 학부모들의 항의를 인정했다. 특수 학급 운영에 자부심이 있는 학교였지만 일반 학급 아이들에게 차이와 장애를 받아들이는 법을 가르치려는 노력은 없었던 것이다.

아이를 학교에 보내지 않는 것을 비극이라고 생각하는 사람들이 많다. 그러나 학교에서 실패해도 사회에서 성공할 수 있다. 열등생이었던 유명인의 예는 많다. 아인슈타인도 열다섯 살 때 학교에서 쫓겨났다는 것을 아는가? 더 역설적인 예도 있다. 전 프랑스 교육부 장관 뤽 페리는 고교 과정을 통신 강의와 홈스쿨링으로 해결했다.

아이를 학교에 보내지 않는 부모가 가장 걱정하는 부분은 아이가 직면하게 될 외로움이다. 그러나 자기를 이해하지 못하는 사람들 속에서 지내느니 차라리 혼자가 덜 외롭다. 정신적 과잉 활동인 아이는 대개 어른과 말이 더 잘 통한다. 특히 청소년기에는 또래 아이들과 관심사가 다르고 정신 연령도 달라서 힘든 점이 있다. 이 아이들은 대놓고 말하진 않지만 또래 친구들이 정말 바보 같다고 생각한다. 그리고 아이들의 놀림이나 공격을 참고 당하지 않아도 되기 때문에 마음이 편한 면도 있다.

템플 그랜딘은 자폐가 있음에도 콜로라도주립대학교 동물학 및 축산학 교수가 된 여성이다. 그녀는 이 분야에서 국제적으로 이름난 전문가다. 그랜딘은 그의 저서 《사회적 관계에 대한 불문율》[6]에서 이렇게 말한다. "지금의 중학교와 고등학교 생활은 내가 학교를 다니던 때보다 훨씬 더 힘들어졌다. …… 자폐 청소년 가운데 일부는 그들이 끊임없이 압박당하는 사회적 환경에서 벗어나 온화한 분위기에서 원거리 교육을 이수하는 편이 훨씬 더 나을 것이다. 그들은 학교에서 매일매일 쌓이는 스트레스와 불안을 관리하기에도 벅차기 때문에 에너지를 건설적인 방향으로 쓰려야 쓸 수가 없다. 게다가 또래 청소년들과 관계를 맺는 활동이 우리의 성년기에 꼭 필요한 능력이라고 할 수도 없다." 나는 이 조언이 정신적 과잉 활동인 아이들 상당수에게도 유효하다고 생각한다. 이 아이들은 일반적으로 어른이 생각하는 것만큼 친구를 간절히 필요로 하지 않는다. 예체능 과외 활동을 시키든가, 친구와 가족을 만나는 자리를 자주 만들어 주면 그들의 사회적 상호 작용 욕구는 채워질 것이다.

아이가 학교를 지루해한다면 학습 진도나 학교의 생활 리듬이 아이에게는 너무 느린 것일지도 모른다. 친구들이 개념을 다 이해할 때까지 늘 기다리기만 해야 한다면 얼마나 큰 시간의 손실인가. 이런 아이는 통신 교육 등으로 진도를 빨리 빼고 정말로 하고 싶은 일을 할 시간을 확보해 주는 편이 나을 수도 있다. 문제는 돌봄과 수업 관리다. 통신 강의를 듣는 아이들을 도와주는 사설 학원이 있다. 이 경우는 돈이 든다. 비슷한 처지에 있는 부모들이 모여서 품앗이 교육을 하는 방법도 있다. 가령, 학교에 다니지 않는 아이 다섯 명이 모이면 열 명의 부모가 월요일부터 금요일까지 한나절씩 맡아서 아이들을 돌볼 수 있다. 더 많은 가족이 모이면 비용을 각출해서 아이들을 돌보고 수업을 관리할 대학생 아르바이트생을 쓸 수도 있겠다. 더욱이 이런 아이들은 학습 진도가 빠르기 때문에 오전에만 공부를 한다든가 주 3일만 공부를 해도 무리가 없는 경우가 많다.

혹시 여러분이 재택근무를 하면서 아이와 함께 지낼 수는 없는가? 프랑스에서 재택근무자는 점점 늘어나는 추세다. 근로자가 재택근무를 좀 더 쉽게 요구할 수 있는 법안도 통과됐다. '재택근무를 원하는 근로자는 어떤 식으로든(면담, 편지, 이메일 등) 고용주에게 그러한 의사를 분명히 알린다. 고용주의 동의도 어떤 식으로든(면담, 편지, 이메일 등) 분명히 전달되어야 한다. 고용주는 요청을 거절할 경우 그러한 결정의 이유를 반드시 명시해야 한다.'[7] 학교 보내지 않기 운동도 있다는 것을 아는가? 예를 들어 www.

descolarisation.org는 "사회와 인재가 학교를 전면 거부하고 평등하고 진정한 '스콜레'를 수립하자"는 취지의 운동이다. 사실, 학교 보내지 않기는 돌이키려면 돌이킬 수 있다. 아이가 한동안 학교를 거부했다가도 나중에 사정이 좀 나아지면 학교로 돌아가겠다고 선언할지 모른다.

여러분은 내가 학교에 보내지 않는 방안에 상당히 호의적이라고 생각했을 것이다. 나는 두 가지 목표가 있어서 그런 어조를 취했다. 첫째, 학교에 가지 않는 것을 대단히 심각한 일처럼 여기거나 쓸데없이 압박을 받지 않았으면 좋겠다. 둘째, 아이들을 자살 위험에서 보호하는 게 먼저다. 임상 경험으로 보아, 학교 공포증은 분명히 괴롭힘과 관련이 있다. 사실 학교 공포증은 마땅한 생존 본능이다.

14장

학교 폭력

학교 폭력이라는 주제 하나만으로도 책 한 권을 쓸 수 있을 것이다. 이 주제에 대해서는 사람들의 사고방식이 바뀔 때까지 말하고 또 말해야 한다. 무엇보다 학교 폭력을 객관적으로 바라보고 으레 튀어나오는 참을 수 없는 클리셰들을 근절하는 것도 중요하다. 그러니, 함께 정리해 보자.

괴롭힘은 사회의 모든 영역에 존재한다. 초등학교에서부터 시작되어 중학교, 고등학교까지 이어지고 대학이나 군대에 가서도 (이를테면 신고식 같은 형태로) 마주치게 될 확률이 높다. 기업이나 가족 내에도 심각한 수준의 괴롭힘이 있을 수 있고, 정말 끔찍한 일이지만 양로원 같은 곳에서도 노인 학대의 형태로 나타난다. 이러한 일이 무지와 무관심 때문에 아무런 처벌을 받지 않고 여전히 자행된다.

괴롭힘은 초등학교에서부터 시작되므로 바로 이 단계에서부터 사회는 아이들에게 타인을 괴롭히는 행위를 엄격히 금지하고 건전하고 효율적이며 평화로운 소통의 기법을 힘써 가르쳐야 한다.

그런데 현실은 정반대다. 욕을 먹는 것은 피해자들이다. 약해 빠졌으니까 당하고 산다는 것이다. 가해자가 아무 처벌을 받지 않기 때문에 그의 전능 환상은 되레 부풀려진다. 반 아이들이라는 구경꾼 집단은 수동적인 방관자 역할을 학습한다. 부모는 폭력의 정당화에 대해서 애매하고 모순적인 메시지를 전달하기 일쑤고 더러는 본인의 폭력적 행동으로 그 메시지를 일반화한다. 정부를 법적으로 대표하는 교육 당국의 현실 부정과 무능은 과연 법이라는 것을 지키라고 만든 건지 의심스럽게 만들고 국가로부터의 변호와 보호를 기대해서는 안 된다는 깨달음을 준다.

학교 폭력으로 인한 청소년 자살이 늘어나고 있다. 학교 공포증도 꾸준히 증가하는 추세다. 얼마나 더 이 문제를 외면할 수 있을까? 학교 폭력은 어른들의 문제다. 부모, 교사, 학교 기관장, 교육부 공무원이라는 어른들 모두의 문제인 것이다. 그렇다, 이건 자기네끼리 해결을 볼 줄 모르는 어린애들 얘기가 아니다. 다행스럽게도 이 재앙은 아주 작은 것들로도 미연에 방지할 수 있다.

학교에 물어야 할 것은 죄가 아니라 책임

원칙적으로 학교는 학생들이 교내에서 느끼는 감정 상태에 책임이 있다. 매일 아침 두려워 미칠 것 같은 심정으로 등교를 하는 학생이 있어서는 안 된다. 그렇지만 이상주의도 버려야 한다. 학교생활은 잔잔하게 흐르는 강이 아니요, 재밋거리가 가득한 유원지도 아니다. 학교생활에도 기복이 있고 다 잘 풀리는 때와 뭘 해도 안 되는 때가 있다. 그렇지만 학교는 학생들의 감정이 요동치더라도 이해 가능한 수준을 넘지 않도록, 좋지 않은 감정이 고질화되지 않도록, 아이가 경청, 도움, 보호를 얻지 못한 나머지 절망, 공포, 증오에 빠지지 않도록 감시할 의무가 있다.

학교 폭력은 때때로 인터넷이나 학교 울타리 밖으로 연장되기도 하지만 기본적으로는 교내에서, 같은 학교 학생들 간에 이루어지는 일이다. 그러므로 이 문제는 학교에서 풀어야 하고, 사실상 학교가 나서야만 풀 수 있다. 학교 당국이 학교 폭력을 부정하면 방도가 없다. 교사와 학교 관계자가 온전히 책임을 다하는 자세가 시급한 이유다. 이러한 책임을 지기 위해서는 학교도 배울 건 배우고 도구를 갖춰야 한다. 학교 폭력의 메커니즘을 전체적으로 이해하고 몇 가지 해법을 엄선한다면 학교 폭력을 다스리는 일은 생각보다 쉽다.

할 일이 많다. 교사들도 학생들에게 괴롭힘, 위협, 공격을 당하기 일쑤이지만 그런 얘기를 못 하고 사는데 그들에게 학생들 간의 폭력까지 신경 쓰라고? 장난하나! #pasdevague[*].

불을 끌 때는 불꽃의 가장 아랫부분을 겨냥한다. 서로 경청하고 존중하는 법은 초등학교부터 가르쳐야 한다. 건전한 인간관계를

---

[*] 프랑스 교사들이 교권 실추에 항의하는 의미에서 해시태그로 달았던 문구. '풍파를 일으키지 마라' '소란 피우지 마' 정도의 의미다. (옮긴이)

초등학교에서부터 잘 가르쳐 놓으면 중학교는 자동으로 한결 안전하고 쾌적한 교육 환경이 될 수 있다. 자, 모두 시작해 볼까?

가해자가 개인인 경우

어떤 사람이 회사에서 사장에게 대판 깨졌다. 그는 씩씩대며 집에 돌아가서는 괜한 트집거리를 잡아서 아내에게 버럭 성질을 냈다. 화가 난 아내는 아들내미를 혼내면서 찰싹 한 대를 때렸다. 아들은 잠시 후 집에서 기르는 개에게 발길질을 했다. 모두 자기보다 약한 상대에게 분풀이를 한 셈이다. 개가 이 집 가장을 확 물어 버리면 매우 교훈적인 이야기가 되겠으나 실제로 그런 경우는 드물다. 누군가를 공격하거나 괴롭히는 행위는 좌절감을 쉽고 빠르게 해소하는 수단이다. 그러나 이 수단을 금지해야만 사람들이 행동 방식을 바꾸고 좀 더 긍정적인 전략을 강구한다.

학교 폭력의 두 가지 사례를 여기서 소개하겠다.

정말 부끄럽지만 첫 번째 사례는 다름 아닌 내 얘기다. 초등학교 3학년 때였다. 나는 뚜렷한 이유도 없이 같은 반 여자아이 한 명을 놀려 댔고 그 애를 아주 무시했다. 그 애는 급식을 절대 먹지 않았고, 학교에 남는 일도 없었다. 그 애 어머니는 아침 등교, 점심시간, 방과 후에 꼬박꼬박 교문에 나타나 딸을 챙겼다. 오후 2시에는 어김없이 간식을 챙겨 와서 교문에서 기다리고 계셨다. 나는 그 애 어머니의 정성이 우스워 보였고, 그 애를 '젖먹이'라며 놀렸다. 그러나 나의 놀림은 오래가지 않았다. 어느 날 그 애가 나에게 와서는 자기 어머니가 나를 좀 보자고 한다 했다. 나는 내가 걔를 괴롭힌다는 자각조차 없었기 때문에 스스럼없이 교문으로 갔다. 그 어머니는 차분하지만 단호하게 나를 꾸짖었다. 다시는 그러지 않는 게 좋을 거라고, 한 번만 더 그 애를 놀렸다가는 우리 부모님과 선생님에게도 말하겠다고 했다. 나는 정신이 번쩍 들고 겁이 나서 두 번 다시 그럴 생각도 못했다. 좌절감을 부적절한 방식으로 풀다가 일단 거기서 벗어나자 내가 그 애를 질투했다는 것을 알았다. 나는 늘 급식을 먹었고 평일에는 늘 수업이 끝나도 학교에 남았다가 집에 갔다. 우리 어머니는 교문까지 나를 데리러 오신 적이 한 번도 없었다. 그렇게 맛있는 간식을 챙겨 주신 적도 없었다. 객관적으로도, 나는 그 아이의 입장을 제대로 알아보았던 것이다. 그 어머니는 내가 상상한 대로 참 괜찮은 사람이었다. 일을 크게 만들지 않으면서도 아이를 괴롭힘에서 확실하게 보호할 줄 아는 어머니였으니까.

　두 번째 사례는 훨씬 무겁다. 어느 내담자가 수치심과 죄책감을 토로하면서 들려주었던 얘기다. 그도 초등학교 3학년 즈음에 같은 학교 아이에게 시비를 걸곤 했다고 한다. 상대는 약간 발달이 늦고 늘 혼자 다니는 아이였다. 그는 방과 후에 그 아이를 괜히 툭툭 치거나 꿀밤을 때렸는데 처음에는 가벼운 장난이었지만 점점 폭력에 가까워졌고, 나중에는 충동을 참을 수가 없게 되었다. 결국 장작으로 그 애를 후려치는 지경까지 갔다. 상대는 의식을 잃고 바닥에 쓰러져 있었다. 겁이 더럭 나서 도망을 갔다. 목격자는 없었다. 그 아이는 두 번 다시 학교에 오지 않았다. 가해자는 피해자가 어떻게 됐는지 몰랐다. 그때부터 가해자의 고통이 시작됐다. 그는 마흔이 다 됐지만 여전히 그 일을 괴로워하고 있었다. 하지만 그 시절에 피해자를 보호했어야 할 어른들은 뭘 했을까? 친구를 괴롭히면 안 된다고 엄하게 가르치는 어른들이 없었단 말인가? 그러고 보면 나는 그 사람보다 운이 좋았다. 만 7, 8세 아이가 자신의 못된 충동을 오롯이 알아서 다스린다는 것이 가능한가?

이 두 사례는 애들 싸움에 어른이 끼면 상황이 더 나빠진다는 주장이 당치 않다는 것을, 오히려 어른이 개입하지 않으면 더 위험해질 수도 있다는 것을 보여 준다.

집단 현상으로서의 괴롭힘

이제 집단의 괴롭힘이 어떻게 비롯되는지 살펴보기로 하자.

모든 인간 집단에는 지배자와 피지배자가 있다. 쥐, 침팬지, 그 밖의 포유류 동물 집단도 다 마찬가지다. 인간은 문명과 예의가 있음을 자부하지만 인간 집단이 돌아가는 방식도 별반 다르지 않다.

인간관계는 다른 영장류들이 그렇듯 주로 지배와 알력 작용을 바탕으로 한다.[1] 교육받지 않은 인간은 침팬지와 다를 바 없다.

괴롭힘이 집단 현상이라면 그 집단의 기강에 문제가 있는 것이다. 리더십이 부재하는 집단은 동네북(혹은 속죄양), 다른 말로 '부정적 통합자'를 지정함으로써 스스로 조절된다. 괴롭힘의 피해자는 집단의 긴장을 해소하는 피뢰침 역할을 한다. 기업에도 완전히 똑같은 메커니즘이 있다. 팀이나 부서의 리더가 기강을 바로잡지 못하면 그 집단은 어느 한 명에게 집중적으로 불만을 푼다. 리더가 리더답게 굴면 긴장은 가라앉는다. 좋은 리더가 있는 건강한 집단에는 괴롭힘이 없다. 나쁜 행동에는 즉각 집단의 처벌이 따라온다. 리더는 구성원을 보호하고 집결시키는 역할을 한다. 학교에서는 담임 교사나 교장이 이러한 집단의 리더 역할을 해야 한다. 리더가 역할을 제대로 하면 미래의 지배자들도 친절한 보호자로 성장한다. 또한 교사는 자기 학급 안의 긴장을 조절하고 해소하는 방법을 알아야 한다. 이 얘기는 뒤에서 다시 하겠다.

사이버 불링

사이버 불링은 소셜 네트워크와 함께 등장했지만 우리는 이 새로운 현상의 가공할 파괴력을 이제 겨우 실감하기 시작했다. 사이버 불링은 대개 학교에서 실제로 일어나는 폭력이 가상 세계에까지 연장된 것이다. 그리고 이 경우, 사이버 불링은 학교 폭력의 영향을 증폭시키는 사운드박스 역할을 한다. 하지만 반대의 경우도 있다. 가끔은 인터넷상의 가상 만남에서부터 괴롭힘이 자리를 잡기도 한다. 사람에 대한 경계심이 별로 없는 청소년들은 자기 실명, 학교, 사는 곳을 술술 말해 주곤 한다. 이때는 사이버 불링이 실생활에서의 구체적 괴롭힘으로 변질될 가능성이 있다. 하지만 이 경우는 훨씬 드물다.

소셜 네트워크를 문제시하거나 청소년에게 금지해 봤자 소용없다. 클릭 몇 번이면 뚝딱 가명으로 계정을 만들 수 있는데 부모가 알 게 뭔가. 자녀가 소셜 네트워크 계정을 부모에게 감추게 되면 대화 자체가 불가능하다. 그보다는 잘 사용하도록 교육하는 편이 낫다. 자신을 보호하는 방법을 알고 잘 활용할 수만 있으면 소셜 네트워크는 좋은 것이다. 자녀와 대화의 물꼬를 트고 그 끈을 잘 잡고 가자.

절대로 빠져서는 안 될 함정들도 있다. 아이에게 설명해 주자.

- 내가 인터넷에 올린 정보가 절대 알려지지 않을 거라고, 혹은 특정 상대에게만 알려질 거라고 착각하지 말라. 인터넷에 쓴 글은 군중 앞에서 큰 소리로 한 말에 가깝고, 어떤 정보는 10년 후에도 지워지지 않는다. 그러므로 소셜 네트워크에 글을 게시하기 전에 생각을 잘 해야 한다. 사

진 올리기도 마찬가지다.

- 소셜 네트워크에서 일어날 수 있는 최악의 일은 '리벤지 포르노'다. 전 애인이 앙심을 품고 나체 사진이나 성관계 동영상을 인터넷에 유포하는 경우다. 실제로 이런 일을 당한 사람들은 큰 피해를 입었다. 가장 간단한 방법은 나체나 성관계 장면을 영상으로 남기지 못하게 하는 것이다. 사랑을 증명하기 위해 그딴 짓거리를 허락할 필요는 없다. 당신이 거부하는데도 재차 찍고 싶다고 하는 사람은 수상한 인간이라고 봐도 좋다. 이미 상대가 하자는 대로 했고 행여 당신이 아는 사람들이 그런 사진이나 영상을 발견할까 봐 걱정된다면 그것이 범죄 행위라는 것을 분명히 하라. 가수 시아는 자신의 나체 사진을 팔려고 했던 사기꾼을 원천 봉쇄했다. 그녀는 자신의 나체 사진을 공개하고 이 전설적인 코멘트를 달았다. "어떤 사람이 내 나체 사진을 팬들에게 팔고 있습니다. 제가 무료로 드리니 쓸데없이 돈 쓰지 마세요. 매일매일이 크리스마스입니다!" 팬들은 그녀의 용기와 사진에 매료되었다. 사기꾼은 웃음거리로 전락했다.

- 소셜 네트워크 기업들은 사이버 불링이 심각한 사안임을 이해했다. 그래서 위험을 알리거나 방지하는 절차들을 나름대로 마련했다. 필요하다면 그러한 절차들을 적극적으로 활용해야 한다.

- 소셜 네트워크에서 괴롭힘을 당하고 있다고 느끼거든 증거가 될 만한 것은 다 모아 두고 어른에게 꼭 알려야 한다. 괴롭힘을 당하는 사람은 늘 도움이 필요하다.

시작은 이것으로 충분하다. 그다음은 자녀가 하는 말을 경청하고 대화의 문을 열어 놓으면 된다. 그렇지만 어른이 알아야 할 부분을 잘 알아 두자![2] 자녀를 인터넷의 위험에서 제대로 보호하려면 부모가 먼저 그러한 위험에 대해 잘 알아야 한다. 인터넷에는 지나치게 가학적이거나 위험한 콘텐츠가 항상 나돈다. 가장 최근에는 블루 웨일 챌린지가 유행을 했다. 2016년 러시아에서 시작된 이 챌린지는 지금까지 수많은 청소년 자살과 사고를 일으켰다. 자녀들에게 이러한 위험 현상에 대해서 알려 주자.

절대로 해서는 안 될 일

빤한 얘기와 하지 않으니만 못한 조언 들이 상황을 악화시키고 있으므로 나는 어떻게 대응하는 것이 좋다고 가르치기 전에 일단 절대로 해서는 안 될 일부터 지적하고 싶다.

아이들을 방임해서는 안 된다

아이들이 원래 다 착하지는 않다. 어른이 지켜보거나 기강을 잡아 주지 않은 아이들은 금세 무서운 집단이 되어 버린다. 내 말이 믿기지 않거든 루이 페르고의 《단추 전쟁》이나 아멜리 노통브의 《사랑의 파괴》를 읽어 보라. 예전에는 중학교나 고등학교에 쉬는 시간

동안 운동장이나 자습실을 둘러보는 감독이 따로 있었다. 그러한 감독을 '피옹pion'*이라고 불렀다. 주로 대학생, 특히 교직을 준비 중인 대학생이 아르바이트 삼아 그런 일을 했다. 요즘은 이러한 직책이 없어졌지만 비용 절감보다는 실질적 손실이 더 크다. 아무도 아이를 보호하고, 감시하고, 기본을 가르쳐야 한다고 생각하지 않는 것 같다. 부모는 이제 예의를 가르치지 않고 교사도 이제 훈계를 하지 않는다. 그런데 예의범절과 기강은 자연스러운 본능이 아니라 가르쳐야만 한다.

알아서 잘 해결될 거라고 생각해서는 안 된다

어른들은 뭘 해야 할지 모르니까 타조처럼 구멍에 머리를 집어넣고 일이 다 지나가기를 기다리는 경향이 있다. 그런데 학교 폭력은 방임하면 더 나빠진다. 학교와 부모는 학교 폭력을 뿌리 뽑기 위해 힘을 합쳐야 하고, 한목소리를 내고, 한 방향으로 움직여야 한다. 그렇게 하지 않으면, 안타깝지만 청소년 자살 문제는 해결되지 않을 것이고 더 어린 연령대까지 자살 문제가 퍼지게 될 것이다. 그러한 사태에 만족스러울 사람은 아무도 없다.

---

* 원래는 체스의 폰pawn을 가리키지만 자습 감독을 뜻하는 은어로 널리 쓰임. (옮긴이)

학교 폭력을 가볍게 보아서는 안 된다

학교 당국은 대개 현실 부정에 가까운 방어적 태도로 나온다. 학교가 사태를 상대적으로 가볍게 보려고 할 때 피해 아동의 부모는 낙담할 수밖에 없다.

- 우리 학교에는 학교 폭력 사례가 없습니다.
- 애들끼리 장난 좀 친 겁니다. 아이가 장난을 장난으로 못 받아들인 거예요.
- 아이가 반에 잘 섞이지 못할 뿐, 괴롭힘을 당한 게 아닙니다.
- 아이가 함께 지내기 쉬운 성격이 아니라서 친구를 못 사귀고 있어요.
- 아이도 이런 일을 겪으면서 자기를 지키는 법을 배워야지요.
- 기타 등등.

학교 폭력 피해자 부모라면 본인의 경험으로 이 목록을 더 늘릴 수 있겠다. 교사들은 이러한 태도가 부모의 공황 상태에는 상처에 소금 뿌리기, 불난 데 기름 끼얹기라는 것을 잘 모르는 모양이다. 유일하게 행동을 취할 자격이 있는 학교가 문제 자체를 부정하면 답이 없다. 부정은 상황을 악화시킨다. 가해자는 전능 환상에 취해서 더욱더 설치고 피해자는 절망에 빠진다. 행여 피해자가 자살이라도 하면 학교는 고소를 당하고 정말로 심각한 상황에 처한다. 이러한 사태에서 아무 책임이 없다고 말할 수 있는 어른은 없다.

섣부른 조사는 금물

학교는 마침내 뭘 해야겠다고 결심하더라도 먼저 학교 폭력 조사부터 하려고 든다. 그러한 발상이 좋다고 할 수 없는 이유는, 그다음이 어떻게 될지 불 보듯 훤하기 때문이다. 조사에 불려 간 아이는 사태를 축소하고 자신의 참여나 책임을 부정하려고 피해자에게 불리한 말을 한다. 현실을 부정하는 것이다. 그러면 학교는 이 조사에 만족해하면서 피해 아동 부모에게 이런 말이나 하는 것이다. "학교 폭력은 없었습니다. 애들끼리 장난 좀 친 겁니다. 아이가 반에 잘 섞이지 못하고 장난을 장난으로 못 받아들이네요."

아이가 자기 자신을 지켜야 한다고 생각해선 안 된다

아이가 따돌림을 당할 만한 행동을 해서 따돌림을 당했다, 아이가 자기 자신을 지킬 줄 알아야 한다는 생각은 학교 폭력과 관련된 온갖 뻔한 소리들 중에서도 가장 유해하고 사악하다. 이 이론에 따르면 학교 폭력 피해를 입는 아이에게 다른 아이의 공격을 자초하는 면이 있다. 그러니 아이가 가해자의 가학성을 자극하지 않는 방향으로 자신의 특성을 재조정해야 한다는 것이다.

인터넷에도 가해자를 자극하는 태도와 반대로 가라앉히는 태도를 - 언뜻 보기에는 아주 그럴싸하게 - 비교해서 보여 주는 동영상이 있다. 그러나 이 동영상 강연을 구석구석 뜯어보면 편견도 이런 편견이 없다! 일단 가해자에게 "네가 이런다고 해서 내가 행복해질 수 없는 건 아니야"라고 말할 수 있으려면 어른도 감당하기 어려울 정도의 자기 계발 작업과 자신감이 바탕이 되어야 한다. 어떻게 감수성도 예민한 아이에게 그런 배포를 기대하는가? 시범을 보인 강연자는 말싸움으로 단련된 카리스마 넘치는 어른이다. 무대에서 그는 자기보다 키가 한참 작은 여중생에게 '바보' 취급을 당하는 연기를 한다. 하지만 현실에서는 위협적인 '떡대'가 자기보다 작은 아이를 후미진 구석으로 끌고 간다. 강연자는 다음과 같은 말로 마무리를 한다. "여러분이 신체적 폭력을 당했다면 내가 여기서 한 말은 신경 쓸 필요 없습니다. 상대는 이미 불법을 저질렀습니다. 바로 고소해 버리세요." 결론은 겨우 이건가? 일반적으로, 학교 폭력 가해자는 금세 신체적 폭력으로 넘어간다. 그러므로 말과 행동으로 가해자를 다스릴 수 있는 여지는 매우 적다.

프랑스에서 이 이론을 설파하는 심리학자는 매우 당황스러운 예를 들어 자신의 기법을 설명한다. 어린이집에서 어떤 여자아이가 다른 아이를 깨물었다. 원래 사람을 깨물기 좋아하던 여자아이가 볼이 통통하고 성격이 순한 아이를 보고 자기 충동을 참을 수 없었던 것이다. 심리학자는 이 아이가 호랑이처럼 크게 소리를 지르고 성질을 부리기만 하면 두 번 다시 그 여자아이에게 깨물리지 않을 거라고 말한다. 짜잔, 해결됐다! 하지만 이건 신체적 공격의 문제 아닌가? 아이들이 힘을 겨루는 관계에 머물러 있어야 한다는 건가? 이 심리학자는 여자아이에게 깨물면 안 된다고 가르칠 생각이 아예 없는가 보다.

게다가 이 대단한 방법을 고안했다는 심리학자는 쉬는 시간 운동장에도 나름의 규칙이 있는데 어른들은 그 규칙을 이해 못 하기 때문에 섣불리 애들 싸움에 끼면 상황이 더 안 좋아진다고 주장한다. 달리 말해, 학교 운동장은 강자의 법이 지배하는 정글, 일종의 치외 법권 지대, 어른이 끼어들어서는 안 되는 비보호 구역이어야 한다는 것이다. 학교 운동장이 공화주의적 장소가 되어선 안되는가. 경찰도 감히 발을 들여놓지 못하는 일부 슬럼가 분위기가 딱 그렇지 않은가. 초등학교 운동장에서부터 공화국의 법을 제대로 적용하지 않았기 때문에 그런 곳들이 존재하는지도 모른다.

피해자가 피해의 원인 제공자라는 생각이 어찌나 모든 영역에 퍼져 있는지 아무도 가해자에게는 관심이 없고 피해자를 수상하다는 듯 바라본다. "강간을 당했다고요? 야한 옷을 입고 있었나요? 남편에게 맞았다고요? 왜 남편하고 헤어지지 않았는데요? 직장에서 따돌림을 당한다고요? 어쩌다 그렇게까지 직장 분위기에 못 끼게 됐습니까?" 아동을 대하는 직업 종사자들 앞에서 '아이의 자신감'이라는 주제로 강연을 한 적이 있다. 강연에 참석한 어떤 여성이 질문을 했다. "주로 어떤 아이가 또래 친구에게 공격을 당하나요?" 나는 그 질문에 쏘아붙이듯 대꾸할 수밖에 없었다. "주로 어떤 아이가 친구를 공격하는지는 궁금하지 않고요?"

전체주의 정권에게 박해받는 사람에게 어떤 식으로 그 박해를 자초해 왔느냐고 물어볼 건가? 타인에 대한 신체적·정신적 폭력은 이유 불문하고 단호하게 금지해야 한다. 때리면 안 되는 거다. 욕하면 안 되는 거다! 이 생각이 어른들의 머릿속에 먼저 단단히 박혀 있어야만 학교 폭력에 대한 견해들이 이 어이없는 불협화음에서 벗어나 조화를 이룰 수 있다. 학대받아 마땅한 사람은 없다. 누구나 폭력으로부터 구조와 보호를 받을 권리가 있다. 예외는 없다.

학교 폭력 피해 아동은 자기를 따돌리고 공격하는 집단을 혼자 힘으로 방어할 수 없다. 아이는 자기를 알아서 지켜야 하는 존재가 아니다. 아이는 어른의 보호를 받을 권리가 있다. 이 기본을 잊고 사는 어른이 왜 이리 많은가? 자기도 어린 시절 똑같은 경험을 했으니까 그래도 된다는 건가?

중립적 입장을 취하지 말라

학교 폭력은 아무것도 모르는 일개 개구쟁이의 소행이 아니다. 집단 전체, 나아가 사회 전체가 피해자에 대한 폭력에 가담한다. 앞에서 말했듯이 집단은 희생양을 공격함으로써 긴장을 해소한다. 이 삐뚤어진 행동 방식이 구경꾼들의 겁에 질린 수동적 태도, 자기만족과도 흡사한 방관과 만난다. 심리 조종자들은 초등학교 운동장에서부터 두려움과 선망의 대상이 된다. 심리 조종자에게 맞서느니 차라리 피해자를 멸시하고 심리 조종자 비위를 맞춰 주자는 생각이 지배적이다. 피해자는 약자, 순진하다 못해 맹한 사람으로 치부

된다. 교육 환경 속에서 가해자는 관용이라는 명분으로 말도 안 되는 선처를 받는다. 이러저러한 이유로 자기보다 약한 아이에게 분풀이를 했지만 사실은 학교 폭력 가해자도 딱한 아이라는 것이다. 희한하게도 피해자가 잘 참다가 끝내 폭발하면 그렇게 관대하게 봐주지 않는다. 피해자가 아무리 사교성이 없고 성질이 괴팍하더라도 폭력은 정당화되지 않는다는 말을 꼭 해야겠다. 학교 폭력에는 피해자와 가해자밖에 없다. 처벌하지 않으면 찬동한다는 뜻이다. 벌할 것을 벌하지 않고 중립을 지키려는 자는 가해자 편이다.

원고를 다시 읽어 보던 중에 이 주장을 뒷받침하는 뉴스 기사를 보았다. 어떤 여성이 배우자에게 떠밀려 창문에서 떨어졌다. 그녀는 전신 마비 환자가 되었다. 법원은 이 사건에서 여성 본인도 일부 책임이 있다고 판단했다. 판사는 타인을 창문에서 내던지는 행위도 일부 허용의 여지가 있다고 본 셈이다.

집단을 좋은 방향으로 이끄는 법

학급이라는 집단에서 리더십을 발휘해야 할 사람은 선생님이다. 긍정적인 방향으로 규제가 이루어지는 집단은 부정적 통합자를 정해놓고 분풀이를 할 필요가 없다. 어른이 명확하고 단호하게 일탈 행동을 금지할 때 아이의 건설적인 태도가 발달한다. 이때도 어떻게 해야 하는지 행동으로 알려 줘야 한다. 발언을 골고루 끌어내는 것도 그렇게 어려운 일은 아니다. 아이들에게 동그랗게 모여 앉으라고 하고 '발언 막대기'를 돌린다. 발언 막대기는 아프리카와 아메리카 원주민 문화에서 영감을 받은 소통 방법이다. 회의나 토론에서 이 막대기를 돌리고 일단 막대기를 쥔 사람의 말이 끝날 때까지는 아무도 중간에 끼어들거나 말을 끊을 수 없다. 이때 발언자는 반드시 자기 얘기만 해야 하고 남들의 입장을 대변하거나 할 수 없다. 그는 자기 자리가 아니라 중앙에 서서 발언을 한다. 자기 느낌과 생각만 이야기하고, 다른 사람을 고발하거나 판단해서는 안 된다. 발언 막대기를 쥐었을 때는 개인이 아니라 집단에게 하고 싶은 말을 한다. "할 말이 있는데 다들 잘 들어줬으면 좋겠어." 발언 막대기는 경청과 존중의 분위기를 조성하기에 좋은 도구다.

발언의 장은 집단의 감성 지능을 자극하는 역할도 한다. 학교 폭력에서 가장 먼저 침해당하는 것이 바로 감성 지능이다. 가해자와 방관자는 감정 이입을 차단함으로써 피해자의 고통과 거리를 둔다. 절망에 빠진 피해자는 어떤 감정에 매달려야 온전한 자기 자신으로 돌아갈 수 있는지 알지 못한다. 집단의 감성 지능을 회복한다는 것은 집단의 인간다움을 회복한다는 뜻이다.

교사라면 누구나 수시로 발언의 장을 작동시키되 그곳에서 리더십을 유지하고 발언 윤리를 보장하는 방법을 배워야 할 것이다.[3]

나는 어른들이 폭탄 돌리기 하듯 책임을 서로 떠넘기기보다 그들 모두가 책임감을 느끼는 세상을 꿈꾼다. 아이들의 안전에 대해서, 내 아이는 물론, 다른 집 아이도 예의에 맞게 행동할 수 있도록, 일탈 행동이 방임되지 않도록 말이다.

보편적 금지를 수립하라

나는 자기주장 워크숍에서 보편적으로 용납해서는 안 될 행동들의 목록을 제시한다. 이러한 목록은 각자가 입장을 분명히 피력하는 데 도움이 된다. 한번은 어떤 선생님이 "이 목록을 교실마다 붙여 놓았으면 좋겠어요!"라고도 했다. 정말 그렇다! 교무실, 교장실, 어린이집, 가정, 나아가 창문에서 내던져진 피해자에게도 일부분 책임이 있다고 판결한 그 판사 사무실에도 붙여 놓으면 어떨까. 그러면 인류가 건실한 토대에서 새 출발할 수 있을지도! 여러분도 냉장고에 붙여 놓고 싶을지 모르는 그 목록은 다음과 같다.

- 자기 혹은 타인에 대한 신체적·정신적 위해: 때리면 안 된다, 욕하면 안 된다, 사람을 창밖으로 내던지면 안 된다.
- 위법 행위: 도로교통법이든 뭐든, 법은 다 지켜야 한다.
- 안전의 기본 수칙을 무시하는 행동: 자동차에서는 안전 벨트를 매야 한다. 계단에서 사람을 밀면 안 된다.

- 자기 자신, 사람들, 그들이 신성시하는 것(종교, 영성)을 존중하지 않는 행동: 조롱하거나 저속하게 끌어내려서는 안 된다. 또한 나의 종교관을 타인에게 강요해서도 안 된다.
- 위생을 소홀히 하고 건강을 해치게 해서는 안 된다: 손이나 몸을 잘 씻고 자기 자신과 타인의 건강을 소중히 여겨야 한다.
- 공동 생활의 규칙을 무시해선 안 된다: 누구도 예외가 될 수 없다.
- 그 누구의 전능 환상도 부풀려서는 안 된다. 엄마(비서, 친구 등)가 뭐든지 다 해 줄 수는 없다. 욕망의 100퍼센트 만족은 있을 수 없다.

봐주기는 없다

학교 당국은 학교 폭력 예방책을 수립해야 한다. 학교 폭력을 이해하고 대책을 마련하게끔 도움을 줄 수 있는 전문가들이 있다. 교내에서 학대를 당해도 어쩔 수 없는 아이는 한 명도 없다. 나는 피해 아동의 부모가 이러한 예방책을 제시할 때 학교가 현실 부정에서 벗어나 안전히 다른 태도를 취하게 되는 모습을 여러 차례 보았다.

나는 피해 아동의 부모가 학교 폭력의 증거를 최대한 모아서 바로 고소를 할 필요가 있다고 본다. 학교가 책임을 면하는 일이 있어서는 안 된다. 가해 아동이 벌을 받지 않고 그냥 넘어가는 일이 있어서는 안 된다. 그래야 가해자 이력이 거기서 끝난다. 초등학생이면 아직 아이에게 바르게 행동하는 법을 가르칠 시간이 있다.

누가 초등학교부터 괴롭힘을 당하는가?

절대로 용납해서는 안 되는 행동들을 알았고 어떻게 상황을 저지해야 하는지도 알았으니 이제 피해자의 프로필을 알아보자. 단, 그러한 프로필을 피해의 원인으로 보지는 말라. 유니세프 보고서에 따르면, 아이 열 명 중 한 명은 괴롭힘을 경험한다. 여러분은 어떤 아이가 괴롭힘을 당할 거라고 생각하는가? 장폴 브리겔리는 '착한 학생'이 괴롭힘을 당한다고 분명하게 말한다. 그는 2015년도 정부 홍보 영상을 두고 이렇게 말한다.

"학교 폭력을 당하는 아이는 붉은 머리다. 낡아 빠진 붉은 머리의 저주인가. 뤽 샤텔 장관 임기에 만든 홍보물에서는 피해 아동이 왼손잡이였다. 낡아 빠진 왼손잡이의 저주인가. 진부한 고정 관념들이라는 점은 마찬가지다. 현실에서도 피해 아동은 신체적으로 열세인 경우가 많지만 ― 가장 최근에 내가 동료들과 관여했던 학교 폭력 사태에서는 지병이 있는 여자아이가 피해자였다 ― 십중팔구는 착하고 성실한 학생이다. 불량 학생 네 명이 '모범생' 한 명을 가로막고 못살게 굴기. 학교 폭력의 현실은 이런 경우가 가장 많다. 언젠가 이토록 아이들이 지성과 앎을 증오하게 될 때까지 손 놓고 있었던 모두에게 책임을 물어야 할 것이다."

모범생들이 가장 흔하게 표적이 되곤 하지만 늘 그렇지만은 않다. 정신적 과잉 활동인들은 학교에서 열등생인 경우도 많지만 학교 폭력 피해를 입는 비중이 높다. 코칭을 하면서 만났던 성인 정신적 과잉 활동인들 대다수는 학창 시절에 악몽 같은 경험을 한 적이 있었다. 그런 경험이 전혀 없다는 사람은 거의 못 봤다. 정신적 과잉 활동인은 정도의 차이는 있지만 학교 폭력을 겪을 확률이 100퍼센트 아닌가 싶을 정도다. 어쨌든, 얼마 진 밝혀진 바로는 여성이라면 100퍼센트 대중교통 수단에서 추행을 당한 경험이 있다고 한다.

어째서 정신적 과잉 활동인들은 괴롭힘의 표적이 되는 걸까? 이 아이들은 순하고 힘겨루기를 싫어한다. 건전한 집단 안에서는 이러한 성품이 오히려 인기가 있다. 물론, 이 아이들은 남다른 데가 있고 더러는 고독하거나 몽상적 기질이 두드러진다. 그러나 이러한 본래의 면모가 포식자들을 끌어들이지는 않는다. 오히려 거짓 자기가 또래 친구의 괴롭힘과 어른들의 방임을 불러온다. 6장에서 설명했듯이, 지배 놀음을 좋아하는 자들은 억눌린 진짜 자아와 과잉 적응한 거짓 자기 사이의 간극에 파고든다. 거부를 두려워한 나머지 받아 주기만 하면 뭐든 하려는 이 거짓 자기는 병적으로 복종한다. 가해자는 이게 웬 떡인가 싶다! 나는 자기답게 살기로 마음먹은 정신적 과잉 활동인 아이들은 그러한 과잉 적응 기제, 즉 복종의 기제에서 벗어난다고 생각한다. 거짓 자기를 집어치우고 진정한 자아를 긍정하면서 제대로 규제되는 집단 속에서 살아가기, 이게 정말 다다를 수 없는 목표일까?

틀림없는 표시들

"학교에서 누가 나를 자꾸 괴롭혀"라는 아이의 말을 허투루 들어서는 안 된다. 아이가 하는 말을 끝까지 잘 들어 주자. 갈등의 원인을 아이에게서 찾거나 '그게 뭐가 문제니, 네가 ○○○만 하면 되는데, 네가 ○○○하는 수밖에 없어, 네가 ○○○해야 해' 식의 잔소리를 해서는 안 된다. 가정에서도 스스럼없이 대화를 많이 하는 분위기가 조성되어야 한다. 부모는 아이의 감정과 고통에 귀 기울이되 자기가 더 감정적이 되거나 아이의 말을 가로막아서는 안 된다. 쉬운 일은 아니다. 일반적으로 사고하는 유형의 부모는 학교 폭력을 당한 경험이 없을 확률이 높다. 그런 부모는 세상을 있는 그대로 받아들인다. 그러므로 문제의 심각성과 파급력을 잘 모른다. 이 경우, 부모가 얘기를 들어 준다고는 해도 아이에게 필요한 만큼의 경청은 되지 못할 수 있다. 반면, 정신적 과잉 활동인 부모는 학창 시절에 비슷한 일을 겪어 보았을 것이다. 이 부모는 아직도 그 기억이 너무 아파서 두 번 다시 들추고 싶지 않을 것이다. 이 때문에 정신적 과잉 활동인 부모는 '모 아니면 도', 즉 아이의 피해를 부정하거나 자기가 더 미친 듯이 심란해하거나 둘 중 하나다. 부모가 의연한 모습을 보이지 못하면 아이는 부모를 지켜 주고 싶어서 입을 다물게 된다. 이리하여 뒤늦게 "정말 꿈에도 몰랐다"고 말하는 부모들이 생기는 것이다.

그렇지만 아이가 아무 말 하지 않아도 위험을 짐작케 하는 표시들이 있다. 아이가 학교 갈 때 되어서 자주 '배가 아프다'고 한다든가, 등교에 스트레스를 받고 침울해하거나, 괜히 공격적으로 군다. 전에 없던 불안 증세, 불면증이 나타난다. 자기를 깎아내리는 말을 하거나 "사는 게 뭐가 좋아?" 식의 우울한 발언을 한다. 성적이 갑자기 떨어진다. 회피 전략들이 늘어난다. 통학 버스를 타지 않겠다고 하거나, 급식을 먹지 않겠다고 한다. 체육 수업을 듣지 않겠다고 한다. 학교를 땡땡이친다. 그러한 회피들이 쌓여서 뚜렷한 학교 공포증, 심하게는 자살 기도로 나타난다.

이 장을 마무리하면서 나는 아나와 블로즈의 《쉬는 시간에 나 홀로》[*]에서 느꼈던 감동을 독자들과 공유하고 싶다. 이 만화책은 학교 폭력을 아주 예리하고 꼼꼼하게 다루었다. 모든 학교에서 학급 문고로 비치해야 마땅할 책이다!

나는 이 장에서 여러분이 학교 폭력에 현실적으로 대응하고 초등학교에서부터 학교 폭력을 뿌리 뽑는 데 대한 도움을 얻었기 바란다. 교실에서 발언의 장을 만들어 가고 있는 모든 교사에게 뜨거운 감사와 응원을 보낸다.

닫는 글

〰

정신적 과잉 활동인 아이를 키우는 부모가 얼마나 괴로움을 겪는지 사람들은 잘 모른다. 이 부모의 고통은 고려되지 않는다. 부모는 자기 아이에 대해서 설명하거나 다른 사람의 도움을 구하려고 할 때마다 외로움, 불안, 좌절을 맛본다. 그들이 전문가에게 바라는 거라고는 판단 없는 경청밖에 없는데 그게 그렇게 어렵다. 그들은 허구한 날 편견과 무지에 부딪힌다.

이 글을 쓰던 중에 때마침 메일을 한 통 받았다. 나는 낙심한 부모들의 편지를 자주 받는다. "올해 여름에 학원 선생님이 우리 아들을 관찰하고는 애가 '비전형적'이라면서 상담을 한번 받아 보라고 하더군요. 선생님 책에 대해서도 그분께 들었습니다. 우리 부부는 《나는 생각이 너무 많아》와 《나는 생각이 너무 많아 – 생존 편》을 단숨에 다 읽었고 인터넷에서 선생님의 강연 동영상도 찾아보았지요. 그러고는 우리 아들이 바로 그 정신적 과잉 활동인, 감성 과민증, 아스퍼거 증후군 등등으로 분류되는 유형임을 알았습니다.

우리는 아이가 제대로 진단을 받고 우리가 사는 지역에서 그 분야의 전문가를 만나서 도움을 받기 원합니다. 우리가 지금까지 만났던 소아 정신과 의사들은 그쪽 방향으로는 얘기만 꺼내도 싸늘하게 무시하는 분위기였거든요."

전문가들도 이 아이들의 특수한 요구에 걸맞게 대응하려고 조금씩 노력하고는 있다. 학교가 때때로 통합 교육 지원을 제공하는 것도 그 노력의 일환이다. 지원을 받는 한 해 동안은 부모도 숨을 돌릴 수 있다! 그러나 이듬해에는 단지 문제가 유예되었을 뿐 해결되지 않았음을 발견하기도 한다. 학교가 바뀌고 상대가 바뀌어도 문제는 또 불거질 수 있다. 그러면 또 싸워야 하고, 또 설명해야 하고, 또 눈치 봐 가면서 설득해야 한다. 아이의 미래는 사실상 새로운 학년이 시작될 때마다 복불복이다.

신경 비전형 자녀를 둔 부모들이 결성한 단체들이 이러한 공교육의 빈틈을 메우기 위해 활동 중이다. 이 단체들은 정보 수집, 진로 지도, 연구 면에서 큰일을 하고 있다. 소셜 네트워크에도 부모들이 경청과 조언을 기대할 수 있는 상호 부조 단체들이 있다. 이제 모두 힘을 크게 떨치기 위해 뭉쳐야 할 때다. 부모는 아이를 보호하기 위해 계속해서 개인적·집단적 '역량 강화'에 힘써야 한다. 이제 남들이 여러분이나 여러분 아이를 두고 떠드는 말에 연연하지 말라. 과감하게 입장을 피력하라. 교육계, 의료계의 권위자들에게 짓눌리거나 압도당하지 말자. 여러분과 생각이 비슷한 부모들을 만나

지역마다 부모들끼리든 아이들끼리든 서로 돕고 지원할 수 있는 단체를 만들자.

나는 이 책에서 여러분이 여러 상황에서 요긴하게 활용할 수 있는 정보를 모아 두었다.

- 아이가 그냥 자신으로서 살게 할 때
- 아이가 안전하게 성장할 수 있도록 소속감과 보호를 느낄 수 있는 틀을 제공하려 할 때
- 아이가 감정을 관리하면서도 자기 느낌을 존중하는 법을 가르칠 때
- 아이가 자기 존중과 자기주장을 계발하고자 할 때
- 여러분이 이해한 신경 전형인들의 규범을 설명해 줄 때

그 이유는, 여러분도 이미 알아차렸겠지만, 실은 이 책이 본인도 정신적 과잉 활동인인 부모의 내면 아이를 다루고 있기 때문이다. 이 책을 읽으면서 자신의 어린 시절을 돌아보고 치유할 기회로 삼기 바란다.

부모라는 본보기로부터 아이는 자기 느낌을 믿고 지배적인 사고방식을 거스를 수 있는 용기를 가장 크게 얻는다. 그렇게 될 때 아이는 요지경 같은 세상에 적응하느라 에너지를 낭비할 필요 없이 자신에 대한 믿음을 키워 나가고 자기가 좀 더 행복해질 수 있는 내일의 세상을 만들 수 있다.

참고 문헌

Aberkane Idriss, *Libérez votre cerveau*, Robert Laffont, 2018

Akoun Audrey et Pailleau Isabelle, *Apprendre autrement avec la pédagogie positive*, Éditions Eyrolles, 2015

Alvarez Céline, *Les Lois naturelles de l'enfant*, Éditions Les Arènes, 2016

Ana & Bloz, *Seule à l'école*, Bamboo Édition

Bach Richard, *Illusions : Le messie récalcitrant*, J'ai lu, 1993

Brighelli Jean-Paul, *La Fabrique du crétin*, Folio, 2006

Buzan Tony & Barry, *Mind map : Dessine-moi l'intelligence*, Éditions Eyrolles, 2012

Charbonier, Jean-Jacques, *La Mort expliquée aux enfants mais aussi aux adultes*, Guy Trédaniel éditeur, 2015

Cooper John, *Mon enfant s'entend bien avec les autres*, Marabout, 2006

Dacquay Patrick, *Paroles d'un grand-père chaman aux Enfants et petits-Enfants de la Terre*, Guy Trédaniel éditeur, 2014

Deneault Alain, *La Médiocratie*, Lux éditions, 2016

Dupagne Dominique, *Le Retour des zappeurs*, CreateSpace 2013

Dupagne Dominique, *La Revanche du rameur*, Édition Michel Lafon, 2012

Furina Stéphane, *Pire que les élèves*, Pôle Nord éditions, 2015

Giordan André et Salte Jérome, *Apprendre à apprendre*, Librio, 2007

Gouget Corinne, *Additifs alimentaires : Danger*, Poche, 2014

Grandin Temple, *Comprendre les règles tacites des relations sociales*, Éditions De Boeck, 2015

Grohan Noémya, *De la rage dans mon cartable*, Hachette 2014

Gueguen Catherine, *Pour une enfance heureuse : Penser l'éducation à la lumière des dernières découvertes sur le cerveau*, Poche, 2019

Harari Yuval Noah, *Sapiens*, Éditions Albin Michel, 2015

Hehenkamp Carolina, *Le Mystère des enfants indigo*, Éditions Exergue, 2017

Hehenkamp Carolina, *Vivre avec un enfant indigo*, Éditions Exergue, 2004

Holliday Liane, *Vivre avec le syndrome d'Asperger*, Éditions De Boeck, 2015

Horiot Hugo, *L'empereur c'est moi*, l'Iconoclaste, 2015

Horiot Hugo, *Autisme, j'accuse !*, l'Iconoclaste, 2018

Humbeeck Bruno, *Aider son enfant à bien vivre l'école*, Éditions Leduc.s, 2018

Isaacson Walter, *Steve Jobs*, Poche, 2012

Jobs Steve, *75 conseils pour réussir*, Les Éditions du Far, 2017

Kondo Marie, *La Magie du rangement*, Pocket, 2016

Kurcinka Mary Sheedy, *Raising your spirit child*, Harper, 1999

Lachaux Jean-Philippe, *Le cerveau funambule : Comprendre et apprivoiser son attention grâce aux neurosciences*, Éditions Odile Jacob, 2015

Landman Patrick, *Tous hyperactifs?*, Éditions Albin Michel, 2015

Lefèvre Françoise, *Le petit prince cannibale*, Éditions Acte Sud, 2005

Lenoir Frédéric, *Philosopher et méditer avec les enfants*, Éditions

Albin Michel, 2016

Loreau Dominique, *L'art de la simplicité*, Poche, 2013

Montessori Maria, *Le Manuel pratique de la méthode Montessori*, Éditions Desclée De Brouwer, 2016

Neveu Marie-Françoise, *Les Enfants actuels*, Éditions Exergue, 2006

Nothomb Amélie, *La Nostalgie heureuse*, Poche, 2015

Nothomb Amélie, *Le Sabotage amoureux*, Poche, 1996

Nuyts Elisabeth, *L'École des illusionnistes*, autoédition, 2000

Nuyts Elisabeth, *Dyslexie, dyscalculie, dysorthographie. Troubles de la mémoire : Prévention et remèdes*, autoédition

Pef, *La Belle Lisse Poire du prince de Motordu*, Gallimard jeunesse, 2010

Pergaud Louis, *La Guerre des boutons*, Poche, 2011

Pressfield Steven, *Turning Pro : Tap your inner power and create your life's work*, 2012

Quercia Patrick, *Traitement proprioceptif et dyslexie*, Graine de lecteur et l'association AF3dys, 2008

Schovanec Josef, *Je suis à l'est*, Éditions Plon, 2013

Snel Eline, *Calme et attentif comme une grenouille*, Éditions Les Arènes, 2010

Steiner Claude, *Le Conte chaud et doux des chauds doudous*, InterÉditions, 2018

Tammet Daniel, *Je suis né un jour bleu*, J'ai lu, 2009

Tammet Daniel, *Embrasser le ciel immense*, J'ai lu, 2011

Van Eersel Patrice, *La Source noire*, Le livre de Poche, 1987

Watzlawick Paul, *Faites vous-même votre malheur*, Point Poche, 2014

주

1장

1 Bruno Humbeeck, *Aider son enfant à bien vivre l'école*, Éditions Leduc, 2018.

2 Patrick Landman, *Tous hyperactifs? : l'incroyable épidémie de troubles de l'attention*, Albin Michel, 2015.

3 Dominique Dupagne, *Le Retour des zappeurs*, CreateSpace, 2013.

4 요약 기사. Marie-Pierre Genecand, le magazine *Le Temps* (2015년 2월 28일 자).

5 Patrick Quercia, *Traitement proprioceptif et dyslexie*, AF3dys, 2008.

6 Elisabeth Nuyts, *L'École des illusionnistes*, Elisabeth Nuyts, 2000. ; Elisabeth Nuyts, DYSlexie, *DYScalculie, DYSorthographie, Troubles de la mémoire : prévention et remèdes*, Elisabeth Nuyts, 2011, site : savoir-apprendre.info.

7 Céline Alvarez, *Les Lois naturelles de l'enfant*, Les Arènes, 2016.

2장

1 Dominique Dupagne, *Le Retour des zappeurs*, op. cit.

2 Walter Isaacson, *Steve Jobs*, JC Lattès, 2011.

3 이 주제에 대해서는 Corinne Gouget, *Additifs alimentaires danger!*, Chariot d'Or, 2014를 읽어 보기 바란다.

4 특히 '인디고 아이들'에 대한 생각은 정신적 과잉 활동의 이러한 측면을 고려한다.

5 Céline Alvarez, *Les Lois naturelles de l'enfant*, op. cit.

6 Liane Holliday, *Vivre avec le syndrome d'Asperger*, De Boeck, 2015.

7 www.melissamccracken.com

8 Claude Steiner, *Le Conte chaud et doux des chauds doudous*, InterÉditions, 2009.

3장

1 Christel Petitcollin, *Émotions, mode d'emploi*, Éd. Jouvence, 2003.

2 픽사 애니메이션 스튜디오가 2015년에 선보인 장편 만화 영화. 2016년도 미국 아카데미상 최우수 장편 만화 영화상을 받았다.

3 Christel Petitcollin, *Bien communiquer avec son enfant*, Éd.

Jouvence, 2003(크리스텔 프티콜랭,《내 아이와 소통하기》, 배영란 옮김, 나무생각, 2015).

4   Christel Petitcollin, *Victime, bourreau, sauveur, comment sortir du piège*, Éd. Jouvence, 2011(크리스텔 프티콜랭,《나는 왜 네가 힘들까》, 이세진 옮김, 부키, 2016).

5   *Oui, mais*······(Yves Lavandier, 2001).

6   프레데릭 W. 테일러의 이론에 입각한 산업 노동 관리론. 노동에 필요한 동작 연구, 노동 의욕을 고취하는 임금 수준, 극단적인 전문화(노동 분화, 연속 공정 방식 노동 등)를 특징으로 한다.

7   Dominique Dupagne, *Le Retour des zappeurs*, op. cit.

5장
......

1   에르베 팔뤼드 감독, 티에리 레르미트, 파트릭 팀싯, 뤼드빅 브리앙, 미우미우, 아리엘 동발 출연, 1994년 작.

7장
......

1   Réseau d'Ecoute, d'Appui et d'Accompagnement des Parents(부모 경청, 지지, 보조 네트워크).

2   저자의 다른 책《내 아이와 소통하기》와 *S'affirmer et oser dire*

non(Éditions Jouvence, 2003, 국내 미출간)을 참조하라.

3 프랑스의 철학자이자 작가. 자폐증을 가진 사람들의 존엄성을 위한 캠페인을 전개했다.

4 이 주제에 대해서는 도미니크 로로의 《심플하게 산다》와 곤도 마리에의 《인생이 빛나는 정리의 마법》을 추천한다.

8장

1 이 책 3장을 보라.

9장

1 이 주제에 관심이 있는 독자에게는 이 책을 권한다. Patrick Dacquay, *Paroles d'un grand-père chaman aux Enfants et petits-Enfants de la Terre*, Éditions Guy Trédaniel, 2014.

2 참고 문헌을 보라.

3 Steve Jobs, *75 conseils pour réussir*, Les Éditions du Faré, 2017.

4 《터닝 프로》의 저자. 여기 실린 인용문은 저자의 번역이다.

5 Laurence Meunier, Carolina Hehenkamp, *Le Mystère des enfants indigos*, Éditions Exergue, 2017.

6 Marie-Françoise Neveu, *Les Enfants 《actuels》 : le grand défi*

《cerveau droit》 dans un univers 《cerveau gauche》, Éditions Exergue, 2006.

7 참고 문헌을 보라.

8 풍수는 사람의 건강, 행복, 번영에 이로운 방향으로 환경의 기운을 조화롭게 다스리는 중국 전통문화로서 1000년이 넘게 이어져 왔다.

9 유럽에서는 무속인 직업 윤리를 수호하려는 목적에서 파트릭 다케의 주도로 샤먼의 지혜 협회Cercle de Sagesse chamanique가 2008년에 설립되었다. www.chamanisme.eu/le-cercle-de-sagesse

10 Idriss Aberkane, *Libérez votre cerveau*, Robert Laffont, 2016(이 드리스 아베르칸, 《뇌를 해방하라》, 이세진 옮김, 해나무, 2017).

11 미셸 오슬로 감독의 1998년 작 장편 만화 영화.

12 유발 노아 하라리, 《사피엔스》, 조현욱 옮김, 김영사, 2015.

13 특히 안단테 악장은 음표로 짠 레이스, 순수한 열락의 순간이다.

10장

1 Céline Alvarez, *Les Lois naturelles de l'enfant*, op. cit.

2 이 주제에 대해서는 Christel Petitcollin, *Pourquoi trop penser rend manipulable*, Guy Trédaniel éditeur, 2017(크리스텔 프티콜랭, 《당신은 사람 보는 눈이 필요하군요》, 이세진 옮김, 부키, 2018)을 보라.

3 이 주제에 대해서는 Christel Petitcollin, *S'affirmer et oser dire non*, Éditions Jouvence, 2017을 보라.

11장

1 Le Maître d'école(Claude Berri, 1981).

2 Stéphane Furina, *Pires que les élèves*, Éditions Pôle Nord, 2015.

3 *Dead poets society*(Peter Weir, 1989).

4 Jean-Paul Brighelli, *La Fabrique du crétin*, Jean-Claude Gawsewitch, 2005.

5 Elisabeth Nuyts, *L'École des illusionnistes*, op. cit.

6 OECD 통계 참조.

7 국제 학업 성취도 평가Programme for International Student Assessment. OECD 산하의 세계 최대 교육 체계 연구 조사로서 3년에 한 번씩 다양한 국가의 교육 정책 효과를 평가하고 비교한다 (2016년도, 72개국 대상).

8 Progress in International Reading Literacy Study(국제 읽기 능력 평가).

9 블랑크포르쉬르브리올랑스는 프랑스 로에가론주에 속한 작은 마을 이다.

10 파리 북서부 지역의 소도시로, 일드프랑스 오드센주에 속한다.

11 Céline Alvarez, *Les Lois naturelles de l'enfant*, Éditions Les Arènes.

12장

1   Daniel Tammet, *Embracing the Wide Sky*, Atria Books, 2007.

2   앞에서 언급한 5C의 법칙을 기억하라.

3   Tony & Barry Buzan, *Mind map : dessine-moi l'intelligence*, Eyrolles, 2012.

4   Jean-Philippe Lachaux, *Le Cerveau funambule : comprendre et apprivoiser son attention grâce aux neurosciences*, Éditions Odile Jacob, 2015. 국내에는 저자의 다른 책 《아이가 집중하기 시작했다》(이세진 옮김, 해나무, 2019)가 소개되어 있다.

13장

1   스트레스와 드라이버에 대해서 더 알고 싶은 독자는 저자의 다른 책 《*Mon cahier poche*》: *Je m'organise et je vis sans stress*, Éditions Jouvence, 2018를 참조하라.

2   참고 문헌을 보라.

3   Dominique Dupagne, *La Revanche du rameur*, Michel Lafon, 2012.

4   Catherine Piraud-Rouet, *Les Pédagogies alternatives pour les nuls*, First, 2017.

5   Bruno Humbeeck, *Aider son enfant à bien vivre l'école*, op. cit.

6   Temple Grandin, Sean Barron, The unwritten rules of social relationships. Veronica Zysk, 2005(《자폐인의 세상 이해하기》, 김혜리, 정명숙, 최현옥 옮김, 시그마프레스, 2014).

7   https://travail-emploi.gouv.fr/droit-du-travail/la-vie-du-contrat-de-travail/article/teletravail-mode-d-emploi

14장

1   이 부분에 대해서는 《나는 생각이 너무 많아 - 생존편》에서 7장 '정신적 과잉 활동인이 이해하는 세상'을 읽어 보기 바란다.

2   https://www.nonauharcelement.education.gouv.fr/que-faire/faire-face-aucyberharcelement

3   더 알고 싶은 독자에게는 이 책을 추천한다. Frédéric Lenoir, *Philosopher et méditer avec les enfants*, Albin Michel, 2016.

4   Ana, Bloz, *Seule à la récré*, Bamboo Édition, 2017.